なんよう文庫

米国民政府軍事法廷に立つ
瀬長亀次郎

沖縄人民党事件

MORIKAWA Yasutaka 森川恭剛

インパクト出版会

まえがき

本書は、沖縄人民党事件の公判記録等を訳出し、簡単な解説を付けながら、事件の流れに沿ってこれを編集したものです。その記録の主要部分は、琉球大学附属図書館で保管される米国民政府裁判所の裁判記録中に「PSD CASE NO. C-238-54 HATAKE Yoshimoto et al」の表題で収録されていました。一九五四年に米国民政府公安部（Public Safety Department / PSD）が受理した二三八番目の事件ということになります。全体で二六〇枚の文書からなります。同図書館の複写製本資料では二八七枚でした（二十六枚の文書については両面複写、一枚は重複）。

最初に瀬長亀次郎と又吉一郎に対する各起訴状があります。次に瀬長の裁判準備手続の記録があり、そして瀬長・又吉の裁判手続の記録へと続きます。最後に畠義基に関する記録があり、この間に上原康行や大湾喜三郎ら三十五名に関する記録が差し挟まれています。これらを一事件としてまとめるのであれば、上級軍事裁判所で審理され、冒頭に収められた瀬長・又吉裁判を基本にして「瀬長亀次郎及び又吉一郎ほか」と表題を付したほうがよさそうです。しかし犯罪の形態上は畠の「不法在留」事件が中心にあり、基本的に瀬長らはその共犯ですから、簡易軍事裁判所の軽罪事件の被告人の名の下に、関連する複数の事件をまとめるという異例の整理方法が採用されています。軽罪を手掛かりにして大事件が立件されたことが分かります。なお、琉球大学の複写製本資料では、同図書館によって『USCAR SUPERIOR COURT HATAKE Yoshimoto et al–WRONGFULLY ADVISE AND ASSIST』の表題を与えられた請求記号「戦後資料室 320/UN/364」の図書が、その裁判記録の一から一五一枚目までを収録し、また、別の「戦後資料室 320/UN/362」の図書が、PSD CASE NO. C-236-54 及び C-237-54 の記録に続いて、その一五二から二五〇枚目までを収録しています。おそらくこれは製本時の束ね間違いです。

また、一九五四年の他の裁判記録の中に、本書第三章及び第六章で紹介される十名に関する記録が含まれていました。さらに一九五五年の記録中に国場幸太郎の拉致事件に関する予備審理手続の記録がありました。これらのうち一九五四年二月の広瀬産業団交事件と国場の拉致事件は、人民党事件に直接的に関係するものではありません。しかし同時期の人民党関連事件として、裁判記録から分かることもありますので本書に収めました。

本書で用いた裁判記録は、琉球大学戦後資料収集委員会が、沖縄返還時に米国民政府と交渉し、借り受けて複写したという来歴のある貴重な資料です。そのページをめくり、これを収集された先生方の熱意に触れ、私はそのバトンを次につなぐ役割のあることに思い至りました。現在は一般非公開の資料です。琉大附属図書館の了解と協力を得て、利用に向けての資料の精査を目的として調査研究を始めました。事件関係者による公刊物等で既知の場合を除き被告人氏名を匿名とする方法であれば、この資料を利用して裁判の記録を公刊することができると判断しました。

二〇二〇年十二月六日

森川恭剛

まえがき……2

第一章　畠義基の「不法在留」事件……7

一　在留取消通告書……8

二　予備審理手続の記録……10

三　裁判手続の記録……13

四　再審決定書……21

第二章　変転する証言……25

一　二つの供述調書……26

二　上原康行の裁判手続の記録……32

三　又吉一郎の予備審理手続の記録……38

四　又吉一郎の裁判手続の記録（第一回期日）……48

五　Aの裁判手続の記録……54

六　又吉裁判の再延期（第二回期日）……78

七　保釈の取消し……81

第三章　又吉裁判集会……91
一　PSD CASE No. C-254-54……93
二　PSD CASE No. C-255-54……105
第四章　瀬長・又吉裁判……111
一　新しい供述……112
二　米国 vs. 瀬長亀次郎、又吉一郎……123
三　証人らの釈放……218
四　瀬長亀次郎の仮釈放推薦に対する却下決定……220
第五章　瀬長逮捕抗議集会「共謀」事件……227
一　路上の現行犯逮捕……228
二　予備審理手続の記録……239
三　公の騒乱惹起罪の裁判手続の記録……243
四　共謀罪の裁判手続の記録……252

第六章　その他の関連事件……289
一　広瀬産業団交事件……290
二　「組合ニュース」無許可発行事件……297
三　出入管理令違反事件……302
四　国場幸太郎拉致事件……305
解題……309
資料……335

第一章　畠義基の「不法在留」事件

一　在留取消通告書

琉球列島米国民政府（U.S. Civil Administration of the Ryukyu Islands／USCAR／ユースカー）は、一九五四年七月十五日、奄美大島出身の全沖縄労働組合事務局長の畠義基と沖縄人民党中央委員の林義巳の二名の在留許可を取り消し、琉球列島からの出域を強制しました。これが人民党事件の発端です。同年二月十一日発布（同月十五日施行）米国民政府布令一二五号「琉球列島出入管理令」三〇条は、琉球列島に適法に在留する者が「理由のいかんにかかわらず副長官によって（by the Deputy Governor for any reason）」、その許可を取り消され、取消通告書（termination notice）の指定期日までに出域しないときは、「琉球列島における不法在留者とみなし、不法入域者として起訴されうる（shall be considered unlawfully in Ryukyu Islands and may be prosecuted as illegal entrants）」旨を規定しました。[1]「副長官」とは琉球軍司令官（Commanding General, Ryukyus Command）が兼務する民政副長官のことです。琉球列島民政長官（Governor of the Ryukyu Islands）は極東軍司令官（Commandor-in-Chief, Far East）でした（極東軍司令部一九五二年四月三十日琉球列島米国民政府に関する指令）。

しかし二人は命令に従わず、行方をくらませます。当時は、これを地下に潜る、潜行すると表現しました。琉球新報七月十八日は「最後の船便十七日午後六時泊出港の大島行路船若草丸に便乗していない事実が判り、ついに十七日午後七時両氏に対し軍事高等裁判サードイン判事署名の逮捕状が発せられた。軍から逮捕依頼を受けた那覇署では午後六時を期し緊急招集を行い、全司法係員を動員して楚辺の自宅や党員宅など数カ所の立回り先を襲ったが両氏の姿は見当らず午後十二時現在今なお逮捕するに至っていない」と伝えました。その後も「捜査陣はちまなこ」になり、皮肉なことに「大島高飛びに厳重な警戒網」を敷いて捜索しますが（琉球新報七月十九日）、なかなか所在を突きとめられません。七月二十七日、民政副長官デヴィド・A・D・オグデン（David A. D. Ogden）は、まもなく人民党に「鉄槌を下す」と述べたということです。(2)

本件記録中に在留取消通告書の写しが二部収録されています。それぞれ後掲の予備審理手続と裁判手続で裁判所に提出されたものです。前者を訳出し、後者を巻末資料1として収めました。

琉球列島米国民政府／民政副長官室／APO 719

RCCA–PSD 014. 331

一九五四年七月十五日

主題：在留の取消し

宛先：畠義基［HATAKE, Yoshimoto］、日本国民　琉球列島沖縄群島那覇市楚辺区＊号－＊

一、この通知は、あなたの琉球列島の在留許可が取り消されることを知らせるものである。あなたの在留許可証明書［Residence Certificate］〇五五三〇号は一九五四年七月十七日午後七時をもって失効する。

二、したがってあなたは一九五四年七月十七日までに琉球列島から出域することを命令される。この命令に従わない場合は逮捕勾留され、強制送還される。

民政副長官の指示により。

砲兵隊中佐、行政官W・E・レサード・Jr［W. E. LESAARD JR］

二　予備審理手続の記録

畠は、在留取消期日から四十一日後の八月二十七日、豊見城村の人民党員上原康行宅で逮捕されました。一九四九年六月二十八日発布（七月五日正午施行）軍政府布令一号「刑法並びに訴訟手続法典」一、四、三条は、「逮捕、抑留後四十八時間以内に、被疑者が問われている罪は軽罪であるか、重罪であるかを決定する為に簡易軍事裁判所（Summary Provost Court）か又は民事裁判所（a civilian Magistrate Court）に依って迅速な予備審理（Preliminary Hearing）が開かれねばならない。若し罪が軽罪である時は裁判所は直ちに被告人の裁判手続に入ることが出来る」と規定していました。「民事裁判所」と訳されたのは琉球民裁判所の治安裁判所です。[3] 畠の事件を管轄したのは米国民政府裁判所でした。したがって予備審理は簡易軍事裁判所で開かれました。

この予備審理及び即決の裁判手続は、琉球警察が被疑者引受時に作成する「CHARGE SHEET（犯人検挙報告／起訴状）」に基づいて審理されました。それは英米刑事手続の告発状（complaint）にあたります。本件記録中に畠に対する告発状が二通あります。その記載項目八は「民警察に引き渡した証拠品及び所有物」、同十は「犯人引渡者の所属部隊」となっており、この様式は、基本的に米軍捜査機関等によって逮捕された沖縄の住民等が最寄りの地区警察署に引き渡されることを想定しています。[4] しかし畠を逮捕したのは那覇地区署員でした。そのため一通目の告発状の引渡者署名欄には那覇署の警部補の氏名が記入されています。ただし自筆署名ではなく、ローマ字でタイプされています。また、その作成日は逮捕翌日の八月二十八日となっており、時間の記入がありません。そして項目六「目撃者」欄に琉球政府出入管理課長の氏名があり、同七「犯罪内容」欄もきれいに英文でタイプされています（「畠義基は、一九五四年七月一七日頃、同人に対する七月十五日付民政副長官在留取消通告書に記された期日までに琉球列島を出域しなかった。民政副長官は、一九五四年七月十七日十九時をもって被疑者の琉球列島在留期間の許可を取り消した。」）。以上の諸点から、これは出入管理課長が予備審理前に作成したものと思われます（資料2）。

以下に訳出した予備審理手続の記録からは、畠の逮捕状を請求したのが米国民政府公安部（Public Safety Department / PSD）であったことが分かります。注目したいのは、その結論として「上級裁判所に付す」とあることです。布令一二五号四〇条は、同二九条及び三〇条違反等の罪について「有罪判決の上、強制送還刑、一年以下の禁錮若しくは壱万円以下の罰金刑、又はこれらの二つ以上の刑を併科する」旨を規定しました。[5]そして一九四九年布令一号二、一、五条は「死刑又は一年を超ゆる懲役を以て罰せられ得るすべての罪は『重罪』とし他のすべての罪は『軽罪』とす」と定めます。つまり畠の被疑事実は軽罪です。そして軽罪を管轄するのは、基本的には簡易軍事裁判所です（同一、二、三、一条）。ただし上級軍事裁判所（Superior Provost Court）は「死刑、十年を超える懲役以外の如何なる適法なる罰をも」科しうるものとされていました（同一、二、二、一条）。即決判決を避けて上級裁判所に付した理由は明らかにされていませんが、取調べ目的があったのかもしれません。一九四九年布令一号一、四、三条には「但し訴えの事実を忖度の後裁判所が上級の軍又は民裁判所へ事件を移送することに決定するとき又は如何なる理由に依るも延期すると決定する時は、被疑者を拘留し又は保証金を入れしめ、或いは入れしめないで裁判まで裁判所が適当とする期間釈放する事を命ずる」とあります。もちろん畠は保釈されず、勾留されました。

CASE NO. C-238-54
琉球列島米国民政府／民政簡易軍事裁判所／中央司法地区／予備審理手続の記録
開廷場所：那覇　開廷日：一九五四年八月二十八日

主宰官：USCAR簡易軍事裁判所裁判官　レイモンド・M・ピーク［Raymond M. Peak］少佐
起訴罪状（簡潔に）：不法在留、民政府布令一二五号三〇条
被告人氏名（年齢・性別・住所）：畠義基（三八・男・那覇市楚辺＊号＊）
通訳者：［空白］　検察官：［空白］　弁護人：［空白］
答弁（各起訴罪状に対する「有罪」または「無罪」の答弁）：［空白］
検察側の証拠（必要があれば紙を追加せよ。証人の氏名住所を掲げ、証拠物を特定せよ。）：
那覇地区署楚辺派出所の山城和也巡査が宣誓し、証言した。私は被告人のことを知っている。一九五四年七月十五日十七時頃、私は彼に書簡を届けた。封筒は英語で記入されていたが、届け先である住所氏名は読み取ることができた。私は那覇市楚辺一区＊号＊の畠氏の家で彼に封筒を渡し、畠氏から受領書を受け取った。（受領証が証拠として採用され、検察証拠一号として本記録に収められた。）畠氏は封筒を開け、書簡を取り出してから、私に読めないと言い、読んで欲しいと要求した。私は、私も読めないと答え、書簡の内容を知らなかったので、畠氏を助けられなかった。畠氏は、次は日本語で書かれた書簡を持ってくるように私に言った。二人とも書簡を読むことができなかったので、私は派出所に戻り、地区署に電話して、署長補佐である上田［Ueta］警部と話をした。警部が私に教えてくれた書簡の内容は、畠氏に対して一九五四年七月十七日十七時までに沖縄退出の命令が出たということであった。私はこれを畠氏に伝えるために彼の家に戻ったが、彼はすでに外出していた。彼の妻によれば、書簡を翻訳してもらうために出ていったという。そこで私は彼の妻に書簡の内容を伝え、夫の帰宅時に彼に伝えるように言い残した。（被告人は証人に対する質問があるか否かを尋ねられ、質問はない、証人は真実を述べていると答えた。）
ユースカー公安職員DACノードビー・C・ラーセン［Nordby C. Larsen］が宣誓し、証言した。私が畠氏宛の在留取消しの書簡を書いた。（書簡の写しが証拠として採用され、検察証拠二号として本記録に収められた。）この書

簡は民政副長官の指示を受けて用意された。その指示は公式の手順通りに私が受け取った。その指示は本件被疑者に発行された在留許可証明書を取り消すという簡潔な内容である。その証明書には期限の指定はなかった。畠氏はその旨を告知され、沖縄から出域することを指示された。この書簡は警察を通して畠氏に届けられた。（被告人は証人に対する質問があるか否かを尋ねられ、証人に対して取消理由が告げられていない理由を質問した。この質問は却下された。追加の質問はなかった。）私は、被疑者が民政副長官の指示に従わなかったので、米国民政府簡易裁判所から逮捕令状を得て、これを執行するように琉球政府警察局に送った。

那覇地区警察署の津波古憲和［TSHUHAKO, Kenwa］巡査部長が宣誓し、証言した。私は被告人を知っている。彼が演説をしているのを見たことがある。一九五四年八月二十七日十四時十分頃、豊見城村字田頭＊番の上原康行［UEHARA, Yasuyuki］の家で、米国民政府簡易裁判所から発付された逮捕令状に基づき、私が被告人を逮捕した。その逮捕時に被告人は「とうとう私を見つけたね。大人しく同行しよう」と冗談めかして言った。私は彼を那覇警察署に連行し、彼はそこで勾留された。（被告人は証人に対する質問があるか否かを尋ねられ、質問はないと答えた。）

弁護側の証拠：［空白］

事実認定（各起訴罪状に対する「有罪」または「無罪」の認定を示す。）：上級裁判所に付す。

刑（拘禁が懲役を伴うか否か、また、刑の起算日を記す。）：［空白］

［署名］裁判官、陸軍少佐レイモンド・M・ピーク

三　裁判手続の記録

上級軍事裁判所で裁判が開かれる場合は、後に瀬長の裁判準備手続で混乱を呼ぶことになりましたが（第四章）、

米国民政府公安部の検察官が改めて起訴状を作成します。しかし畠の場合は八月三十一日付で二通目の告発状が作成されました。その引渡者署名欄に公安部検察官ダニエル・J・ネビルの署名があることから、米国民政府は、予備審理後に勾留された畠を取り調べた上で、軽罪事案として、本件を簡易軍事裁判所に戻したといえるでしょう。逮捕から裁判までは五日間でした。この間の取調べについて、畠自身は、一九五七年の手記で、上原宅に行ったのは逮捕前日である、と偽っていたが、「私にはそれ以上追究せず、上原親子にはあらゆる角度より追究したようだった」と述べています。[6] また、沖縄タイムス八月二十九日によれば、畠は「其の後同署から軍判事の指命で刑務所未決監に送致拘留されているが、これまで同署の調べに対して逃走の足どり一斉口を割らず同時に潜行した人民党中央委員林義巳（二五）の所在をつきとめるべき何の手がかりも得られてない」という状況でした。

予備審理の結果を伝える琉球新報八月二十八日夕刊は、「高等裁判はできるだけ早く開かれる予定だが畠氏の方では瀬長人民党書記長を特別弁護人にたてて畠氏が今年五月一日付の在留許可証を貰っているのに正当な理由なくして在留を取り消したと軍と論争を挑むものと思われ成り行きが注目されている」と報じました。しかし、九月一日の裁判で、畠には弁護人が付いておらず、また、この日の裁判に関する沖縄タイムスと琉球新報の報道はありませんでした。

なお、逮捕を免れた林は「大島に来たのは九月四日だが逃走ルートについては言えない」と述べています（琉球新報九月三十日のインタビュー記事）。

（二）畠に対する二通目の告発状

琉球政府警察局　犯人検挙報告／起訴状

連続番号：578　警察署：［空白］　日付：五四年八月三十一日　時間：［空白］

一　被逮捕者氏名（年齢・性別）：畠義基（三七・男）

二　被逮捕者住所：ＰＡ：那覇市楚辺区＊‐＊（〇）：奄美大島
三　犯罪場所：沖縄群島
四　犯罪年月日：一九五四年七月十七日　犯罪時刻：十九時一分
五　罪名：一九五四年二月十一日民政府布令一二五号七章違反
六　目撃者：［空白］
七　犯罪内容（犯罪内容ヲ記入セヨ　犯人ノ特徴　盗難品ノ価格等）：

畠義基は、一九五四年七月十七日またはその頃、同人に対する七月十五日付在留取消通告書に記された副長官命令に反して琉球列島を出域しなかった。同文書を添付する。同人は一九五四年二月十一日民政府布令一二五号七章三〇条を無視し、これに直接的に違反するものである。

八　ＣＰ ニ引渡シタ証拠品及所有物　：［空白］
九　此ノ起訴状一通ヲ受取リソノ内容ノ説明ヲ受ケタ事ヲ証ス（犯人ノ署名）：畠義基
十　犯人引渡者ノ署名：ダニエル・Ｊ・ネビル［Daniel J. Neville］検察官　犯人引渡者ノ所属部隊：［空白］
十一　犯人ヲ受取リタル警察官ノ氏名：［空白］　階級：［空白］　警察署：［空白］

（二）畠の裁判手続の記録

CASE NO. C-238-54, D-1157
琉球列島米国民政府／簡易軍事裁判所／中央司法地区／裁判手続の記録
開廷場所：那覇　開廷日：一九五四年九月一日
主宰官：ＵＳＣＡＲ簡易軍事裁判所裁判官　レイモンド・Ｍ・ピーク少佐
起訴罪状（簡潔に）：不法在留、民政府布令一二五号七章三〇条

被告人氏名（年齢・性別・住所）：畠義基（三八・男・那覇市楚辺区＊号＊）

通訳者：ヒガ［Higa］　検察官：SFCダニエル・J・ネビル　弁護人：なし

答弁（各起訴罪状に対する「有罪」または「無罪」の答弁）：無罪。被告人は有罪もしくは無罪の答弁、または黙秘の意味と効果を告げられ、理解している。

検察側の証拠（必要があれば紙を追加せよ。証人の氏名住所を掲げ、証拠物を特定せよ。）：

被告人は彼を代理する弁護人を希望しない。

ユースカー公安職員（APO719）ノードビー・C・ラーセンが宣誓し、証言した。私はユースカーの出入管理職員でもあり、私の事務所は、米軍要員を除くすべての者の琉球列島出入域と琉球列島に一時的または永久的に在留するすべての外国人［alien］登録を管理している。私は被告人の個人的な知り合いではないが、彼の評判は知らないわけではない。本件被告人は私の事務所で在留登録し、日本国民であり、また、以前は琉球列島の地理的範囲内にあった奄美大島の一住民［a resident］であると認めた。奄美大島が一九五三年一二月二十五日をもって返還されたことは周知の事実である。返還時に琉球列島内に在住するすべての奄美大島人は、民政府指令により、ユースカーの入域管理事務所で登録を要するとされた。私の事務所の記録によれば、被告人は返還時に沖縄に在住しており、ここに在留することを選択する者として登録を求められた。本件被告人は規則に従い、必要な在留許可証明書を得た。外国人は民政副長官の許可の下に琉球に在住するものである。私は一九五四年七月十五日の直前に民政副長官から指示を受け、畠義基の在留許可証明書を取り消すために必要な手段を講じ、彼に対して日時を指定して琉球列島出域を勧告することになった。私は本件被告人に対する書簡を用意し、彼の在留許可が取り消されること、そして彼の在留許可証明書が一九五四年七月十七日十九時をもって失効することを彼に知らせた。（畠に送られた書簡の真正の写しが証拠採用され、検察証拠一号として本記録に収められた。被告人はこの書簡に精通している。）この書簡は封筒に入れて封印された。封筒の宛先は本件被告人である。書簡は琉球政府入管部の入管職員に渡され、被告人に配達された。私は後にこの入管職員から、書簡が私の指示通りに一九五四年七月十五日の夕刻に被告人の自宅で被告人に渡されたと聞いた。被告人はこの書簡で一九五四年七月十七日十九時までに琉球列島から出るように勧告された。この日時は船舶の運航予定に対応するが(7)、被告人は出発の予定を立てることなく、逮捕と訴追を回避するため潜行することを選択した。彼の逮捕状を取るため、私自身が米国民政府簡易裁判所に出向いた。令状は琉球警察によって執行された。その執行日時について直ちに思い出せないが、被告人の退島命令日時よりも後であることは確かである。私は被告人の評判が決して琉球の人々に対して有益なものではなかったことを述べておきたい。被告人は、全沖縄労働組合［All Okinawan Labor Unit］なる団体の一員であり、また、沖縄人民党に深く関与していると述べていた。

被告人が、証人に対し、なぜ追放されるのか、その理由を尋ねた。

証人は、その質問が本件と関係しないとみなした。（裁判所によって支持された。）

ラーセン氏が退廷した。尋問は以上であった。

那覇地区警察署の山城和也巡査が宣誓し、証言した。私は琉球政府の入管局の職員ではなく、那覇警察署の警察官であり、楚辺派出所に勤務している。被告人のことは知っている。被告人の氏名は畠義基である。一九五四年七月十五日の十六時五十五分頃に彼に書簡を届けた。警察本部から来た伊良波［IRAHA］巡査部長がこの書簡を私に手渡し、被告人畠に届けてくるように指示されたので、私は畠の家に書簡を持って行った。彼は在宅しており、この書簡が警察本部巡査部長からのものであることを伝え、書簡を渡した。彼は受け取り、封筒を開けた。書簡は英語で書かれていたので、被告人は書簡を読むことができないと私に言った。被告人は、この英文書簡を読んでくれないかと私に求めたが、私は読めないと答えた。私は書簡の受領証を被告人に要求し、そして受け取った。被告人は「このような書簡を持ってくるときは英語を日本語に訳してから渡して欲しい」と私に言った。それから私は楚辺派出所に戻り、警察本部に電話し、上田署長補佐と通話し、書簡の内容を聞いた。（一九五四年七月十七日十九時までに畠は沖縄島から出なければならないという内容である。）私はこの情報をもって再び畠の家に行った。被告人が不在であったので、被告人の妻に、夫畠が一九五四年七月十七日十九時までに琉球列島から出域せねばならないことを伝えた。同時に、夫が戻ってきたらこの旨を夫に伝えるように依頼した。それから私は夫の行き先を尋ねたが、彼女は夫が書簡の翻訳のために外出したと答えた。

被告人による尋問はなく、証人山城が退廷した。

那覇警察署の津波古憲和巡査部長が宣誓し、証言した。被告人のことは知っている。私が一九五四年八月二十七日十四時十分頃に被告人を逮捕した。場所は豊見城村字田頭＊番（上原康行［UEHARA, Koko］）の家である。そのとき那覇警察署の八名の警察官が、米国民政府那覇簡易裁判所発付の捜索令状と逮捕令状をもって、そこに向かった。逮捕状を示し、被告人を逮捕したのは私である。

被告人による尋問はなく、証人津波古憲和が退廷した。

那覇警察署の東江清一［AGARIE, Seiichi］巡査部長が宣誓し、証言した。被告人のことは知っている。私が彼を取り調べた。彼に権利を告知し、供述が裁判で被告人に不利益となるおそれがあることを説明した。私は彼に強制力を用いておらず、何の利益供与も約束していない。彼が私に述べたことをすべて書き記した。それから注意深く読み聞かせ、彼に署名させた。

（被告人の署名した供述調書が証拠採用され、検察証拠二号とされた。被告人は調書の裁判所提出を認めた。調書は本記録に収められた。）

被告人は一九五四年八月二十七日に逮捕された。私は正確に把握していないが、おそらく身柄拘束まで四十二日または四十三日を要した。

被告人による尋問はなく、証人東江清一が退廷した。

午後一時まで休廷となった。

午後一時に再開廷した。全員が在廷している。

被告人が権利の告知をうけ、反対尋問のない非宣誓供述を行った。

弁護側の証拠：

畠が次のとおり供述した。

私は、一九五四年五月一日から一九五六年四月三十日まで私が琉球列島に在留できるとする登録証を所持している。これは民政副長官によって発行されたものである。私はこの登録証を民政府布令一二五号に従って得た。同布令一二五条の各号に私が該当すれば、私がこの登録証を得ることはできない。同様に同布令三三条の定める六項目によれば、私が政府に反することをしたときは、琉球列島の行政の長が出域命令を出すことができるが、私はこれら六項目に反するようなことは何もしていないと考える。私は布令一二五号に違反していないのに民政副長官は一九五四年七月十五日に出域命令を発付した。以上により、私が布令一二五号に違反する犯罪をしたとはいえないし、私が沖縄から出域命令を受ける相当な理由は何もない。私に対する琉球列島出域命令とその勧告は、世界人権宣言二条に照らして不相当であり、私は本件で不平等に取り扱われたと述べたい。ユースカーの連絡官フライマス［Freimuth］氏と話をして彼から聞かされたのは、私が好ましからざる人物であり［not a good character］、琉球人を惑わす［trouble the Ryukyuan people］ことが、私の訴えられる理由であるということであった。(8)しかし、私が一九五四年七月十五日までにしたことは琉球政府の命令や規則に反していないし、民政府の法律にも反していない。同時に私は思想の自由を定める世界人権宣言一八条、意見表明の自由を定める同一九条、集会の自由を定める同二〇条、そして労働の権利を定める同二三条の下で行動してきた。私はこれらに従って行動したのであって、私が労働組合の代表として行ったことは、一九四六年十二月六日の極東委員会で作成された日本の労働組合に関する十六原則に適合する。私は民政副長官による出域命令の理由が理解できなかったので、出ていかなかった。私は今もなぜ私が琉球列島を去らねばならないかを理解していない。私の場合、その理由は私が琉球住民と旅行したことであるが、私は旅行しなかった［In my case the reason is that I travel with Ryukyuan people but I did not travel.］。米国民政府の下に法はあるが、私は米国政府の正義について話をした［Only the law under U.S. Civil Administration, I talked about justice of U.S. Government.］。私には手が足りないのだから［as I have only one hand］、政府は私を支援する必要があるのであって、琉球列島を去れと言われる理由が分からない。私はこの法廷で警察官東江清一にした私の供述調書を読み上げて欲しいと思う。（却下された。最初に提示されたとき被告人は調書に同意しており、署名もある。検察と被告の双方が供述調書に同意した。）

最終弁論：

被告：なし。

検察：被告人畠義基が出域命令に従わなかったことは、疑問の余地のない結論である。書簡が英語で書かれており、被告人がその内容を知らされなかったとしても、書簡を届けた警察官は、警察本部からその内容を聞き出すために最善の努力をした。被告人の家に戻った警察官は、被告人が書簡の翻訳のために外出したと聞いたことからすると、被告人が一九五四年七月十五日に書簡の内容を把握したことは疑いを挟みえないと考える。彼は一九五四年七月十七日（二日後）までに出発準備を整えなければならなかった。しかし公判証言によれば、被告人は警察の捜索を逃れるために身を隠し、四十二日または四十三日の期間にわたり潜伏を続けた。私が考えるに、これは民政副長官の適正に発付された命令を完全に無視する行為である。私は、被告人が悪意で行為したことを確信する。私の見解では、この事実が裁判所による有罪認定を正当化する。裁判所は一九五四年二月十一日民政府布令一二五号の定める最高刑を科すべきであり、同時に同布令三三条D号を参照すべきである。(9) 同号によれば、一年またはそれ以上の刑を定める犯罪で有罪判決を受けた場合、被告人は出身地である奄美大島に強制送還されることになる。

犯罪歴：一九四九年九月十九日　賭博、罰金八百円、(10) 名瀬巡回裁判所。

事実認定（各起訴罪状に対する「有罪」または「無罪」の認定を示す。）：有罪。
刑（拘禁が懲役を伴うか否か、また、刑の起算日を記す。）：一九五四年八月二十七日から沖縄刑務所で一年の拘禁［confinement］に処し、民政副長官の指示により早期に強制送還されない場合は、拘禁刑執行後に出身地に強制送還される。[11]
［署名］裁判官、陸軍少佐レイモンド・M・ピーク

四　再審決定書

米国民政府裁判所における再審（Review）とは、いわゆる再裁判ではなく、米国民政府行政法務部の法務士官の意見に基づき、全ての裁判に対して行われる民政長官または民政副長官による書面審査でした。これを民政官（Civil Administrator）が代行しましたが、再審権者は、有罪判決の破棄、刑の減軽・執行猶予及び再裁判の開始等を決定することができました。これに対して有罪判決を受けた者は、三十日以内に理由を付して嘆願書を提出することができました（一九四九年布令一号一、三、六条以下）。ただし嘆願書は、事実上必要に応じて提出することができたようです。一九五四年十月七日の再審決定2077は、畠に対する裁判所の有罪認定と宣告刑を承認しています。しかし、翌五五年四月七日に同決定が修正され、畠は釈放され、さらに強制送還刑の執行も猶予されました。

琉球列島米国民政府／民政副長官室／APO 719
ACTION NO. 2077(A)

以下の事件に関して：

被告人：畠義基　Case No.: C-238-54　日付：一九五四年九月一日

本件は、裁判所による刑の未執行分の執行猶予を求める被告人畠義基の嘆願及び検察の意見に基づき裁決される。検察によれば、強制送還命令と拘禁刑の未執行分は、刑の残期中の被告人の素行良好を条件として、執行を猶予することが適正であり、もし条件が満たされないときは執行猶予を取り消すべきであるとする。

検察の意見は、そのとおり承認されることを命令する。したがって本日をもって刑の残余の期間中の被告人の素行良好を条件として、強制送還命令と刑期の未執行分については、その執行を猶予する。決定2077は修正され、上記のとおり執行されるものとする。

一九五五年四月七日

［署名］民政官、米陸軍准将W・M・ションソン［W. M. Johnson］

(1)米軍法令の正文は英語です。本書では、沖縄の住民側の政府公報に掲載された訳文を優先的に採用し、必要に応じて英語を補います。なお、布令一二五号二九条によれば、不法に入域または在留する(enter or remain)者は、「不法入域者として起訴されるもの(shall be subject to prosecution as illegal entrants)」とされていました。

(2)鳥山淳『沖縄/基地社会の起源と相克』(勁草書房、二〇一三年)二一九頁。

(3)一九五二年一月二日発布(翌三日施行)米国民政府布告一二号「琉球民裁判所制」にも予審規定があり、治安裁判所で予審は「四十八時間抑留される以前に行われなければならない」とされていました(二条二項)。

(4)一九五二年二月二十八日発布(同日施行)米国民政府布令六七号「保安局の設置(Establishment of the Department of Police)」五章一三項により、「警察官の階級は、警察長(Chief of Police)、警視正(Senior Police Superintendent)、警視(Police Superintendent)、警部(Police Inspector)、警部補(Assistant Police Inspector)、巡査部長(Police Sergeant)及び巡査(Policeman)」とされました。ただし公報訳には警視正が抜けています(沖縄群島公報一四号)。

(5)不法入域(民政副長官の許可なき入域)は、一九四九年布令一号二、二、三〇条でも禁止され、その法定刑は一年以下の懲役若しくは一万円以下の罰金又はその両刑でしたが、一九五二年改正二四号により重罰化され、不法入域(二、二、三〇、一条)のほか、不法入域者の隠避(conceal or harbor)(二、二、三〇、四条)等が一〇年以下の懲役若しくは一〇万円以下の罰金、又はその両刑に処されることになりました。ところが一九五五年三月十六日発布(四月十日施行)の米国民政府布令一四四号は、これらの行為の法定刑を二年以下の懲役若しくは二万円以下の罰金又はその両刑に変更しました。何れにせよ強制送還刑が選択可能でした(一九四九年布令一号一、三、五、五条、布令一四四号一、三、五、五条)。出入管理令上の罪と布令刑法上の不法入域等の罪との関係は明確ではありませんが、概して後者は営利目的のある場合に適用されていたようです。

(6)那覇市政再建同盟『畠と人民党裁判 真相はこうだ!!』森宣雄、国場幸太郎編・解説『戦後初期沖縄解放運動資料集』第三巻(不二出版、二〇〇五年、一〇二-一一七頁所収、以下では畠「真相はこうだ」として引用)一一〇頁。

(7)新聞の「みなと」欄には名瀬・鹿児島行として七月十六日出港の那覇丸と美島丸、翌十七日出港の若草丸の案内があります。

（8）瀬長亀次郎『民族の悲劇』（三一書房、一九五九年）一二四頁に「退去の理由が薄弱であったので、その時党本部にいた人民党の書記長他六名が、米国民政府をたずね、副長官に面会を申し込んだが、拒否されたので、フライマス連絡官に会い、その真相を究明したところ、好ましからざる人物であるという理由だとつっぱねた。なお追求したら、ついに彼は、『好ましからざる人物とは日本復帰運動をする者だ』と歯に衣を着せずきっぱり云い放った」とあります。畠「真相はこうだ」一〇八頁には、「七月十六日朝十時頃大湾立法院議員、島袋嘉順、真喜屋武、国場幸太郎、畠義基以上五名で民政府のフライマス連絡官を通じて首席民生官に交渉を行った」「十七日にも瀬長亀次郎、島袋嘉順、国場幸太郎、又吉一郎、真喜屋武、林義巳、畠義基、以上七名が再度、期限延期を願出て交渉してみたが『ラチ』のあかないまま人民党本部に引き返して来た」とあり、畠らが二日連続で交渉を試みたことは新聞記事からも確認できます。一九五五年一月の自由人権協会沖縄人権問題調査報告に関する朝日新聞報道に対し、米極東軍司令部報道部は「両氏は沖縄人民党で破壊活動を行ったため退去命令を受けたのであり、沖縄人民党の綱領、スローガン、宣伝技術は、全世界の共産党が使用しているところのものと酷似している」と説明しました（朝日新聞一九五五年一月十七日）。

（9）布令一二五号三三条は「左の各号の一に該当する者については行政処分により琉球列島から強制送還することができる」旨を規定し、四号（英語正文ではD号）として「一年以上（one year or more）の懲役又は禁錮の刑を科することのできる犯罪により処罰された者」を列挙します。つまり検察官は、同布令三〇条違反の罪に対しては強制送還刑を併科することができるのに、ここでは三〇条違反で一年の拘禁刑に処した上で、三三条D号の行政処分として強制送還することを提案しています。

（10）本件記録における通貨単位の「円」は「B軍票（Type "B" Military Yen）」（軍政府特別布告三〇号）、いわゆるB円ですが、単に¥と表記されていました。交換率は一九五〇年四月十二日発布の軍政府布令六号により「B円百二十円対米貨一弗」（同日午前一時実施）のB円高レートとされました。

（11）民政副長官の指示による強制送還は行政処分にあたり、拘禁刑執行後のそれは刑罰としての強制送還と考えます。

第二章　変転する証言

一　二つの供述調書

畠を逮捕すれば、次は、彼を匿った者らが逮捕されます。最初に、畠と同じ八月二十七日に上原康行とAが逮捕されました。この二人は親子です。それぞれ二通の供述調書が那覇署で作成されました。このうちAのものが英訳され、記録に残されています。しかし、八月二十七日作成の一通目と八月三十日作成の二通目では、Aの供述内容が大きく異なります。

また、この間の八月二十八日に二人の予備審理手続が開かれました。告発状に記載された「犯罪事実」は、「被ギ者上原は人民党畠義基が一九五四年七月十五日琉球民政府長官の命に依り沖縄本島より退去命令を受けて居る者である事を充分知り乍ら一九五四年八月二十一日頃から仝八月二十七日☒故意に自宅に隠匿した」（原文どおり）というものです。畠が上原宅で匿われたのは逮捕前の約一週間ということになります。これがAの一通目の供述調書の内容でした。「罪名」として上げられているのは一九四九年布令一号二、二、二四条（「逮捕に抵抗する者、軍政府（米国民政府[1]）の権限の下に逮捕された又は逮捕されようとする者の逮捕を妨害し又は知ってその逃走を援助する（knowingly assists in the escape）者は、一万円以下の罰金又は一年以下の懲役又はその両刑に処する」）、及び日本刑法一〇三条（犯人蔵匿罪）です。

ここでいう日本刑法とは、一九四五年の海軍軍政府布告（ニミッツ布告）一号で現行法令として効力の認められた沖縄刑罰法令としてのそれです。同条は「罰金以上ノ刑ニ該ル罪ヲ犯シタル者又ハ拘禁中逃走シタル者ヲ蔵匿シ又ハ隠避セシメタル者ハ二年以下ノ懲役又ハ二百圓以下ノ罰金ニ処ス」旨を規定しました。これは重罪にあたります。罰金額については「日本円一円に対しB円二十円の率で」B円に換算されました（一九五〇年軍政府布令一二号)。ちなみにこの沖縄刑罰法令としての日本刑法から皇室に対する罪や姦通罪が削除されたのは一九六八年立法一三八号(刑法の一部を改正する立法)によります。

資料3は、予備審理後に発付された上原康行に対する犯人蔵匿容疑の「拘留状」です。

(一) Aの一通目の供述調書

供述調書
氏名：A(二七)　農夫(ここにナガタの押印あり)
住所：豊見城村字田頭＊番
本籍：同上
一九五四年八月二十七日、本地区署において上記の者が、本職に対して任意で次のとおり述べた。
一、私は上記住所で両親と農業をして暮らしています。
二、私の家族は、両親と私を含めて全員で九名です。
三、私の家は六畳二部屋、裏側に三畳半一部屋がある二十二坪瓦葺き屋根の家です。
四、軍の出域命令に従わなかった畠義基は、私の家で一週間前から匿われました。この点についてその状況を述べます。
五、私の父、上原康行は四年ほど前から人民党員として活動しています。私も父同様に人民党の活動をしています。
六、私の家族は、四十日ほど前に畠氏と林氏が軍の出域命令を受けたことをよく知っていました。私は畠氏と個人的な関係はありませんでしたが、畠氏は人民党の活動の中で指導的な役割を担う機会が多く、その顔をよく知っていました。一週間ほど前の日の夜、畠氏が一人で私の家に来ました。私たちは眠っていました。(私たちは)

起き上がり、彼を中に入れました。そのとき（私は）警察が畠氏を捜していることを知っていました。彼が滞在を求めたとき、私は両親と相談し、彼を滞在させることにしました。
七、私は前述の裏座を畠氏に貸して彼を匿い、食事を与えました。彼を滞在させることについては、党員その他の者からの依頼はありませんでした。今朝、私が畑にいるときに警察が畑までやって来て、畠氏が逮捕されたことを私は知りました。
問：畠氏は一人で来たか。
答：彼は夜間に一人で来ました。
問：彼が隠れているときに、他の来訪者はいたか。
答：誰も訪ねて来ませんでした。
問：どれくらいの期間、あなたは彼を滞在させるつもりだったか。
答：（私たちは）どれだけでも居させるつもりでした。私たちは警察のことを考えていませんでした。
問：逮捕状の出ている者を匿うのは犯罪であることを知っていたか。
答：匿うのは犯罪だと思いましたが、彼は人民党員なので滞在させました。前にも述べましたが、私は人民党のためになると考えて畠氏を匿い、それが悪いことであるとは思っていませんでした。
署名：A（拇印）
以上のとおり録取して読み聞かせたところ、彼は誤りのないことを認め、署名の上拇印を押した。
前同所同日
署名：那覇地区警察署司法警察員、警部補諸見長英

（二）上原康行とAの予備審理手続の記録

CASE NO.［空白］　SD-211, SD-212
琉球列島米国民政府／民政簡易軍事裁判所／中央司法地区／予備審理手続の記録
開廷場所：那覇　開廷日：一九五四年八月二十八日
主宰官：USCAR簡易軍事裁判所裁判官　レイモンド・M・ピーク少佐
起訴罪状（簡潔に）：逃走援助［Assisting in escape］、犯人蔵匿［harboring］
被告人氏名（年齢・性別・住所）：A（二七・男・豊見城村田頭＊番）上原康行（コウコウ［Koko］）（五〇・男）
通訳者：［空白］　検察官：［空白］　弁護人：［空白］
答弁（各起訴罪状に対する「有罪」または「無罪」の答弁）：［空白］
検察側の証拠（必要があれば紙を追加せよ。証人の氏名住所を掲げ、証拠物を特定せよ。）：
那覇地区署の津波古憲和巡査部長が宣誓し、証言した。私は被告人らを知っている。特に若いほうの者（A）のことは、一九五四年八月二十七日十四時四十分頃、豊見城字田頭＊番で会っているのでよく知っている。私は畠義基なる人物を逮捕するために彼の家に行った。そのとき上原康行（もう一名の被告人）には会っていない。畠氏の逮捕時に現場にいた女に、畠氏は誰の部屋にいたのかと尋ねると、Aの部屋であるという答えが返ってきた。私は、Aがどこにいるかを尋ねた。女は、畑に出ていると答えた。そこで私は警察官二名を女に同行させ、Aを家に連れて帰らせた。そのとき一四時四〇分頃であった。私は事情聴取をするため、Aを警察署に連行した。そして彼は、出域命令をうけた畠の蔵匿容疑で逮捕された。（被告人らは証人に対する質問があるか否かを尋ねられ、質問はないと答えた。）
那覇地区警察署の渡口徳助［TOGUCHI, Tokusuke］巡査が宣誓し、証言した。私は被告人らを知っている。私は、一九五四年八月二十七日午後十時頃、豊見城字田頭＊番で上原康行に会っている。私は逮捕状を持って彼を逮捕しに行った。逮捕状は畠の蔵匿容疑で発付された。上原康行は、畠が逮捕された家の所有者である。被告人上原康行は、畠が彼の家で一週間ほど過ごしたと述べたが、畠が出域命令を受けたことは知らなかったと話している。

（被告人らは、質問はないと返事した。）

事実認定（各起訴罪状に対する「有罪」または「無罪」の認定を示す。）：上級裁判所に付す。

刑（拘禁が懲役を伴うか否か、また、刑の起算日を記す。）：［空白］

［署名］裁判官、陸軍少佐レイモンド・M・ピーク

（三）Aの二通目の供述調書

補充の供述調書

氏名：A

一九五四年八月三十日、本地区署において上記の者が、本職に対して任意で次のとおり述べた。

一、私は畠義基の隠避に関する供述調書を作成しましたが、その時は正直に述べませんでした。申し訳ありません。あらためて当時の状況を正直に話します。

二、以前の供述調書では一週間前の日の夜に、軍から出域を命令された畠氏が、私の家に一人で来たと述べました。しかし私は、関与した人たちに迷惑がかからないようにと考えて嘘をつきました。それはお盆前の日の早朝でした。母が、寝ていた私を起こしました。私が起きると瀬長氏が、私から見て東側にある縁側に座っていました。すぐに服を着替え、挨拶をしました。私の父から、畠義基と又吉一郎が我那覇集落のBの家にいるはずだと聞かされ、彼らを迎えに行くように頼まれました。私が出発しようとしたとき、仲地集落の上原盛徳［UEHARA, Seitoku］（島病院の向かいの精米所）と我那覇集落のヒガ・ヨシオ［HIGA, Yoshio］（三五歳）が家に来ました。彼らは私の父と瀬長氏と一緒に話をしていました。私は自転車に乗って出て行きました。私がBの家に着くと、Bは

起きており、中年の女が食事をつくっていました。私が「ここに来た人がいるか」とBに聞くと、彼は「誰も来ていない」と答えました。私がその場から立ち去ろうとしたとき、出口で又吉一郎［MATAYOSHI, Ichiro］氏と会いました。又吉氏は「畠がここにいる。彼を連れて行ってほしい。私は自転車で行く」と私に言いました。私は自転車を又吉氏に渡し、それからBの家の裏側の道に立っていた畠氏に向かって、あなたを連れて行くように言われていると伝えました。畠氏は私のことを警察官だと思ったようで、怯えているように見えました。又吉氏が、彼を連れて行くために私に来てもらったので一緒に行くようにと彼に言いました。私たちは集落内の道を進み、道路に出て、それから畑の畦道を通りました。私たちが私の家に着くと、瀬長氏、又吉氏、ヒガ氏、上原氏、そして私の父が私の部屋（裏座）の中で座っていました。彼らは話をしていました。畠氏は部屋に入るように言われました。彼らの話の内容は知りませんが、二時間ほどそこにいました。先に瀬長氏が出て行き、次に上原氏とヒガ氏が出て行きました。又吉氏は、疲れているので眠ってから家に帰りたいと言っていたので、少し休んでから家に帰ったようです。又吉氏が帰った時間については、私は午前八時頃に畑に出たので、分かりません。昼食をとるため、正午頃に畑から家に戻ったとき、畠氏が私の部屋で眠っているのを見ました。しかし又吉氏はいませんでした。その後は誰も来ていません。畠氏はそのときから私の家にいました。

問：あなたのいう瀬長亀次郎［SENAGA, Kamejiro］とは誰か。

答：彼は人民党の書記長です。

問：又吉一郎とは誰か。

答：彼は豊見城村の村長選の候補者の又吉一郎です。前にも述べましたが、私は人助けのつもりでした。こんなことになるとは思いもしませんでした。本当は自分のしたことを後悔しています。どうかお許しください。

署名：A（拇印）

以上のとおり直ちに録取して読み聞かせたところ、彼は誤りのないことを認め、署名の上拇印を押した。
前同所同日
署名：那覇地区警察署司法警察員、警部補諸見長英

二　上原康行の裁判手続の記録

八月二十七日作成の供述調書で、Aは、畠が「一週間前」（八月二十日）頃に「一人で」上原宅に来たと述べました。翌二十八日の予備審理でも「上原康行は、畠が彼の家で一週間ほど過ごしたと述べた」と記録されています。しかしこれは、逮捕前日に来たとする畠の供述（第一章一四頁参照）とは矛盾していました。そして八月三十日作成のAの二通目の供述調書では、畠が「お盆前の日」にAと「一緒に」来たと供述が変更されたのでした。一九五四年の旧盆は、新暦では八月十一－十三日です。

前述のとおり、畠は、上原康行とAが取調べで追及されたと記しています。二通目の供述調書で名前の上げられているBの逮捕が八月二十九日でした。Bについては、上原宅に「畠氏を同行したのは同人といわれているが頑強に犯行を否認している」と報じられています（琉球新報同日夕刊）。Bは八月三十一日に「証拠がない」として公訴が取り下げられました（C-238-54, D-1156）[2]。しかし同日、上原盛徳と運天義雄（供述調書ではヒガ・ヨシオ）が逮捕されます（琉球新報八月三十一日夕刊）。これらは、予備審理後に行われたと思われる上原康行に対する八月二十八日の取調べに基づくものであったことが、以下の裁判手続の記録から読み取れます。ただし彼は、すでに「警察が多くのことを知っていた」と述べています。そして九月二日付の上原康行に対する起訴状（資料4）では、「八月十日またはその頃」から、彼が畠を匿い、その寝食の世話をしたとされています。この行為が、軍

政府特別布告三二号二、一二、三一条及び日本刑法一〇三条に違反すると改められて、彼は起訴されました。

軍政府特別布告三二号とは、沖縄占領後に米軍が発布した数々の刑罰法令等の若干を廃止または修正した上で、それらを「単一の即座に引照出来る方法に法典化する」ために、一九四九年布令一号を制定する旨を布告したものでしたので、同布令を意味します。ちなみに米軍法令の形式は布告（Proclamation）、布令（Ordinance）、指令（Directive）等です。このうち布告は、海軍軍政府布告、軍政府特別布告、及び民政府布告が、それぞれ一号から始まる番号を順に付されるのに対し、布令は、一九四八年に一号、翌四九年の一－二号が出され、一九五〇年から軍政府布令及び民政府布令を通して連番が付され、そして一九五七年十月以降の高等弁務官布令で改めて一号から振り出されました。(3)

一九四九年布令一号二、一二、三一条は共犯規定です。すなわち「之等の規定又は軍政府から正当に発布されたすべての布令、命令（ordinances）、指令の下に於ける罪を構成する行為を為す為共謀する（conspire）者、又はすべてのかかる行為を犯すことを教唆し（advise）幇助し（assist）又は求めた（procure）者は、正犯と同程度に罰すること」ができます（shall be punished as if he had committed the offence）。日本刑法六三条は「従犯ノ刑ハ正犯ノ刑ニ照シテ減軽ス」と規定しましたが、米軍法令がこれよりも優先されました。

CASE NO. C-238-54, D-1228
琉球列島米国民政府／民政簡易軍事裁判所／那覇司法地区／裁判手続の記録
開廷場所：那覇　開廷日：一九五四年九月十五日
主宰官：ＵＳＣＡＲ簡易軍事裁判所裁判官　レイモンド・Ｍ・ピーク少佐
起訴罪状（簡潔に）：三二号二、一二、三一条、幇助［aiding and abetting］及び日本刑法一〇三条、犯人蔵匿。
被告人氏名（年齢・性別・住所）：上原康行（五〇・男・豊見城村字田頭＊番）

通訳者：ヒガ　検察官：ダニエル・J・ネビル　弁護人：なし

答弁（各起訴罪状に対する「有罪」または「無罪」の答弁）：無罪。被告人は有罪もしくは無罪の答弁、または黙秘の意味と効果を告げられ、理解している。

検察側の証拠（必要があれば紙を追加せよ。証人の氏名住所を掲げ、証拠物を特定せよ。）：

那覇地区警察署の渡口徳助巡査が宣誓し、証言した。

私は被告人上原康行を知っている。私が彼を逮捕したとき、彼と話をした。私達は彼の逮捕状を持っていた。逮捕場所は豊見城村字田頭＊番地の上原康行宅（被告人宅）である。一九五四年八月二十七日午後十時頃、私は逮捕状をもって被告人宅に行った。私は被告人に対する逮捕状を彼に示し、那覇警察署に同行を求めた。被告人は逮捕され、那覇警察署に連行された。被告人は、逃亡者である畠を匿った容疑で告発された。警察局は逮捕時に畠を指名手配していた。畠の逮捕後に被告人が逮捕された。一九五四年八月二十七日、私が被告人と話をしたのは、逮捕状が出ているということだけである。

被告人は、本件について証人に対する反対尋問を希望しなかった。本件と関係しない二、三の質問があったが、裁判所が却下した。

那覇地区警察署の警察官諸見長英が宣誓し、証言した。

私は被告人を知っている（証人は被告人を指差した）。一九五四年八月二十八日頃、私が被告人を取り調べた。そのとき被告人は逮捕され、那覇警察署に留置されていた。取調べのとき、私は次の情報を得た（被告人上原が次のように述べた）。「お盆の直前の日の早朝、私がまだ寝ているとき、瀬長氏が私の家にやって来て、畠氏を私の家（上原宅）で二、三日間滞在させることができるかと聞かれた」。畠氏はすでに指名手配されていたので、被告人上原は、その要求を飲んだ。そのとき息子のAは眠っていたが、被告人が起こした。ちょうどそのとき瀬長が被告人に「いま畠は我那覇集落のBの家にいる」と言った。瀬長がこの情報を被告人に伝えたので、被告人は彼の息子Aに、そこへ行って畠を見つけ、この家に連れてくるように言った。さらに取調べを続けると、被告人によれば、上原盛徳が仲地集落から、また運天義雄［UNTEN, Yoshio］が我那覇集落から上原（被告人）の家に来ようとしており、彼の準備ができていれば盛徳とBが一緒に来る、と瀬長が言ったという。そこでAが自転車で我那覇集落に向かった。AがBの家に着いたとき、畠はいなかった。Aは、畠か、別の誰かがこの家に来たかどうかを尋ねた。来ていないという答えだった。帰ろうとしたとき、Bの家の門のところで、Aは又吉一郎に会った。そのとき又吉が「畠はBの家の裏側にいるので、そこに行って、彼をあなたの家に連れて行くように」とAに言った。又吉［原文では「上原康行（被告人）と又吉」］は、Aから自転車を借りて被告人上原康行の家に向かった。Aは畠のいる場所に行き、脇道を通って彼を上原康行（被告人）の家に連れて来た。彼らが被告人の家に着いたとき、瀬長亀次郎氏、又吉一郎氏、運天義雄、上原盛徳、被告人上原康行が、家の裏側にあるAの部屋にいた。被告人は、畠が家にいたのは二十日間ほどであると述べた。被告人は、畠が警察から指名手配されていることを知っていたと認めた。被告人は、畠が逮捕されたか、または指名手配中であるという情報を新聞やポスターから得ていたが、それを知っていながら彼を自宅に置き続けた。私は被告人に対し、自己に不利益となるような質問には答える必要がないこと、その権利があることを伝えた。強制はなく、利益供与の約束もしていない。私に対する供述はすべて任意である。被告人が以上のように述べ、私が供述書を作成した。彼がそれを読み、署名し、そして供述は真実であり、誤りがないとして親指で押印した。供述調書は一九五四年八月二十八日に作成され、証拠として法廷に提出された。供述調書が被告人に示され、彼は署名と押印を確認した。

もう一通の供述調書が一九五四年八月三十日に作成され、これも証拠として法廷に提出された。供述調書が被告人に示され、署名と押印が確認された。

被告人は、又吉一郎を知っていると私に述べた。又吉は豊見城村の村長に就任予定の者であり、被告人は又吉が村長であることを知っていた。私は、瀬長氏が本日の法廷にいることを知っている（証人が瀬長を指差した）。

被告人は瀬長の友人であり、人民党員である。

被告人は、反対尋問で、供述調書が作成された点については、証人の述べたことが真実であると述べた。他に質問はなかった。

検察証人の退廷。

弁護側の証拠：

被告人は、彼の権利について助言され、宣誓供述をするため立ち上がった。

被告人は宣誓し、次のとおり述べた。思うにアメリカ国旗の下で民主主義の基本原則は・・・（被告人は、裁判所によって、犯行と関係しないとして制止された。）私は法廷で証言した証人の名前を知らないが（諸見のことを指している）、彼は、私に供述調書への押印と署名を強要した。私の家に来た警察官が瀬長氏と又吉について尋問したとき、その警察官は力を行使した。（裁判所が力［force］の意味を説明したところ、被告人は警察が力を行使していないと述べた。）彼らは私にたくさんの質問をしたので、私は、はい、はい、はいと何でも警察の質問に対して答えた。警察が多くのことを知っていたのは大変不思議だった。警察は私を叩いてはいない。私が力と言ったのは、違ったことを考えていた。私は畠のポスターを見たことがあり、彼が警察から指名手配されていることを知っていた。しかし、私が畠を家に連れて来たのではなく、彼が来ていたのは六日間くらいである。私が家で彼に寝食の世話をした。

検察側の証人：

那覇地区警察署の津波古憲和巡査部長が宣誓し、証言した。

私は畠義基を知っている。私が豊見城村字田頭＊番地の上原康行宅（被告人宅）で彼を逮捕した。畠の逮捕容疑は沖縄不法在留の違反行為である。畠はAの部屋の中で眠っていた。Aは被告人の息子である。私が被告人宅に行ったとき、被告人がどこにいたかは知らない。畠の逮捕時に家にいたのは、被告人の妻と息子の妻、それから子供が何人かである。

反対尋問はなかった。

検察の最終弁論：

公判廷に提出された証拠から、被告人が、その息子と一緒に、退去命令を受けた（民政副長官から）畠の沖縄在留の継続を幇助したことが示された。早朝に瀬長氏が被告人宅に来て、被告人に対し、別人の家で畠を匿っているが、二、三日間彼の面倒をみてくれないかと依頼した。被告人は息子であるAを起こし、その家に行き、畠を連れてくるように言った。Aは、その家からの帰路、畠を見つけ、父親の家に連れて来た。家に向かう途中でAは又吉に会った。彼らが家に帰ると、瀬長亀次郎、又吉、さらに二、三人が、数日間畠を匿う計画を練っていた。畠は上原康行の家のAの部屋で逮捕された。証言は決定的であり、被告人の自白を得るために力は行使されていない。被告人自身が力の行使はないことを認めた。裁判所に被告人の有罪判決を要求する。日本刑法一〇三条の犯人蔵匿罪は、我々の罪よりもかなり重い。日本刑法の法定刑は長期二年であり、我々の法律では一年と罰金一万円である。検察官としては起訴罪状二を外し、拘禁一年と罰金一万円を定める七章三〇条［布令一二五号］の幇助罪として二、二、三一条の適用を求めたい。

検察官の申出により、起訴罪状二が取り下げられた（日本刑法一〇三条犯人蔵匿罪）。

被告人の最終弁論：

畠の逮捕状が出て、彼は沖縄不法在留の容疑で逮捕されたが、私は、彼が何も罪を犯していないと考える。なぜなら彼は沖縄の人々と沖縄労働組合を助けたからである。私は、畠氏が法律に違反していないのであれば、私も有罪ではないと考える。

犯罪歴：一九四六年九月十八日、違警罪、国頭治安裁判所、拘留十日執行猶予一月。

事実認定（各起訴罪状に対する「有罪」または「無罪」の認定を示す。）：

起訴罪状一　有罪。
起訴罪状二　取下げ。
刑（拘禁が懲役を伴うか否か、また、刑の起算日を記す。）：懲役一年、起算日一九五四年九月十五日、及び罰金一万円の刑に処す。
［署名］裁判官、陸軍少佐レイモンド・M・ピーク

三　又吉一郎の予備審理手続の記録

上原康行は、九月十五日の裁判で、畠が来たのは八月二十日頃である旨を証言しましたが、それは起訴状記載のとおり八月十日頃のことであるとして実刑に処されました。そして同日午後、九月五日の豊見城村長選挙で当選した又吉一郎に逮捕状が出ます。又吉は、「十五日ひる四時軍事裁判ピーク判事から逮捕状が発行、同日那覇署員が逮捕にのり出し」（沖縄タイムス九月十六日）、翌十六日午前七時半に自宅で逮捕されました（同紙同日夕刊）。告発状記載の「犯罪事実」は、「又吉一郎は、一九五四年八月十日またはその頃、上原康行その他と共謀の上、畠義基なる者の民政府布令一二五号七章三〇条違反の行為を幇助し［aid and assist］、もって畠義基の琉球列島内不法在留を可能にした」というものです。同日中に予備審理が開かれ、検察側証人として、Aが出廷しました。資料5はこの予備審理手続の記録の一枚目（表面）ですが、事実認定欄にその結論が記入されていません。

CASE NO. PH
琉球列島米国民政府／民政簡易軍事裁判所／中央司法地区／予備審理手続の記録

開廷場所：那覇　開廷日：一九五四年九月十六日
主宰官：USCAR簡易軍事裁判所裁判官　エリオット・O・ショードイン〔Eliot O. Chaudoin〕少佐
起訴罪状（簡潔に）：犯人畠義基の隠避〔concealing〕と幇助〔aiding〕による彼の幇助〔Aiding and abetting〕、二一、二、三二一条
被告人氏名（年齢・性別・住所）：又吉一郎（三八・男・真和志市栄町五班三十八号）
通訳者：ミヤシロ〔MIYASHIRO〕　検察官：SFCダニエル・J・ネビル　弁護人：なし。
答弁（各起訴罪状に対する「有罪」または「無罪」の答弁）：無罪
検察側の証拠（必要があれば紙を追加せよ。証人の氏名住所を掲げ、証拠物を特定せよ。）：
那覇警察署の比嘉良清〔HIGA, Ryosei〕巡査が宣誓し、証言した。
問：あなたは被告人を知っているか。
答：はい。彼の名前は又吉一郎である。
問：あなたが彼を逮捕したか。
答：はい。午前七時三十分に真和志の栄町で。
問：逮捕の準備を何かしたか。
答：逮捕状を執行した。
問：犯罪行為はどのようなものか。
答：犯人の幇助と隠避である。
問：犯人とは誰か。
答：畠義基である。
問：あなたが犯人を逮捕し、警察署に連行したのか。

答：はい。
被告人による反対尋問。
問：下地という名前の男がいたか。
答：はい。彼は私と一緒にいた。
那覇警察署の諸見長英警部補が宣誓し、証言した。
問：あなたは被告人を知っているか。
答：はい。彼の名前は又吉一郎である。
問：あなたが本件の捜査を指揮したか。
答：はい。
問：あなたは上原康行の事件を捜査したか。
答：はい。
問：捜査して何が明らかになったか。
答：私の捜査の結果、畠義基の隠匿について謀議した共謀者が判明した。
問：あなたは誰が共謀者であるかを突きとめたか。
答：はい。
問：あなたが明らかにしたことを法廷で話してもらえるか。
答：捜査で明らかになったのは、お盆の二、三日前に瀬長亀次郎が上原康行の家に来たことである。それは早朝で家族は寝ていた。瀬長氏は上原康行を起こし、畠が我那覇集落のBの家にいると伝えた。そして瀬長氏は、しばらく畠を家に置いてもらえないかと上原康行に頼んだ。康行は承諾し、彼の息子（A）を起こして我那覇集落のBの家に行かせ、畠を家（康行の家）に連れて来させた。そのとき瀬長氏は運天義雄と上原盛徳が間もなくやって来ると言った。Aが家を出ようとしたとき、運天義雄と上原盛徳が家に来た。Aは自転車に乗ってBの家に行き、Bに会った。Aが、家に誰か来ていないか、とBに聞くと、Bは誰も来ていないと答えた。AがBの家を出ようとしたとき、門のところで又吉一郎に会った。又吉氏は裏に畠がいるとAに伝え、畠を一緒に連れて行ってほしいと言った。そして又吉氏は、Aの自転車に乗って帰ると言った。彼らが家に着くと瀬長亀次郎と又吉一郎、運天義雄、上原盛徳、そしてAの父親がAの部屋にいた。Aはこの人たちに畠を預け、それから彼らは一時間ほど仕事の話をした。瀬長氏が家を出て、その数分後に運天義雄と上原盛徳が出ていった。又吉氏は家に残り、上原康行と彼の息子は畑に行った。昼になり、彼らが家に戻ったとき、すでに又吉氏はおらず、畠だけが残っていた。それから畠氏はこの家に二十日間ほど滞在した。

［又吉による］反対尋問。

問：あなたはお盆の二、三日前と証言したが、それは何日のことか。

答：正確に言えば、その情報を得たのは容疑者からである。それは私の言葉ではない。

問：あなたはお盆の二、三日前と言った。それは八月十日頃のことだが、しかし昨日の公判で上原康行氏は、それは八月二十一日頃だと証言した。なぜ十一日間の違いがあるのか。

答：昨日の公判で、私はお盆の二、三日前と証言した。私が録取した供述調書でもそうなっている。その調書は証拠採用された。

問：昨日の公判では、裁判官が上原康行に対し、康行が六日間畠に食事と部屋を与えた、と述べたはずである。

（裁判所が直ちに関連性がないと裁定した。）

農夫Aが宣誓し、証言した。

問：又吉を知っているか。

答：私は被告人を知っている。

問：あなたは畠義基を知っているか。
答：彼が私の家に来てから、私は彼のことを知っている。
問：彼があなたの家に来たのは、いつ頃か。
答：畠が私の家を訪ねてきたのは私が逮捕される七日ほど前だったが、はっきりしない。取調べのとき捜査官にはお盆の二、三日前だと言った。
問：あなたは、ある朝に母親に起こされたことがあるのを覚えているか。
答：はい。
問：あなたは家の前で誰を見たか。
答：私は瀬長亀次郎氏を見た。
問：彼は誰と話をしていたか。
答：彼は座っていた。
問：上原康行はどこにいたか。
答：彼は家の中にいた。
問：上原はあなたの父親か。
答：はい。
問：あなたの父はあなたと会話したか。
答：いいえ。
問：あなたの父はあなたにどこかに行くように言ったか。
答：はい。
問：それなら会話をしている。あなたの父はあなたに何と言ったか。

答：彼は私に我那覇に行くようにと言った。
問：なぜ彼はあなたに言ったのか。
答：そこに行って私が見つけるためである。
問：何をあなたは見つけたのか。
答：畠がそこにいた。
問：それは誰か。
答：畠義基である。
問：あなたが畠を見たとき、他に誰かを見たか。畠を見たとき、あなたは又吉を見たか。
答：はい。
問：どのようにしてあなたは我那覇に行ったか。歩いて行ったか。
答：自転車で行った。
問：どこであなたは又吉に会ったか。
答：我那覇で。
問：あなたは又吉氏と会話したか。
答：会話はしなかった。
問：彼はあなたの自転車を借りたか。
答：はい。
問：彼は畠がどこにいるかをあなたに言ったか。
答：はい。彼は、道路に彼がいると言った。
問：あなたの自転車はどうしたか。

答：私は又吉氏に貸した。
問：あなたは又吉氏から、畠に会って、あなたの家に畠を連れて行くように頼まれたか。
答：はい。
問：あなたはそれをしたか。
答：はい。
問：どのような方法であなたは彼を連れて行ったか。
答：畑の道を通った。
問：又吉はどこに行ったか。
答：彼は私に家に向かい、私よりも先にそこに着いた。
問：あなたは畠をあなたの家に連れて行ったか。
答：はい。
問：又吉の他に誰があなたの家にいたか。
答：盛徳と運天が私の家に来たが、彼らは村会議員のことで私の父に会いに来た。
問：瀬長氏と又吉は、あなたが畠と家に着いたとき、そこにいたか。
答：はい。
問：彼ら（瀬長と又吉）は選挙のことを相談するために来たのか、それとも畠の寝場所を相談するために来たのか。
答：私は彼らが何のために来たかは知らないが、私の父は議員に立候補するように頼まれた。
問：あなたの父は、瀬長氏に頼まれて、あなたを畠のもとに行かせ、彼を家に連れて来させたのか。
答：それは知らないが、父が私に行ってくるようにと言った。
問：あなたは畠が軍政府の命令で島から出ていかねばならないことを知っていたか。

答：はい。彼が来てから私は知った。
問：あなたは警察で供述をしたか。
答：はい。
問：あなたは、あなたが畠氏に近づいたとき、彼が怯えているように見えたと述べたか。
答：はい。
問：あなたは彼をあなたの家に連れて行くだけだと畠に伝えたか。
答：はい。
問：又吉氏があなたの家にいるとき、彼は仮眠をとったか。
答：私は畑に行ったので、それは何とも言えない。
問：あなたは警察で、もし私が畠に会わなければ［原文では「会えば」］厄介なことにはならなかったと言ったか。
答：私は厄介なことになったとは全然考えなかった。
問：どれくらい畠はあなたの家にいたか。
答：一週間くらい。
問：又吉氏は、あなたに畠のいるほうに行って、畠をあなたの家に連れて行くようにと言ったか。
答：いいえ。私の父が私に言った。
問：あなたは警察でこう述べたのではないか。又吉氏が「畠はここにいる。彼を一緒に連れて行ってくれ。私はあなたの自転車で行く。」と私に言った、と。
答：はい。
問：あなたは全部で何通の供述調書をつくったか。
答：二通。

問：あなたの最初の供述調書は真実か。
答：いいえ。
問：二番目の供述調書は真実か。
答：はい。
問：なぜあなたは最初の供述調書で真実を述べなかったのか。
答：後になって色々なことがはっきりしてきたから。
問：あなたが畠を家に連れて来てから、あなたは畠をどこに案内したか。
答：裏の部屋に。
問：瀬長、又吉、運天らはどこにいたか。
答：彼らは私の部屋、その裏の部屋にいた。
問：どれくらい又吉と瀬長は家にとどまっていたか。
答：私は畑に行ったので分からない。
問：畠が逮捕されたとき、彼はあなたの家にいたか。
答：はい。
問：畠、又吉、瀬長、運天と上原は、あなたが畑に出たとき、あなたの部屋で打ち合わせをしていたか。
答：はい。彼らはそうしていた。
［又吉による］反対尋問。
問：誰があなたを取り調べたか。
答：諸見である。
問：何か見返りの約束があったか。

答：彼らが私を取り調べたとき私は真実を隠そうとしたが、私の父が何もかもすでに話したのだから何を隠す必要があるのか、と彼が私に言った。それから私は全部を話した。
問：あなたが我那覇で私とBを見たのはいつか。私がどんな服装だったかが分かるか。
答：八月十九日か二十日である。服装は覚えていない。
問：雨が降っていたか、それとも晴れていたか。
答：雨模様だった。少し雨が降っていたと思う。
問：私は帽子を被っていたか、被っていなかったか。私はどんな靴を履いていたか。
答：覚えていない。
（質問は以上であった。［以下は裁判所からの質問］）
問：あなたは、あなたが会ったのはこの人物かどうか、疑いがあるのか。
答：いいえ。疑いはない。
問：それは朝の何時だったのか。
答：明け方だった。
問：あなたは、どれくらい前から又吉氏のことを知っているか。
答：ずっと前から。
問：この人であることにあなたの疑いはないか。
答：間違いなくこの人である。
被告側による証人の反対尋問。
問：あなたの先ほどの証言では、畠を見たとき彼は怯えているようだったと警察官に言ったということだったが、今は、暗かったと証言した。どうして彼が怯えているようだったと言えるのか。

答：彼が私を見たとき、彼は後ろに下がり、震えていた。
事実認定（各起訴罪状に対する「有罪」または「無罪」の認定を示す。）：［空白］
刑（拘禁が懲役を伴うか否か、また、刑の起算日を記す。）：［空白］
［署名］裁判官、陸軍少佐エリオット・O・ショードイン

四　又吉一郎の裁判手続の記録（第一回期日）

又吉の予備審理におけるAの証言は、明らかに矛盾していました。又吉や瀬長らの関与を肯定する点では一貫しています。しかし主尋問でも、反対尋問でも、畠が上原宅に来たのは「八月二十日」頃である旨を証言しており、他方で、一通目の供述調書は内容虚偽であり、「八月十日」頃とする二通目が真実であると明言しています。ともかく琉球新報九月十七日によれば、「結局三証人の証言から同氏の犯行は確定的と宣したシャーダイン判事の指示により来る二十日の公判まで身柄は二万五千円の保しゃく金さえだせば一時しゃく放されることに決定した」ということです。

九月十八日付の起訴状記載の又吉に対する犯罪事実は、告発状と同様、「又吉一郎は、一九五四年八月十日またはその頃、上原康行その他と共謀の上、畠義基なる者の民政府布令一二五号七章三〇条違反の行為を幇助し［aid and assist］、もって畠義基の琉球列島内不法在留を可能にした」というものです。第一回公判は、予定通り、九月二十日に開かれました。琉球新報同日夕刊は「政府広場に聴衆一千」「非常警官隊の出動」「野次乱れ飛び遂に審理不能」となり、逮捕者が出たと報じています。午前の審理が中断され、同日午後に再開した公判で、再びAが証言台に立ちます。

又吉の弁護人は瀬長亀次郎です。この点について沖縄タイムス九月二十日夕刊は、「最初、又吉被告は『裁判に先立ち布令一号の被告人の権利として弁護人又は代理弁護人をおくことが出来るので、瀬長、大湾、真栄田、島袋の四氏を選んだ』と述べたのに対し、判事は『代理弁護人は条文に基き単数になっているので一名を代表させてほしい』と答え瀬長氏が代表で弁護に当ることになった」と報じています。第六章に収めた七月二十三日の無許可発行罪の裁判では、瀬長と大湾が弁護人を務めていましたので、裁判所が弁護人制度の運用を変更したことになります。弁護人については、その後も問題になります。一九四九年布令一号一、三、三条b項は、被告人の権利として、「裁判前に弁護士（a lawyer）と諮ること及び裁判に於て、防御する為に自らの選択にかかる弁護士又はその他の代理人（a lawyer or other representative）をもつこと」ができる旨を規定していました。

CASE NO. C-238-54, SD-248-54
琉球列島米国民政府／簡易軍事裁判所／中央司法地区／裁判手続の記録
開廷場所：那覇　開廷日：一九五四年九月二十日、十月一日
主宰官：ＵＳＣＡＲ簡易軍事裁判所裁判官　レイモンド・M・ピーク少佐
起訴罪状（簡潔に）：犯人幇助［Aiding & Abetting a criminal］二、二、三一条
被告人氏名（年齢・性別・住所）：又吉一郎（三八・男・豊見城村長堂区＊番）
通訳者：ミヤシロ　検察官：SFCダニエル・J・ネビル　弁護人：瀬長亀次郎
答弁（各起訴罪状に対する「有罪」または「無罪」の答弁）：（被告人は有罪もしくは無罪の答弁、または黙秘の意味と効果を告げられ、理解している。）無罪。
検察側の証拠（必要があれば紙を追加せよ。証人の氏名住所を掲げ、証拠物を特定せよ。）：
瀬長氏が被告人の代理人を務め、裁判の延期を求めた。（却下された。）彼は沖縄人の裁判所［Okinawan court］に

おける裁判を求めたが、（なぜそうではないのかについて）説明があった。

那覇地区警察署の下地恵治［SIMOJI, Keiji］巡査部長が宣誓し、証言した。

私は被告人を知っている。彼は又吉一郎である。私が真和志栄町五班で彼を逮捕した。私が彼を逮捕したとき、たくさんの警察官がそこにいた。私は被告人の逮捕状を持っていた。私の考えでは、又吉氏は畠氏の出入域管理令違反の行為を助けた。私は、逮捕時に被告人を尋問していない。逮捕は一九五四年九月十六日の朝であり、午前七時三十分頃だった。私は被告人に逮捕状を示し、彼に逮捕すると言った。

弁護人による反対尋問。

逮捕状は誰の命令で発付されたか。検察官により異議の申立てがあり、認められた。弁護人の質問は以上であった。

那覇地区警察署の諸見長英警部補が宣誓し、証言した。

私は被告人又吉を知っている。

法廷外の混乱のため、裁判所は一九五四年九月二十日午前十時五十分から午後一時まで中断された。

裁判所は一九五四年九月二十日午後一時二十分に再開した。

諸見が証言台に戻り、宣誓下にあることを注意された。

私が被告人又吉一郎を取り調べた。上原康行とA、それから畠義基の各事件も私が取り調べた。一九五四年のお盆の二、三日前頃、明け方に瀬長氏が田頭集落の上原康行宅に来た。起こされた上原は、畠義基を二、三日間ここに置いてもらえないか、と瀬長氏から言われた。また、瀬長氏は仲地集落の上原盛徳と我那覇集落の運天義雄が間もなくここに来ると付け加えた。了解した上原康行は、息子がまだ寝ていたので起こし、Bの家に又吉一郎が畠を連れて来ていると言った。Bの本名は＊＊＊である。康行は、Bの家に行って畠をここに連れて来るようにと息子に頼んだ。彼の息子Aが家を出ようとしたとき、運天義雄と上原盛徳が到着した。そしてAは自転車でBの家に行った。Bは家にいて起きていた。Aは、Bに誰かが先にここに来なかったかと聞いた。又吉一郎がBの家に来て、彼（B）の妻と話をして帰って行ったが、Bはそのことを Aに言わなかった。Aが帰ろうとしたとき、門のところで又吉一郎に会った。又吉は「私は自転車で行く。畠は裏の畑にいる。彼を一緒に連れて行ってくれ」とAに言った。Aは自転車を又吉に渡し、畑に行き、畠を見つけた。Aは畑の畦道を通って畠を家まで連れて行った。Aが畠と一緒に家に着いたとき、彼は瀬長と又吉、上原盛徳、運天義雄、そして彼の父親である上原康行が彼の部屋にいるのを見た。Aは彼らが何を話し合っているのかは分からなかったが、しかし彼らは一時間ほど何かについて話し合っていた。そして瀬長が家から出ていった。その後運天義雄と上原盛徳が、瀬長に続いて家を出ていった。又吉は疲れているので少し休んでいくと言った。Aは八時頃に畑に行った。彼が昼食のために家に戻ったとき、又吉はいなかったので、彼が何時に帰ったかは分からなかったが、畠は裏の部屋で眠っていた。畠は一九五四年八月二十七日に逮捕されるまで、この家で食事と部屋を与えられていた。上原康行とAの供述調書作成にあたり、強制力や脅迫は用いられていない。何の約束もしていない。供述は自発的である。述べられたことは全て書きとめられた。Aは二通の供述調書を作成したが、供述は真実で間違いがない。Aの最初の供述調書（五四年八月二十七日）には間違いがあるが、二回目のものは正確である（五四年八月三十日作成）。供述が変わった理由は、彼の父親が調書の中で述べたことにある。父上原康行も二通の供述調書を作成しており、内容的には息子A［の二通目］と同じである。息子と父親は共に供述調書の中で、瀬長と又吉が彼らの家に来たと述べた。父は畠が家に滞在できるように手はずを整えた。供述を録取したとき他の警察官らも同席した。上原康行氏のときは長田警部が同席した。Aのときは、宮城警部補が同席し、または私の声の聞こえる場所にいた。

反対尋問。

私［証人］は、明け方に又吉が上原宅に来たと証言した。父と息子は、取り調べのとき、明け方だと言った。お盆（五四年八月十三日）の二、三日前だった。

裁判所が、犯罪行為のあった日は一九五四年八月十日またはその頃であると述べた。

瀬長氏が次の点を指摘した。上原康行は、一九五四年九月十五日の彼の公判で、畠氏の逮捕は八月二七日で、その滞在期間は五、六日間であると述べた。同様に警察官である津波古憲和巡査部長も、畠が逮捕の五、六日前に家に来たと証言した。裁判所は、上原康行が六日間にわたって食事と部屋を提供したとして彼を懲役一年と罰金一万円の併科刑に処した。

上原康行の宣誓下の供述によれば、彼は畠を二十日間にわたり家に置いた。日付の変化に関する瀬長氏の異議は却下された。

質問は以上であった。

Aが宣誓し、証言した。

私は農民であり、住所は豊見城村字田頭である。私は被告人を知っている。畠義基も知っている。一九五四年八月二十二日に畠氏が私の家に来た。それは私の逮捕の七日前だった。私は選挙のときは又吉氏をまったく見かけなかった。それは九月である。私は自転車を又吉に貸していない。又吉が畠の隠れ場所を私に言ったことはない。私は自転車に乗っていない。畠は自分一人で私の家に来た。畠が私の家に向かっていると又吉が私に言ったことはない。

裁判所から、証人は、真実であるとしてすでに署名された供述と矛盾することを述べれば、偽証罪となることを警告された。

証人は偽証罪で逮捕され、証言台から移動させられた。

上原康行が宣誓し、証言した。

私は上原康行である。住所は豊見城村字田頭＊番である。私は被告人又吉も、瀬長氏も知っている。瀬長氏が私の家に来たことはなく、私を起こしたこともない。又吉氏も私の家に来たことはない。

証人は、真実を述べるように注意された。さもなければ偽証罪で拘束される、と。証人は証言を変えたことにより偽証罪で逮捕された。

那覇地区警察署の長田盛秀［NAGATA, Seishu］警部が宣誓し、証言した。

私は上原康行の取調時に同席した。私の記憶では、取調べのとき、明け方に瀬長氏が上原康行の家に来て、彼を起こしたということだった。（八月二十八日頃の取調べ。）上原康行の供述に対して約束や見返りはなかった。上原康行は諸見氏に対し、息子のAに言いつけて、我那覇集落のBの家にいる畠のところに行って、彼を家に連れて来させたと述べた。息子はそうだと言った。彼が畠のもとに行き、父の家に連れて来た。上原康行は、彼の息子が家に着いたとき、瀬長と又吉、運天義雄、上原盛徳、そして上原康行が、Aの部屋にいたと述べた。

質問は以上であった。証人は退席した。

那覇地区警察署の成底哲［NARISOKO, Tetsu］巡査が宣誓し、証言した。

私はAを見れば分かる。今日、一九五四年九月二十日、警察署の留置房の前で彼を見た。予備審理の夜（一九五四年九月十七日、金曜日）にも彼を見た。私は彼と会話した。彼は酒を少し飲んでいて、諸見氏に会いたがっていた。彼は私にその日に証言台に立ったこと、助けたい父がいることを話した。アメリカか八重山にでも行きたい、と。そこに豊見城村の若者三十名ほどがいたが、十メートルくらい離れていた。彼は証言台に立って証言したが、他の人たちを裏切ったと言った。他の人たちに関する供述について言っていた。Aは、彼の父親が裁判を受けたとき、なぜ父親が法廷で嘘をついたのかを知りたがっていた。Aは、木曜日［原文では「金曜日」］に彼がした証言は真実だと言った。(4)

質問は以上であった。証人は退席した。

那覇地区警察署の村吉達弘［MURAYOSHI, Tatsuhiro］巡査が宣誓し、証言した。

私はAを知っている。私は、一九五四年九月十七日の金曜日の夜、名嘉地警察駐在所で彼を見た。彼は、法廷で証人になって証言した、自分は裏切り者だ、大島か日本にでも行ってしまいたい、と私に言った。Aは、刑務所にいる父親のところに行って父親を釈放してもらわないといけないとも言った。Aは酒を飲んでいて、証言台で裏切り者になった、大島か日本に行ってしまいたいと自分自身に言い聞かせていた。

反対尋問。

［証人の返答］被告人はだいぶ酒を飲んでいた。那覇地区警察署の成底巡査が被告人を家まで連れて行った。他の者も随行したかもしれないが、よく分からない。被告人は、誰を裏切ったかは言わなかった。それは聞かなかった。

質問は以上であった。証人は退席した。

検察は、証人らが干渉を受けている［witnesses have been tampered with］と述べ、この点について捜査を行いたいので、十日間の公判延期を求めた。Aの出廷担保金の撤回が要求され、同様に被告人又吉一郎の出廷担保金の撤回と捜査期間中の勾留が要求された。

本件は一九五四年十月一日まで延期されることになり、Aと又吉一郎の出廷担保金が撤回され、両名は公判期日まで刑務所で勾留されることになった。

検察官は、金曜日のAの予備審理の後、瀬長氏と又吉氏がAを昼食に連れ出しており、この働きかけがAの証言の変化と関係するのは明らかであると述べた。(5)

五　Aの裁判手続の記録

九月二十日の又吉の第一回公判で、Aは、畠が来たのは逮捕の「七日前」（八月二十日）であり、「一人」であったと証言しました。又吉の予備審理では曖昧であった点が、一通目の供述調書の内容に戻されました。同様に上原康行も又吉と瀬長の関与を否定しました。そして二人は偽証罪の疑いで逮捕されました。こうして又吉の裁判は延期となり、人民党事件は一つの山場を迎えます。

それはAに対する裁判ですが、焦点は瀬長と又吉の関与の有無でした。Aは又吉の予備審理後に酒を飲み、「証言台で裏切り者になった」と述べたとされます。これは、そのとき検察側証人として又吉の起訴罪状を裏付ける趣旨のことを述べたという事実を指しますが、その意味は、そうすれば又吉らを裏切ることになるが、刑務所に収監された父親康行の刑は再審で変更されるという裏の取引きが成立していたということなのか、それとも、又吉らは嘘を付いているが私が真実を述べるので父親だけは釈放してほしいということだったのか、この点が解明されていません。Aの裁判では検察側から畠義基、上原康行、瀬長亀次郎、及び上原盛徳ほか四名、また弁護側から運天義雄、上原盛徳、上原康行、B及びその妻Cほか一名が、証人として出廷します。Aの弁護人は瀬長でした。唐突の感は否めませんが、瀬長も証言し、これが後に彼自身の偽証罪として立件されます。一九四九年布令一号二、二、一八条は、米国民政府裁判所で「宣誓の下に虚偽の陳述を為す者は、断罪の上、五千円以下の罰金又は六月以下の懲役又はその両刑に処する」旨を規定しました。

Aに対する九月二十一日付の起訴状記載の起訴罪状と犯罪事実は次のとおりです。

起訴罪状一：特別布告三二号二、二、三一条違反
犯罪事実：Aは、一九五四年八月十日またはその頃、上原康行その他と共謀の上、畠義基なる者の民政府布令一二五号三〇条違反の行為を幇助し［aid and assist］、もって彼の琉球列島内不法在留を可能にした。
起訴罪状二：特別布告三二号二、二、一八条違反
犯罪事実：Aは、一九五四年九月二十日またはその頃、又吉一郎なる者の公判中において、宣誓の上、軍政府裁判所すなわち中央司法地区米国民政府簡易軍事裁判所に対して故意に偽証をした。

なお、又吉は、九月二十二日午前九時半に再び保釈され（琉球新報同日夕刊）、翌二十三日に豊見城村の村長に就任しました。

CASE NO.［空白］D-1301
琉球列島米国民政府／簡易軍事裁判所／中央司法地区／裁判手続の記録
開廷場所：那覇　開廷日：一九五四年九月二十四、二十七、二十八日
主宰官：USCAR簡易軍事裁判所裁判官　レイモンド・M・ピーク少佐
起訴罪状（簡潔に）：幇助［Aiding & Abetting］（二、二、三二）、偽証（二、二、一八）
被告人氏名（年齢・性別・住所）：A（二七・男・豊見城村字田頭＊番）
通訳者：ミノル・ミヤシロ及びヒガ　検察官：SFCダニエル・J・ネビル及びロナルド・M・オータ［Ronald M. Ota］　弁護人：瀬長亀次郎
答弁（各起訴罪状に対する「有罪」または「無罪」の答弁）：無罪。被告人は有罪もしくは無罪の答弁、または黙秘の意味と効果を告げられ、理解している。
検察側の証拠（必要があれば紙を追加せよ。証人の氏名住所を掲げ、証拠物を特定せよ。）：
那覇地区警察署の下地恵治巡査部長が宣誓し、証言した。
私は被告人を知っている。彼の名前はAである。彼を逮捕したのは私ではない。畠の逮捕時に私は現場にいた。
（証人は、証人として適任ではないと弁解し、検察が着席させた。）
那覇地区警察署の津波古憲和巡査部長が宣誓し、証言した。
私は被告人を知っている。私が彼を逮捕した。彼の名前はAである。一九五四年八月二十七日の午後二時過ぎ頃、畠義基が豊見城村字田頭＊番の上原康行宅で逮捕されたとき、畠のいた部屋がAの部屋であると知らされた。

そのときAは畑にいたが、那覇警察署に連れて行かれた。彼が警察署に着いたとき、私が逮捕状を示して彼を逮捕した。畠［原文ではA］が逮捕されたとき、彼は畑にいた。畠の逮捕時、畠はAの寝室で椅子に座り、書きものをしていた。畠は下着のシャツとズボンを着ていた。彼も那覇警察署に連行された。

私は、先日の公判で、逮捕時のことについてAが私に何を述べたかを証言した。私がAの寝室のことを知ったのは、彼の妻と母が私にそう述べたからである。Aも畑から戻ると、私の部屋を誰かが散らかしたと述べた。

出入管理令違反で畠義基を逮捕したのも私である。畠は裁判で有罪判決を受け、現在は沖縄刑務所にいる。

那覇地区警察署の諸見長英警部補が宣誓し、証言した。

私は被告人を知っている。彼の名前はAである。私が一九五四年八月二十七日と三十日に彼を取り調べ、その結果、被告人が、出入域管理令違反容疑で軍裁判所から逮捕状の出ている畠義基を匿ったことが判明した。私が被告人を尋問した［そしてAは次のように述べた］。一九五四年のお盆の二、三日前頃、瀬長が上原宅に来て、康行［Koko］を起こした。そのとき被告人は寝ていたが、彼の母親から起こされた。彼が起きたとき、瀬長が家の西側の縁側に座っているのが見えた。そのとき被告人の父親である康行から、畠義基と又吉一郎が我那覇集落のBの家にいるから、彼をここ（父康行の家）に連れてくるように頼まれた、と。私がこの情報を得たのは、彼の父康行を取り調べたときである。瀬長が康行宅に来て、彼を起こし、畠義基と又吉一郎がBの家にいると伝えた。そして被告人の父親は、二、三日間畠を家に滞在させて欲しいと頼まれた。また瀬長氏は、仲地集落の上原盛徳と我那覇集落の運天義雄がここに来ることになっている、または来るはずであると言った。そのためAは自転車に乗って畠のもとに向かった。彼はBに誰かが来ているかと聞いた。Bは、私に対しては、次のように供述した。「又吉がそこにいたが、もう出ていった」と。しかしBは、Aに対しては、誰も来ていないと答えた。Aが自転車に乗って立ち去ろうとしたとき、家の門のところで又吉一郎に会った。そのとき又吉は「あなたの自転車であなたの家に行く。畠は家の裏にいるから、一緒に連れて行ってほしい」とAに言った。それゆえ被告人は自転車を又吉に渡し、家の裏側に行った。畠がそこにいた。辺りは薄暗かった。取調中、Aは畠が怯えていたと私に言った。被告人は、一緒に連れて出るようにと又吉から頼まれている、と畠に言った。彼らは大きな通りではなく、脇道を通って上原の家に向かった。被告人が家に着いたとき、瀬長と又吉、上原盛徳、運天義雄、そして被告人の父が、彼の部屋に座っていた。Aが畠を部屋に入れたとき、彼らは話をしていたが、Aには何の話であるか、分からなかった。およそ一時間後に瀬長が席を立つと、運天義雄と上原盛徳も出ていった。又吉はしばらく休ませてほしいと言った。Aが私に述べたことであるが、又吉は畠をここに連れてくるため、畠と一緒に一晩中起きていたから疲れているのだろうと思ったそうである。八時頃になり、Aは畑に行き、昼食の時間に戻ってきた。戻ってくると、又吉はいなかったが、畠が彼の部屋で寝ていた。その日から一九五四年八月二十七日まで畠は彼の家に潜んでいた。つまりお盆の二、三日前から一九五四年八月二十七日までである。被告人は、どのような質問にも答える必要はなく、何も述べなくてもよいという彼の権利について告げられた。強制力は行使されておらず、利益供与の約束もしていない。最初の取調べは八月二十七日であり、二回目は八月三十日である。被告人が一通ではなく、二通の供述調書を作成した理由は、最初の供述調書によれば、畠は夜中に一人で来たのであるが、彼の父親は、夕方の暗くなる前に来たと述べており、そのとおりに調書が作成されたからである。[6] そこで私は、畠が彼の家に来る場面について、もう一つの調書をとった。強制力は行使していないし、脅迫もしていない。被告人は調書に署名し、押印した。

供述調書第一回と供述調書第二回が証拠として提出された。被告人は両方の供述調書に署名押印している。

被告人とは何の約束もしていない。彼は、彼の父と同趣旨の調書を作成した。私は最善を尽くして本件に取り組んだ。私が被告人を取り調べたとき、宮城警部補が同席した。私は、被告人が望むとおりに煙草と水を与えた。一九五四年九月十六日の午前十一時から午後二時まで、私が被告人を束縛した理由は、その日に［又吉の予備］審理が予定されていたからであり、私が強制して彼を留めたのではない。彼は身体を拘束されていなかった。その日、彼は後悔し、嘘をついていたと述べ、また、警察に協力したいと述べた。さらに、もし本当のことを言えば、集落にはいられなくなるので、大島か日本に行かなければならないとも述べた。審理後、被告人は審理で証言をしたことから酒を飲み、そして集落内で口にしたことがあるが、その発言は警察官らにも立ち聞きされた。その内容は、彼が私に述べたようなことだった。もちろん被告人は、私に大島か日本に行くと述べたとき、酔っぱらっていないし、飲酒していたわけでもない。私は午前十一時から午後二時まで彼と一緒にいたが、彼は、彼の望むとおりのことができた。私は畠を取り調べていない。Bの取調べは行った。

（質問は以上であった。）

供述調書一と二が被告人に示された。検察側から証拠申請があり、弁護側から異議の申立があった。畠が被告人の家に一人で来た、という供述は事実ではないという前提で調書が作成されており、被告人がその前提を否認しているという理由からである。異議は却下された。供述調書一と二が記録に収められた。裁判所は午後零時十二分に休廷し、午後一時三十分に再開した。諸見は受け取った供述調書を読み上げた（英語の写しがある）。一九五四年八月三十日に作成されたものと同月二十七日に作成されたものであり、それぞれ記録の一部として収められた（証拠一と二）。

私〔証人諸見〕は、被告人が予備審理のため裁判所に出頭した一九五四年九月十六日のことを覚えている。その審理の前に彼と話をした。彼は真実を述べたいと言っていた。彼のいう真実とは、瀬長と又吉が彼〔畠〕を彼の家に連れて来たということである。もし彼が証言台に立ち、真実を証言すれば、又吉氏は村長に選ばれたのに資格を失うことになり、大変なことになるだろう。同様に瀬長も大変なことになるが、しかし彼は正直に話したいと言った。もし正直に話したら、そのときは日本か大島に身を隠したいので、そのことを考えて欲しい、と。同時に彼は、上原盛徳と運天義雄が家に来たのは、彼の父を村議会議員に立候補させることを相談するためだ、ということにして欲しいと私に頼んだ。被告人は、一九五四年九月十六日午後二時三十分頃、米国民政府裁判所の予備審理で、私が今述べたように証言した。被告人は、米国民政府裁判所の予備審理で行った供述は、警察に話したことであり、真実であると述べた。彼の母が彼を朝早く起こしたこと、それはお盆の前だったこと、家の前で瀬長を見たことも付け加えて述べた。さらに被告人は、彼の父が、又吉と畠は我那覇集落のBの家にいるはずであると彼に言ったこと、彼が畠のもとに行ったこと、又吉が彼の自転車を使ったので、彼と畠は家まで歩いたこと、畠と一緒に家に着くと、瀬長と又吉が家にいたことを述べた。被告人は、警察に対して、又吉が「畠はここにいる。彼を連れて行ってほしい。私はあなたの自転車に乗って行く」と彼に言ったと述べた。Aは予備審理での供述について利益供与の約束はまったくないと述べた。私は、被告人に対し、真実を述べるか否かはあなた次第であると伝えた。私は、できだけのことはすると彼に伝えたが、約束は何もしていない。

米国民政府の指定検察官［assigned prosecutor］である陸軍第八一〇五部隊［8105th A. U.］所属SFCダニエル・J・ネビル（ER34828579）が宣誓し、証言した。

私は米国民政府公安部に二年半ほど配属されている。私は一九五四年九月十六日の又吉一郎の予備審理に同席した。私はそのときに行われた証言について覚えている。検察証拠三と記され、同一性確認のため私に示されたのは、一九五四年九月十六日の又吉一郎の予備審理の記録である。今朝、つまり九月二十四日の朝、私が裁判所にこの証拠を持ってきた。それは米国民政府行政法務部［Gov't & Legal Department］から持ってきたものである。私とショードイン少佐［裁判官］は知り合いである。検察官としてショードイン少佐の署名のある多くの書類を取り扱ってきた。私の目の前で署名したので、証拠上の署名がショードイン少佐本人のものであることは間違いない。私は供述の内容を精査した。書類にある内容は一九五四年九月十六日の又吉一郎の予備審理の完全な記録である。

検察側は、一九五四年九月十六日の又吉一郎の予備審理の全記録を証拠として申請した。証拠三として採用され、記録に収められた。

一九五四年九月十六日の又吉一郎の予備審理の記録が法廷で読み上げられた。

弁護側が証人畠義基と上原康行を法廷に呼んで欲しいと要求し、検察官が彼らは法廷に来ることになると述べた。

瀬長が、被告人は保釈されるのかと尋ねた。裁判所は却下し、被告人は拘禁された。一九五四年九月二十七日午前九時まで休廷となった。

［第二回公判期日］

一九五四年九月二十七日午前九時四十分に法廷が開かれた。被告人の裁判が続けられた。全員出席である。

検察側は、米国民政府行政法務部から入手した裁判官レイモンド・ピークの署名がある一九五四年九月二十日の又吉一郎の事件の公判証言記録を証拠申請した。特に被告人Aが次のように述べた宣誓証言の部分を引用した。「私は被告人畠を知っている。彼は、私が逮捕される七日前に私の家に来た。私は又吉に自転車を貸していない。畠は私の家に自分で来た。畠が私の家に来るところだという又吉の話は、聞いていない。」異議は出なかった。上記供述を含む公判記録からの抜粋が証拠四として受け取られた。（上記供述が証拠四と記され、採用された。）

畠義基が宣誓し、証言した。

私は沖縄刑務所に収監されている。私は被告人を知っている。彼は上原である。彼の名は知らない。私が逮捕されたとき彼の家にいた。私が上原康行の家に初めて行ったのは、警察の言う日がそれに当たる。（このような発言を次にすれば法廷侮辱として拘束されることになると畠は警告された。）八月の中旬頃に私は上原康行の家に行った。私は康行の家に私の自由意思で歩いて行った。それは夜であったが時間は分からない。夕食は済ませていたが、夕食の時間は定まっていない。私は被告人に会い、二、三日の間滞在させて欲しいと頼んだ。彼はどうぞと言った。私は上原の家にしばらく滞在した。何日間であるかは分からない。私は上原康行の家で何人かの人に会った。私は被告人に色々なことを話しかけた。Bを知っているか否かは、知らない。私は上原康行の家に行って滞在させてもらい、彼らと一緒に必要に応じて働いた。私は新聞で警察が私を捜していることを読んだ。それは一九五四年七月十七日か十八日だった。私の家族は四日前頃まで楚辺にいた。家族は、七月下旬頃、楚辺に住んでいた。私は逮捕状が出たので家を出た。

瀬長による反対尋問。

畠の返答。私は上原家に誰がいるかということは分からない。私はメーデーの頃に康行に会った。私は康行の家に一人で歩いて行った。

畠は検察官の質問に答えなかったので、法廷侮辱として懲役三月の刑を言い渡された。(7)

上原康行が宣誓し、証言した。

私は沖縄刑務所に収監されている。私はこの裁判の被告人を知っている。彼の名前はAであり、私の息子である。私は畠義基も知っている。三年前からである。この前のメーデーで再会した。そして彼が家に来て、また会った。それが何日だったかは覚えていない。旧暦の七月中だった（これは八月を指す）。何日かは覚えていない。午前中に彼は一人で来た。早朝だった。Aは寝ていたと思う。畠はしばらくの間、四、五日は滞在させてほしいと言った。後で彼が警察から指名手配されていることを知った。畠は私の家に一週間ほど滞在した。畠の滞在中に上原盛徳が来た。その正確な日付は覚えていないが、畠が家に来てから二、三日後だった。彼は選挙のことについて話をしに来た。

法廷は昼食のため午後零時十分に中断した。午後一時五分再開。全員出席。法廷記録者と通訳者が宣誓下にあることを注意喚起された。

瀬長による反対尋問。

康行：取調中に私が警察にした供述の内容は、そのときに私が言ったことと違っている。諸見警部［警部補］が作った私の調書は、でっち上げである［fabricated］。畠は私の家に一人で来た。畠は私の家に一週間ほどいた。

（質問は以上であった。証人は退席した。）

瀬長亀次郎が宣誓し、証言した。

（彼は自己負罪拒否と黙秘の権利を告げられた。）私の名前は瀬長亀次郎である。私は立法院の一員である。住所は那覇十区十二組である。上原康行の家にいたという点に関する供述は事実ではない。上原康行を訪ねた点については、私は一九五四年にただの一度もそこに行っていない。私は畠をよく知っている。私は彼が今年になって当局から指名手配されたことを知っている。私は彼の潜伏中に彼に会っていない[8]☒私は本件の被告人のことを知っている。私は被告人が畠の潜伏中に畠を幇助したことについて直接には何も知らない。

証人は退席した。

上原盛徳が宣誓し、証言した。

（裁判所が自己負罪拒否権について助言した。）私の名前は上原盛徳である。私は農夫である。住所は豊見城村仲地＊番地である。私は八月中旬に上原康行の家を訪ねた。その日付は覚えていないが、畠が逮捕される二、三日前だったと記憶している。畠義基が彼の姓と名である。私が上原康行の家に着いたとき、Aの妻が子どもたち四、五人と一緒にいた。畠は庭の隅のほうにいた。彼は身を隠していた。私は彼を一瞥しただけである。午後五時か六時頃だった。上原家の夕食前である。私は選挙のことで康行に会いに行った。彼は畑におり、間もなく帰ってくると言われた。帰ろうとしたとき、門のところで康行と話ができた。私は選挙運動のことを話した。又吉が村長選に立候補していた。私は康行の家で又吉には会っていない。彼の姿は全然見ていない。庭で畠を見かけたが、畠には話しかけなかった。康行の家に私と同行した者はいない。私はAの母がどこにいたかは分からない。

上原盛徳に対する瀬長の反対尋問。

［証人］私は門のところで康行に会い、選挙のことについて話をした。私は畠の逮捕前、つまり彼が逮捕される以前のお盆のとき、彼と話をしていない。

証人は退席した。

畠が再召喚され、引き続き宣誓下にあることを注意された。

畠義基：私は夕食を済ませてから康行の家に行ったと証言した。到着後、康行とAに会った。私は康行が家の中にいたかどうかは分からない。私が着いたときは暗かった。おそらく夕刻の時間帯だったと思う。

証人は退席した。弁護側から質問はなかった。

検察側が着席した。

弁護側が証人を召喚した。

運天義雄が宣誓し、証言した。

（裁判所が自己負罪拒否権について証人に助言した。）私は畠義基の幇助事件で警察から取り調べを受けた。諸見氏が私を尋問した。私は部屋に連れて行かれた。彼は、私の仲間（上原盛徳）がここに来ていると言った。あなたの共犯が話をしたから、私に真実を話せ、と。諸見は私が康行のところに行ったかを尋ねた。私は行ったことはない、一度もないと答えた。私は真実を話すように言われた。諸見は「康行とAは別々の部屋に拘禁されているが、二人ともあなたが家に来たと供述した」と言った。もう一度彼は、康行の家に行ったかと尋ねた。私が否定すると諸見は、それはおかしい、彼らは幽霊を見たことになると言った。私は康行とAの供述調書を見たいとは思わなかった。私が怒り出すと諸見は冷静になれと言った。私は決して調書に署名しなかった。裁判官が法廷を静かにさせた。Aと康行の供述調書が言及する康行、又吉、瀬長、盛徳、証人運天に関する部分は、真実ではない。私は八月十日から二十七日の間に上原の家に行っていない。私は畠を知っている。以前に会ったことがある。私が畠に会ったのは八月十日以前の瀬長の選挙のときである。

検察による反対尋問。

［証人］康行、瀬長、盛徳、又吉、畠らが一緒にいたということはない。間違いなく私は康行の家にいなかっ

た。あなたの質問は聞いた。私の名前が言及されていたと思う。この公判で何を証言すべきかについて誰も私に相談していない。供述は今日の法廷で証言したことと同じである。康行とAは私の隣近所の住民である。私は以前から彼らを知っている。本件以前に警察に呼ばれたことはない。私と対立し、私を嫌う理由はない。私は六年間学校に通った。昭和八年頃、一九三三年か一九三四年に卒業した。学校を出てから農業をするようになり、今まで続けている。時間を決めているわけではなく、畑に出て一日を過ごす。十時間のときがあれば、四、五時間のときもあり、十二時間のときもある。一日に四時間から十時間を畑で過ごす。ブタも育てている。被告人のことはよく知っている。親しさという点では標準的な関係である。私の知る限り、被告人が私を嫌悪する理由はない。私は今年の八月に上原康行の家に行ったことはないと宣誓証言する。私は選挙運動に従事していた。又吉陣営で活動していた。盛徳と私は一緒に行動した。盛徳と私は仲地にある選挙事務所で康行と選挙について話をしたことがある。その事務所の番地は分からない。

証人は退席した。

上原盛徳が宣誓し、証言した。

（裁判所が自己負罪拒否権について証人に助言した。）瀬長、又吉、運天、康行らが、一九五四年八月十日から二十八日の間、康行の家で私と話し合ったことはない。

証人は退席した。質問は以上であった。

弁護側によって上原康行が呼び戻された。

［証人］　私は、私が息子を起こし、畠のもとに行かせたという私自身の供述調書を否定する。瀬長、又吉、運天、盛徳らが私の家で集まったことはない。

検察による反対尋問。

［証人］畠が私の家に来たとき、辺りは暗くはなかった。私は寝過ごした。Aを畠のもとへ行かせたという供述は、

間違っている。私は家に自転車を持っていない。確かにない。保証金を払って保釈されてから、私は畑に出ていたが、瀬長集落の友人のところに行った。(保釈について説明が加えられた。)私は選挙活動に従事していた。その間、私に会いに来た人はいない。私は選挙を手伝っていた。私は誰とも私の事件について相談していない。私は刑務所に入る決心をした。私は息子の裁判についても誰とも相談していない。

父親として私は息子に同情している。私は誰かを匿おうとしているのではない。私は二、三の場所に足を運んだが、弁護士を見つけることができなかった。だから瀬長に頼んだ。私は代理人になってほしいと彼に頼んだ。瀬長は、何をすべきかについて、私に教えなかった。瀬長は私の息子の代理人であるが、瀬長にこれを依頼したとき、私はどのような指示も受けなかった。供述調書について、諸見が私に何を尋ねたかは知らない。供述調書が真実か否か、私には分からない。

証人に対する瀬長の質問。

〔証人〕問題の内容が含まれている調書作成時に、諸見がした尋問については、私は知らない。世帯主は私である。Aの寝室というものが特にあるわけではない。

証人に対する検察の反対尋問。

〔証人〕警察が作った調書はでっち上げである。私は調書の内容を知らない［I do not know the contents of the statement.］。それは手順通りに作成されたものではない。私は調書の内容を知っている［I know the contents of the statement.］。私は状況を説明してこなかった。私は調書に署名した。そうするように言われたから署名した。警官は調書に署名するまで何の説明も私にしなかった。諸見は、私に関して何を書いているかということを何も説明しなかった。私は運天と盛徳の名前を上げていない。私の家族は十一人である。今は妻が家族の面倒をみている。妻が十一人を養うことはできない。

証人は退席した。質問は以上であった。

Dが宣誓し、証言した。

（証人は自己負罪拒否権について助言をうけた。）私は証人に会ったが、日付は覚えていない。それは夜の十一時半か十二時頃だった。私は小禄から戻ってきた。被告人は、酒を飲んでいた、父親を助けるために他の人たちを裏切ったと言った。大島か宮古に逃げるという話もしていた。拘禁されている父親を外に出すために彼は嘘をついた。被告人は他には何も言わなかった。

検察による質問。

［証人］私は八年間教育を受けた。私は豊見城第二小学校に通い、一九四二年に卒業した。十七才だった。卒業したとき農業をしていた。警察の取り調べを受けたことはない。現在は農業をしている。毎日、朝から晩まで畑に出ている。他に仕事はしていない。現在は青年団の団長ではない。被告人のことは以前から知っている。被告人に会った夜は、十六日だったと思うが、はっきりしない（八月十六日）。確かではない。被告人に会ったのは金曜日［十七日］だった。私はいつも映画を観に行くが、時間が遅かったので、その日は行かなかった。そこに着いたのは午後九時半頃である。映画の題名は思い出せない。主役の俳優も分からない。集落で被告人に話しかけたとき、私の回りには二十名から三十名がいた。被告人は酷く酔ってはいなかった。普通に歩けた。たぶんその後に泥酔したと思う。それが午前一時頃である。被告人が仲地集落の交番前で大声をあげて話し出したとき、私は彼を抑え込んだ。彼は「父を助けるため、他の人たちを裏切った」と言った。彼が言ったのはそれだけである。（証人［原文では「被告人」］は、宣誓下にあることを注意された。）被告人は、彼の二通の供述調書は同じ意味であると言った。(9)

証人に対する瀬長の再主尋問［原文では「反対尋問」］。

［証人］被告人は嘘を言って済まなかったと言った。それから再び彼は「再び私は他の人を裏切った」と言った。私が集落にいたのは二、三時間である。

一九五四年九月二十七日午後五時三十五分に休廷した。

［第三回公判期日］

法廷は一九五四年九月二十八日午前九時五分に再開された。通訳者と速記者が宣誓した。検察側と弁護側の双方とも全員出席である。

畠は今朝の法廷に来ることを拒否した。これが弁護人に知らされた。検察官は弁護人に畠の出頭を希望するかと聞いた。弁護人は畠の出頭を求めた。

この日も弁護側証人が呼ばれた。Bとその妻［C］が待合室に移動し、弁護人の呼び出しを待つことになった。

Bが宣誓し、証言した。

（証人は自己負罪拒否権について助言をうけた。）私の名前はBである。住所は豊見城村我那覇＊番地である。私は農夫である。被告人のことは知っている。一九五四年八月十日から八月二十七日までの間に、Aが私の家に来たことはない。私はほとんど毎晩のように酒を飲むので、彼が来たとしても私は記憶していない。又吉は議員選挙のときに私の家に来たことがある。私はその選挙の時以来、又吉のことを知っている。

検察側の反対尋問。

［証人］私が飲んだ昨晩の酒は二合である。ときには日中から飲み始めるが、たいていは夜に飲む。昨夜は飲んだ。今朝はそれに触っていない。私の頭は重すぎるのでも軽すぎるのでもない。私はAが一九五四年八月十日から二十七日の間に家に来たかどうか分からない。もし誰かが十時過ぎに来たら覚えているだろう。飲まなければ思い出すことができる。私は選挙期間中に選挙事務所で又吉に会った。それは十二時過ぎだった。又吉に会ったのは村長選のときである。この前の選挙のときに一回か二回会った。私は又吉と酒を飲んだことはない。

瀬長による質問。

［証人］一九五四年八月十日から八月二十七日までの間に、私はAに会っていない。今十時だから、私は被告

人の顔を見て分かる。昨晩は酒を飲んだ。Aや又吉が家に来たかどうかは記憶にない。

検察［による再反対尋問］。

［証人］私は、午前中は別世界にいるので［I am out of the world in the morning］、警察には、妻が知っているだろうから妻に聞いて欲しいと伝えた。私はAや又吉には会っていない。私は毎晩二、三合の酒を飲んでいるわけではない。

Cが宣誓し、証言した。

（証人は自己負罪拒否権について助言をうけた。）私はゆっくりなら日本語を理解できる。私はBの妻である。私の夫は毎晩酒を飲むので朝起きるのは遅い。私は、今はAを知っているが、この事件が起こる前は知らなかった。私は朝の五時から六時の間に起きる。一九五四年八月十日から八月二十七日までの間に、Aは私の家に来ていない。私はそれ以前にもAに会ったことがない。村長に選ばれた又吉が、一九五四年八月十日から八月二十七日までの間に、私の家に来ることもなかった。私は事情聴取されたとき、警察官にはっきり言った。彼は早朝に私の家に来ていない。私は朝早く起きるので、家で何かがあれば分かる。又吉もAも夜の間に来ていない。私は、誰か有力者がお盆の二、三日前に来なかったか、と警察署で聞かれた。私はそういう人は来なかったと答えた。また、又吉か畠が家に来たか、とも聞かれた。私はどちらも来なかったと答えた。上原康行の息子のことは知らなかった。

検察［の反対尋問］。

［証人］私は警察が聞く質問に答えた。ヒガ氏［Mr. HIGA］に関する私の意見を言うことはできない。彼のことは知らないが、彼はいい人だと思う。瀬長氏は立派な人である。Aのことは、私は何の関係もないので、何も言うことができない。私は、有力者というのは議員や地域の代表などのことだと考えていた。私は、又吉が有力者であるかどうかは知らなかった。Aは、一九五四年八月十日頃、私の家に来ていない。（証人は真実が語られなければ偽証罪で訴えられることを注意された。）私が朝起きて最初にすることは食事の準備である。朝食は七時から七

時半の間である。それから洗濯をする。私たちは小さな畑をもっている。私の夫は畑に行く。いつも好きな時間に行くが、だいたい十時か、もう少し後である。私は畑には行かない。私は畠義基を知らない。昨日、私は彼をAて見た。八月中旬に彼を見ることはなかった。もし今日彼を見たら、彼だと分かると思う。私は又吉一郎を知っている。この前の立法院議員選挙のときから知っている。彼が私の家に来たことはない。私は選挙活動のときから上原康行の顔を知っている。私は彼の家に行ったことはないので、どこにあるかも知らない。私が知っているのはその集落だけである。康行も私の家に来ていない。私は彼が道を歩いているのを見たことがあるが、誰か若い男が自転車に乗って私の家に来るのを見たことはない。私は上原康行の家族のことは知らない。上原康行に妻がいることは知っている。子供の数は分からない。田頭集落が私の集落からどれ程遠いかは知らない。私は、どんな質問をされるのか、見当もつかなかった。瀬長氏は本件について私に何も聞かなかった。私は、裁判所にこれを信じてもらいたい。私は証言台に立つ前に弁護人と打ち合わせをしなかった。瀬長氏は私に真実を話すようにと言った。彼が言ったのはそれだけである。

証人は退席した。質問は以上であった。

被告人Aは、権利について助言され、黙秘することを選んだ。

法廷は午後一時まで休憩した。

法廷は午後一時二分に再開した。通訳者と速記者は宣誓下にあることを注意された。全員出席である。

最終弁論：

検察側：被告人は、疑いを超えて起訴状記載のとおり有罪であると確信する。有罪認定を裁判所に求める。

弁護側：Aは犯人幇助罪で起訴され、さらに偽証罪でも起訴された。私は、私の依頼人が無罪であると確信し、彼が無罪であることを証明する理由を説明する。最初に、本件は、沖縄島から追放され、権利を剥奪された畠の事件に端を発する。このようなことは、これまで世界で起きたことがない。日本の人口八千万人が、このような行為を批判するだろう。第一に、米国民政府が発布した布告や指令で日本人を裁判することは、不合理である。これは私の意見であるだけでなく、全ての証人によって証明されたことである。畠の幇助罪に関する起訴罪状一についていえば、これは事実に反する。起訴罪状は上原父子の自白に基づいている。その自白は二人の証人の供述を比較し、誘導尋問をして得られた。被告人は、そうせざるを得ない立場に置かれた。九月十六日、被告人は午前十一時から午後二時まで那覇警察署に連れて行かれた。その間に諸見警部補が、ある二世［a Nisei］から金銭を受け取り、被告人に贅沢な食事を取らせた。そうすることで諸見氏は、その意図がどのようなものであったかは置くが、ともかくその意図する方向に裁判所を動かそうとした。九月十六日の予備審理で、被告人は無理やり法廷に連れて来られ、真実ではないことを証言した。帰宅した彼は、近所の人たちに、父親を助けたかったのであって、他人を裏切りたかったのではないと言った。彼は嘘を言って申し訳ないと言った。それは予備審理の日の夜のことである。しかし、彼の父である上原康行は、昨日の法廷で証言し、息子が刑に処されることを受け入れた。息子の供述調書について言えば、自転車と畠に関する部分は事実ではない。Aは、Bの家に自転車で行っていないと述べた。畠は、康行の家に一人で行ったと述べた。この点は、畠と康行の証言から明らかである。というのも畠が証言台で述べたように、日本建設社のストライキのとき、我那覇と田頭の集落の人々が野菜や芋類をストライキの労働者らに差し出した。彼らは同情していた。ストライキが始まったのは、労働者らが小さな部屋に押し込まれ、鰯のような暮らしに置かれているからである。その間に彼らは二、三回会っているので、畠は康行の家の場所を知っていた。メーデー・デモのときにも、畠と上原は再会している。この二人の証人の証言が信用できる理由は、証人畠が一九五四年八月二十七日から拘禁されていたことである。康行は保証金を支払って保釈されたが、拘禁一年と罰金一万円の併科刑に処された。それだけではなく康行は、九月十六日の又吉一郎の予備審理でAが述べたこと、つまり畠とAが帰って来たとき、瀬長と又吉、運天義雄、上原盛徳、そして康行が集まっていた、ということについて、そのような集まりはなかったと証明した。上原盛徳と運天義雄も、彼らが本件と何の関わりもないことを述べた。Aがその家に行ったとされるBとその妻は、Aは来ていないと証言した。以上の証人らは、偽証罪で拘束されるかもしれないと告げられた上で証言し、そして真実を守り通した。

この法廷では見解の相違があるだろう。出廷した証人らは何らかの働きかけを受けたと考える者がいるかもしれない。しかし畠は刑務所に入れられており、この裁判の前に康行は刑に処された。康行の裁判で、彼は弁護人を依頼することもできなかった。私的代理人の要求は認められなかった。彼は最善を尽くした。裁判で供述調書はでっち上げだと述べて、諸見の供述が否定された。警察報告書の内容も否定された。そのときまで彼は、畠と同様に、外の人が影響を及ぼすことのできない場所にいた。したがって証言は自発的であり、彼らは真実を語った。

運天義雄と上原盛徳、Bとその妻は、この法廷で証言した。彼らが述べたのは次のことである。運天義雄と上原盛徳は真実を語っていた。彼らは、Aと又吉はそこにいなかったと述べた。被告人によれば、畠が逮捕前に彼の家に滞在したのは六日間である。

被告人は、畠に部屋を与えたという理由で幇助罪により起訴された。私は、ここ沖縄で行われている慣習について説明したい。世帯主は家族の長であり、家族の長の命令には従わなければならない。上原の家では康行が家長である。Aが自分自身の判断をしようものなら、父親との関係が損なわれるだろう。たとえ長男であっても自分自身で判断はできない。しかし、彼の部屋が使われたので彼が幇助罪で訴えられている。康行の母と妻はもちろん無罪である。被告人が警察にした供述は、精神的な圧力を受けてしたものである。私は、彼に証言をさせた警察官は責められるべきであると強く確信する。

弁論を終えるにあたり、私は起訴罪状一と二の誤りを証明する事実について述べたい。証人らは外部からの影響を受けることなく証言した。何人も自分自身の供述のみに基づいて有罪とされない。そしてこの事件では自白は否定され、他に証拠はない。偏見のない裁判官が無罪の判断をすることを願う。公正で公平な裁判官が勇気をもって判断し、二つの起訴罪状について無罪認定することを願う。

弁護側が着席した。

十分間の休憩に入った。

検察側の最終弁論。

検察としては、弁護側のつくった間違った印象を打ち消すために反論を行いたい。第一に、弁護側は自白が適正に得られておらず、そして検察のいう犯罪事実が基本的にその自白に基づくことを主張した。ここでは私は米国司法の「排除規則の証拠」第二十巻の四三〇頁四九七節から二、三の文章を引用したい。

「自白の証拠能力の真のテストは、脅迫と自白の間、又は検察もしくは受刑者に対して権限を有する者による公訴事実に関連する約束と自白の間に、因果関係があるか否かである。この関係がある場合、自白は排除されなければならない。そうでない場合は、それは受け入れられる。自白が任意であるためには、完全に被疑者自身の連想において自白が進められる必要はない。自白は外的な要因によって始められることがあり、その種の影響が不適切でない限りはそれが認められる。それゆえ自白の『任意性』とは自発性を意味しない。」

いいかえれば、警察が脅迫をし、又は被疑者を自白へと向かわせる約束やその種の利益供与をしたことを弁護人が示さない限り、自白は証拠採用される。したがって、そのような方法で自白を取らないという規則が守られている以上、警察官が誘導尋問をしたという単なる事実によっては、自白の証拠能力は否定されない。

第二に、弁護人のよりどころは、九月十六日に開かれた又吉の予備審理の日に諸見が使った方法である。弁護人は、諸見氏が十一時から午後二時にかけて三時間にわたり那覇警察署の二階に被告人を無理やり拘束したと主張する。さらに彼は、そのとき諸見氏が、ある二世から金銭を受け取り、被告人に贅沢な食事を与えたと主張した。彼の言い分では、これが理由となって予備審理で被告人が虚偽証言をしたということになる。当法廷で行われた全証言に照らし、Aが那覇警察署の二階で強制的に拘束されたという主張を裏付けるものは何もない。それどころか諸見氏は証言台に立ち、被告人はその場にいるように求められたが、彼は束縛されていなかったと述べた。諸見氏が被告人を食事に連れて行ったことは極めて適切である。もしあなたが、あなたのために誰かに何かをして欲しいならば、その人から何事をも奪わないようにすることは、あなたの責任である。諸見氏が被告人に食事をさせたという単なる事実のせいで被告人が虚偽証言をしたというような話は、検察としては理解できない。

弁護人は、Aが又吉一郎の予備審理の日の夜、酒に酔った状態で、Dに対し、次のように言い放ったという事実を持ち出した。すなわち、父親を助けるために、私は友人たちを裏切るほかなかった、と。また彼は、嘘を言って申し訳ない、とも言ったという。Dのこの証言は、被告人に対する判断を左右するものとみなすべきではない。それは利己的な［self-serving］証言であり、伝聞例外の法則から外れている。いいかえればその証言は純粋な伝聞として無視されなければならない。

弁護人は、上原康行が、昨日の証言で、畠義基と又吉一郎を連れてくるために、息子のAが我那覇のBの家に自転車に乗って行ったということは、まったく知らないと否定した事実を持ち出した。この同じ上原康行は、那覇の警察による最初の取調べで、畠義基が彼の家に来た日の出来事をはっきりと話した。この供述が、被告人自身の自白を補強している。昨日の証人の証言を見ていると、彼が極度に緊張した状態にあったことは明白である。それは検察がした最後の反対尋問からも明らかであり、彼はそこで彼自身の供述調書の内容は知らないと否認したが、そのため、彼はそれが予め用意された捏造調書であるか否かを言えなくなってしまった。彼の態度、彼の証言する姿勢、その全てが彼に対する強い外的な働きかけのあったことを示唆する。彼が矛盾する供述をするに至った状況を考慮すれば、裁判所は以前の供述を真実として受け入れるべきであると私は考える。

弁護人は、昨日の証言で、畠義基が上原康行の家に彼の自由意思で行ったと述べた点を持ち出した。畠は日本道路社のストライキがあった三年前に一度康行に会っており、彼を知っていた。弁護人によれば、そのとき畠は我那覇と田頭に行ってストライキの労働者たちのための食糧援助を依頼した。また、メーデー・デモのときにも畠は康行に会っており、彼を知っていたという。もしそうであるなら、裁判所としては、楚辺の住民であり、軍当局から指名手配された人間が、そのときまでほとんど訪問機会のなかった人たちのところにわざわざ行って迷惑をかけるという話を信用できるだろうか。それとも裁判所はAの自白で述べられた一連の経緯を信用すべきだろうか。昨日の証言で畠義基は非常に矛盾したことを述べた。明らかに彼は、より多くの人たちに厄介をかけることを恐れて嫌々ながら証言していた。彼が法廷侮辱の愚を犯した主な理由はここにある。

弁護人は、上原康行が、昨日の証言で、瀬長亀次郎と又吉一郎、上原盛徳、運天義雄、そして畠義基が一九五四年八月に彼の家にいたことを否定した事実を持ち出した。この否認についても、Aが我那覇集落に畠と又吉を呼びに行ったことは知らない、という先ほどの否認と同様に考えられなければならない。

弁護人は、上原盛徳と運天義雄が、上記の論点（瀬長亀次郎と又吉一郎、上原盛徳、運天義雄、そして畠義基がいたことはないという主張）を支える補強証言をした事実を持ち出した。しかし、この二証人は、反対尋問で検察側の質問に対して素早く一貫して証言することができなかった。この検察側反対尋問の要点は、それが証人らの精神状態を表しているということである。いいかえれば彼らが検察側の簡単な質問に対して簡単な言葉で答えられなかった理由は、証言台に立っている間にずっと彼らの頭の中を支配する一つの考えがあったからである。

弁護人は、Bとその妻Cが、昨日の証言で、Aは家に来ていないと述べた事実を持ち出した。弁護人は、妻Cが偽証罪で裁かれる可能性を警告されたにもかかわらず、当初から一貫して証言した点を指摘した。Bの証言は、裁判所も思い出してもらいたいが、あれは常習飲酒者のものである。彼自身の言葉を用いれば、午前十時より前の早朝に彼に起こったことについては思い出すことができないと述べた。B［原文では「上原盛徳」］は、事実に基づいて述べる証人とはいえない。妻のCについては、はるかに一貫性のある証言をしており、その決断力と忍耐力に一目置きたい。しかし検察としては、その証言の特徴が、真実を述べるという事実から来ているとは思えなかった。検察の印象では、彼女は証言台に立つ前に弁護人から十分な訓練を受けていた。裁判所は、検察の反対尋問で、妻Cが公判前に弁護人瀬長氏と会った事実を懸命に隠そうとしていた点に注意を払わねばならない。

しかし検察が、そのような打ち合わせはごく普通に行われているという事情を説明すると、彼女は最後に崩れて、法廷外で瀬長氏と会ったと述べた。実にこのような決断力と忍耐力がもっと有益な目的のために使われるならば、どんなにか喜ばしいであろう。

弁護人は、警察が供述調書を捏造したことを説明するために、日付の点で一貫性がないと主張した。供述調書によれば、Aは、又吉と畠義基に会った日に雨が降っていたと述べた。さらに彼は八月十一日と十二日、二十一日と二十二日頃には空に雲はなかったと述べた。これは再び利己的な供述であり、裁判所はこれを考慮すべきではない。仮にそうであったならば、弁護人は天気予報の担当者または毎日の降水量を実際に知っている者に電話をかけるべきである。

弁護人は、調書の中で被告人が、畠義基に近づいたとき彼が驚き、発見されたと思い込んで後退りしたと述べている点を取り上げた。弁護人によれば、早朝の時間帯で辺りが暗かったのであれば、人の顔色の変化を見て取ることは科学的に不可能であるという。しかし日本語で用いられた言葉は「真っ青」［massao］である。これは人の顔面の色合いが実際に変わったという文字通りの意味で使われるのではない。その意味は、畠義基の自制心に突然の変化が現れたということであり、後退りしたという事実こそが「真っ青」という言葉の適切な使い方と結びついている。弁護人は、沖縄の慣習では、父親である上原康行だけが畠義基の蔵匿の責任を負う立場にあり、また、沖縄の慣習では、家の中の一つ一つの部屋が家族のそれぞれに割り当てられることはないと主張する。しかし警察が、畠義基逮捕の場所はAの部屋であるとする根拠として指摘する事実とは、被告人が畑から戻り、彼の部屋が捜索されたことを見て発した、その嘆きの声である。被告人がそのような嘆声をあげたという事実によって、畠義基が彼の部屋を使うことを彼が認めたという供述調書の主張は支えられている。被告人Aは大人である。彼は妻をもち、たしか四人の子供がいる。彼もまた家族の長であり、そのような者として、彼が法に反すると感じた父親の指示に従う義務は負っていない。

弁護人は、裁判所に対し、法廷の外に集まる大群衆が被告人の利益のために証言する証人らに影響を与えなかったことを説明しようとした。何人かの証人については、検察もその点に同意する。例えば畠義基である。私は畠が群衆を恐れたとは思わない。というのは畠義基があのような態度で証言し、あのような証言を貫いたのは、恐怖からではなく、この厄介な事件の原因が自分にあると彼が感じたからである。彼の行動が原因となって一名が拘禁刑に処され、もう一名が現に公判に付されている。仮に彼が真実を明らかにすれば、さらに多くの者らに同様な刑が科されることになる。しかし、他の証人らの多くは、証言台に立つお互いの一挙手一投足を見守り、法廷の内外に集まった人々が彼らの証言を聞いて何を感じるか、という点について大きな関心を抱いていた。それが彼らの共通する認識である。

起訴罪状二について、無罪を主張する弁護人の論拠は、警察が取調中に彼に虚偽供述を強要し、さらに又吉一郎の予備審理で虚偽証言をさせた、ということである。しかし検察が以前に指摘したように、強制的又は脅迫的な方法で、Ａの供述調書が作成されたという証拠はない。さらに言えば彼が又吉一郎の予備審理で宣誓して虚偽の証言をしたとする主張を裏付ける証拠は何もない。彼が予備審理でした証言とその後の又吉一郎の裁判でした証言を検討すれば、私は、裁判所が検察側と同じように考え、そして後者の証言を捏造されたものとみなすと確信する。検察が指摘した以上の全ての理由により、Ａは起訴罪状のとおり有罪であると認定されるべきであると確信する。

検察の求刑：

検察は懲役一年を求刑し、起訴罪状二については、懲役六月が相当であると考える。多くを知らない農夫に重罰を科すことは検察の望むところではない。

前科はない。

事実認定（各起訴罪状に対する「有罪」または「無罪」の認定を示す。）：有罪。

刑（拘禁が懲役を伴うか否か、また、刑の起算日を記す。）：幇助罪について懲役六月、起算日一九五四年九月十五日、及び偽証罪について逐次的に懲役六月。

［署名］裁判官、陸軍少佐R・M・ピーク

六　又吉裁判の再延期（第二回期日）

又吉の裁判の延期中に開かれたAの裁判で、畠と瀬長を含む八名の証人が、又吉と瀬長の関与を否定する旨の証言を行いました。つまり、畠が、又吉や瀬長らの手引きで八月十日頃に上原宅に来たという事実はないというのです。これでは又吉の裁判を続けることは困難です。しかし裁判所は、畠の「不法在留」の幇助罪だけではなく、偽証罪についても、何の理由も説明することなく、Aの有罪を認定しました。「八月十日」頃に来たとする供述を真実とみなす裁判所のこの判断が、間違っていたことは、後に明らかになります。

他方で検察は、「大きな陰謀」があって、そのためにAが「八月二十日」と偽って供述した、と考えていました。検察は、又吉の裁判の第二回公判で、これを曝いてAや証人らを翻意させるためには準備期間を要するとして裁判の再延期を申請します。

［第二回公判期日］

法廷は一九五四年十月一日九時三十分に開始された。通訳者が宣誓した。検察官と弁護側が出席し、双方とも用意ができた。

検察は次の理由で公判の延期を求めた。被告人又吉の一九五四年九月二十日の公判で、検察は、Aが証言台で完全に証言を変更したことに驚いたが、その結果、Aは偽証罪で訴追され、有罪判決を受けた。検察は、Aの裁判の準備に集中していたが、それは裁判所もよく知っているように一九五四年九月二十八日に終わった。検察は、Aが証言を翻すことになった理由について捜査する時間をもう少し必要とする。検察は、その点の立証のために召喚できる証人の手がかりを得たところである。

弁護側は、検察の公判延期の要求に対して次のように異議を申し立てた。その点に関する上原［A］の裁判は終った。又吉は起訴され、予備審理が開かれ、裁判も始まった。この予備審理と裁判の結果、私は、依頼人に不利益な証拠を何も見いださない。（指令一二号の五条二項D、F号が引用された。[10]）又吉の裁判に出廷した証人らは、Aの証言を除いて何の証拠を示すこともなかったし、また、Aの証言も彼自身によって公判でひっくり返された。したがって上原［A］供述に基づく諸見警部［警部補］の証言は、何の価値もなくなった。上原康行と畠も証言し、畠の潜伏に又吉の関与がないことをはっきりさせた。上原盛徳と運天義雄、またBとその妻は、［Aの裁判で］又吉が畠の潜伏と無関係であることを証言した。以上の理由で、弁護人は、証拠不十分として被告人を釈放すべきであると確信する。弁護側は、検察には実質的な証拠がなく、自白もないと述べた。さらに私［瀬長］は、「Aの裁判で」検察が権限を行使して刑務所に出向き、上原［A］から追加の証拠を引き出そうとすることは、断固として認められないと反対した。

検察は、一九五四年九月十六日の又吉の予備審理で示されたように、又吉に対する起訴罪状を裏付ける充分な根拠を有している［とした上で次のように述べた］。訴訟の両当事者が、公正で公平な裁判を確保するために充分な準備をする機会を与えられることが適切である。延期の点については、私は『米国司法』十二巻四五二頁の「公判延期を認める理由」を引用したい。延期が認められる理由は細かく分けられるが、全てが次の一般的な範疇に収まる。すなわち訴訟の当事者らが指定の期日に公判や審理を開くことができない場合、またはすでに進行中の審理を続けることができない場合である。もともとはこれらの理由が認められる場合に、制定法によることなく裁判所が救済を認める権限を行使してきた。現在では、それぞれの裁判管轄地で、裁判所がその裁量により延期を認める理由は、制定法に規定されている場合とその規定に矛盾しない限りで裁判所の規則によって定められる場合がある。しかしながら最もよく見られる重要な理由の点では、これらの規定は完全に同じであり、その点をここで検討する必要がある。延期の根拠は、訴訟の各当事者が、正義への到達という観点からみて、その権利に基づき事実関係を争う［to try the cause upon its merits］合理的な機会を持つという権利［the rights of a party to a cause to have …］に由来する。これらの全事由を網羅する一覧表を作成することは困難であるが、救済の最も一般的な理由は、証人または証拠がないことである。したがって次の場合には延期が認められる。例えば一方当事者が適当な公判準備をする時間がなかったとき、代理人や当事者自身が不在であり、またはその他の事情により、その当事者側の証人の証言によって不意打ちされたときである。さらに裁判所に証拠提出するには遅すぎるが、重要な新証拠が発見されたときも、延期の理由として認められる。裁判所は、双方の証拠調べの終了後であっても、その存在が確認されたばかりの重要証人から証拠を得るために、裁量で審判を数時間中断することができる。ただし単なる証拠採取の手数料の返還［merely to return a commission to take evidence］は、充分な理由にはならない。

検察としては、今日の聴聞を継続する準備ができていないことは、Aの裁判で起きたことを見れば容易に理解できる。Aが証言をひっくり返すまでは、検察は最後まで裁判を進行させる充分な準備をしていた。このAの行動、そして検察が格闘している他の関連裁判から明白に述べうることは、ある大きな陰謀があって、証人らが群衆の行動等々によって影響を受けていることである。検察は、又吉に対する起訴罪状を裏付けるために必要な証拠をここから引き出せると自信を持っている。しかし、そのためには、Aの驚くべきひっくり返しがあったので、本件について準備する合理的な時間が必要である。

弁護側［の反論］。

検察官の反論を聞くかぎり、彼は政治的な観点から本件を捉えているというほかない。本件が自白と推定に基づく理由はここにある。そうである以上、弁護人としては、被告人が無罪であり、裁判所によって無罪とされることが正しいと確信している。検察は法律をたいへんよく知っている。彼が法律を知っているなら、又吉が無罪であることを知っている。

午前十一時十分に休廷した。

事実認定（各起訴罪状に対する「有罪」または「無罪」の認定を示す。）：［空白］

刑（拘禁が懲役を伴うか否か、また、刑の起算日を記す。）：［空白］

［署名］裁判官、陸軍少佐R・M・ピーク

七　保釈の取消し

十月六日、瀬長亀次郎が逮捕され、翌七日、米国民政府から次の発表がありました。「この事件は畠義基が彼に対し特定の日までに沖縄を立去るよう出入管理当局が発した合法的命令を拒否したことに端を発した。数週間にわたる民警察の捜査にもかかわらず彼、畠は違法的な潜伏をつづけていた。今回の逮捕は瀬長亀次郎、又吉一郎その他の人民党員が畠義基の法を犯した行動をほう助し彼を教唆していた明白な証拠によるものである。瀬長亀次郎と彼の部下達は自分らが逮捕から免かれる必死の努力をなすために人民の自由を濫用していた大衆をして公安妨害の行動をとるようせん動する企てのために彼らは毎晩のように演説会を催していた。目的を達成するため彼らは事実をきょ偽に分類し、また文明人が顔をそむけるような強迫とその他の手段を用いていた。数週間にわたる広はん囲な調査の結果、検事はさきの証人らが偽証をするよう教唆されたということを立証づける準備ができた。今後証人に対する買収と強迫を取除き法による支配を保証するために検事は又吉の保しゃくを取消し、さきに偽証した証人の身柄を又吉と瀬長の裁判が完了するまで拘留することを申請した。」（琉球新報十月八日）。

那覇簡易軍事裁判所は、十月八日午前九時から瀬長の予備審理を開き（第四章）、同日午後、又吉、運天、及び上原盛徳の保釈を取り消し、そしてCの勾留を決定しました。

なお、又吉の再延期後の裁判手続の記録をみると「偽証」の起訴罪状が追加されています。ここまで又吉自身は宣誓供述をしていないこと、また、前述の米国民政府発表で「証人らが偽証をするよう教唆されたということを立証づける準備ができた」と述べられていることから、これは「偽証教唆」の誤りであると思われます。

（一）又吉一郎の再延期後の裁判手続の記録

CASE NO. C-238-54

琉球列島米国民政府／簡易軍事裁判所／那覇司法地区／裁判手続の記録

開廷場所：那覇　開廷日：一九五四年一〇月八日

主宰官：USCAR簡易軍事裁判所裁判官　レイモンド・M・ピーク少佐

起訴罪状（簡潔に）：幇助［Aiding & Abetting a criminal］、偽証［Perjury］

被告人氏名（年齢・性別・住所）：又吉一郎（男・真和志栄町五班三十八号）

通訳者：ヒガ　検察官：なし　弁護人：なし

答弁（各起訴罪状に対する「有罪」または「無罪」の答弁）：なし

検察側の証拠（必要があれば紙を追加せよ。証人の氏名住所を掲げ、証拠物を特定せよ。）：

検察官は又吉の保釈の撤回と彼の公判終了までの勾留を要求した。検察官は、被告人が彼の公判に出廷した証人ら、または証人一名に干渉したという証拠を有している。被告人は保釈保証金二万五千［原文では「二千五百」］円を支払い、釈放され、九月二十日に撤回されたが、九月二十二日に保釈が回復された。

被告人は、いつ裁判が開かれるかを知りたがった。検察官は瀬長の事件が終わってからであると答え、次の火曜日に、もし可能であれば、瀬長の裁判が開かれると述べた。被告人は、今回は別の弁護人を見つけるように言われた。瀬長が逮捕され、又吉を弁護することができないからである。被告人は瀬長と同時に裁判を受けることを希望すると述べた。検察官は、もし又吉が上級裁判所で裁判を受けることを望むのであれば、同意すると述べた。被告人は簡易裁判所でも上級裁判所でも構わないと述べた。被告人に対して裁判所制度について説明があり、彼は簡易裁判所で裁判を受けることを決めた。

被告人は特別弁護人として島袋嘉順［SHIMABUKU, Kajun］の選任を希望した。検察は、その特別弁護人もおそらく勾留されるだろうと述べた。

検察：何れにせよ交代が必要であり、新しい弁護人が裁判の準備をするために時間を要することから、瀬長の裁判が実際に開始にされてから速やかに新しい期日を設定したい。

事実認定（各起訴罪状に対する「有罪」または「無罪」の認定を示す。）：［空白］

刑（拘禁が懲役を伴うか否か、また、刑の起算日を記す。）：保釈が撤回され、被告人は裁判まで勾留される。

（二）運天義雄の保釈取消決定

CASE NO. C-238-54, SD-219

琉球列島米国民政府／簡易軍事裁判所／中央司法地区／裁判手続の記録

開廷場所：那覇　開廷日：一九五四年十月八日

主宰官：ＵＳＣＡＲ簡易軍事裁判所裁判官　レイモンド・Ｍ・ピーク少佐

起訴罪状（簡潔に）：幇助、偽証

被告人氏名（年齢・性別・住所）：運天義雄（男・豊見城村我那覇＊番）

通訳者：［空白］　検察官：［空白］　弁護人：［空白］
答弁（各起訴罪状に対する「有罪」または「無罪」の答弁）：［空白］
検察側の証拠（必要があれば紙を追加せよ。証人の氏名住所を掲げ、証拠物を特定せよ。）：
検察官は、二万五千円の保釈保証金を取り消し、被告人を裁判まで勾留することを要求する。その理由は、もし被告人が釈放されるならば、逮捕された瀬長亀次郎が、あらゆる努力を払って被告側に有利な証言をするように証人らに働きかけると考えられるからである。
瀬長の予備審問で述べたように、検察官は、証人らが本件に関して干渉を受けたことを示す証拠を有している。被告人が「いつ上級裁判所の公判が開かれるのか」と聞いた。検察官が質問に答えた。瀬長が弁護の準備のために時間を要求しないとすれば、だいたい来週の火曜日に、おそらく瀬長と一緒に裁判を受けることになるだろう。裁判所は、被告人の保釈を取り消し、上級裁判所に裁判が係属する間の被告人の勾留を命令した。
弁護側の証拠：［空白］
事実認定（各起訴罪状に対する「有罪」または「無罪」の認定を示す。）：［空白］
刑（拘禁が懲役を伴うか否か、また、刑の起算日を記す。）：［空白］
［署名］裁判官、陸軍少佐レイモンド・M・ピーク

(三) 上原盛徳の保釈取消決定

CASE NO. C-238-54, SD-220
琉球列島米国民政府／簡易軍事裁判所／中央司法地区／裁判手続の記録
開廷場所：那覇　開廷日：一九五四年十月八日
主宰官：USCAR簡易軍事裁判所裁判官　レイモンド・M・ピーク少佐

起訴罪状（簡潔に）：幇助、偽証
被告人氏名（年齢・性別・住所）：上原盛徳（男・豊見城村仲地＊番）
通訳者：［空白］　検察官：［空白］　弁護人：［空白］
答弁（各起訴罪状に対する「有罪」または「無罪」の答弁）：［空白］
検察側の証拠（必要があれば紙を追加せよ。証人の氏名住所を掲げ、証拠物を特定せよ。）：
上原盛徳は一九五四年九月二日に二万五千円の保釈保証金で保釈されたが、検察官は、運天義雄の保釈取消しと同じ理由により、運天と同様の決定が行われることを要求する。
裁判所は、被告人上原盛徳の保釈保証金二万五千円を取り消し、上級裁判所に裁判が係属する間の被告人の勾留を命令した。
弁護側の証拠：［空白］
事実認定（各起訴罪状に対する「有罪」または「無罪」の認定を示す。）：［空白］
刑（拘禁が懲役を伴うか否か、また、刑の起算日を記す。）：［空白］
［署名］裁判官、陸軍少佐レイモンド・M・ピーク

（四）Cの予備審理手続の記録

CASE NO.［空白］SD-281
琉球列島米国民政府／簡易軍事裁判所／中央司法地区／予備審理手続の記録
開廷場所：那覇　開廷日：一九五四年十月八日
主宰官：USCAR簡易軍事裁判所裁判官　レイモンド・M・ピーク少佐
起訴罪状（簡潔に）：偽証　二、二、一八条

被告人氏名（年齢・性別・住所）：C（四五・女・豊見城村我那覇＊番）
通訳者：［空白］　検察官：［空白］　弁護人：［空白］
答弁（各起訴罪状に対する「有罪」または「無罪」の答弁）：［空白］
検察側の証拠（必要があれば紙を追加せよ。証人の氏名住所を掲げ、証拠物を特定せよ。）：
被告人Cは、一九五四年九月二八日に那覇で開かれたAの簡易軍事裁判所の公判で故意に虚偽の証言をしたとして、二、二、一八条違反（偽証罪）で起訴されたものである。検察は、偽証罪の起訴罪状を裏付けるため、被告人の宣誓供述がなされたAの公判記録の該当部分を読み上げたい。「Cが宣誓し、証言した。（証人は自己負罪拒否権について助言をうけた。）私はゆっくりなら日本語を理解できる。私はBの妻である。私の夫は毎晩酒を飲むので朝起きるのは遅い。私は、今はAを知っているが、この事件が起こる前は知らなかった。私は朝の五時から六時の間に起きる。一九五四年八月一〇日から八月二七日までの間に、Aは私の家に来ていない。私はそれ以前にもAに会ったことがない。村長に選ばれた又吉が、一九五四年八月一〇日から八月二七日までの間に、私に家に来ることもなかった。私は事情聴取されたとき、警察官にはっきり言った。彼は早朝に私の家に来ていない。私は朝早く起きるので、家で何かがあれば分かる。又吉もAも夜の間に来ていない。私は、誰か有力者がお盆の二、三日前に来なかったか、と警察署で聞かれた。私はそういう人は来なかったと答えた。また、又吉か畠が、家に来たか、とも聞かれた。私はどちらも来なかったと答えた。上原康行の息子のことは知らなかった。」
検察の反対尋問に対して被告人は次のように述べた。「私は畠義基を知らない。昨日、私は彼をはじめて見た。八月中旬に彼を見ることはなかった。もし今日彼を見たら、彼だと分かると思う。私は又吉を知っている。彼は私の家に来たことがない。私は上原康行を知っている。私は彼が住んでいる場所は知らない。康行は私の家に来ていない。若い男が自転車に乗って私の家に来ることはなかった。瀬長氏は本件について私に何も聞かなかった。瀬長は私に真実を話すようにと言った。」

検察は、被告人が偽証したことを立証する用意がある。検察としては瀬長の裁判が終了するまで被告人が保釈なしで勾留されることを要求する。

被告人は裁判が終わるまで勾留される。

弁護側の証拠　：［空白］

事実認定（各起訴罪状に対する「有罪」または「無罪」の認定を示す。）：本件の公訴取下げ［Case Nolle Prossed］[11]。

刑（拘禁が懲役を伴うか否か、また、刑の起算日を記す。）：［空白］

［署名］裁判官、陸軍少佐レイモンド・M・ピーク

（1）公報訳では「軍政府の権限の下に」とありますが、一九五〇年十二月五日極東軍総司令部「琉球列島米国民政府に関する指令」三に「現在迄に、琉球列島軍政府の発した布告、布令、指令又は一般命令等における『琉球列島軍政府』の名称はこれを『琉球列島米国民政府』と改める」とあります（『アメリカの沖縄統治関係法規総覧Ⅰ』（月刊沖縄社、一九八三年）三三二頁）。

（2）本件記録中に、Ｂが、畠、上原康行及びＡと同様に、八月二十七日に逮捕された旨を記す文書があります。これは人民党事件の被疑者・被告人らの逮捕日や裁判日の経過並びにその処分結果等を整理したメモをタイプし直したと考えられる文書ですが、標題や作成日の記載がありません。ここでは新聞報道に従い逮捕日を二十九日としました。Ｂは、九月二十八日のＡの裁判の第三回期日に弁護側証人として証言しており、そこからＢの公訴が早々と取り下げられた理由をうかがい知ることができます。Ｂの裁判手続の記録には具体的なことは何も記されていません。

（3）宮里政玄編『戦後沖縄の政治と法』（東京大学出版会、一九七五年）二八〇頁。

（4）「予備審理の夜（一九五四年九月十七日、金曜日）」とあるのは、後のＡの裁判の第一回期日（同月二十四日）における諸見の供述等によれば、又吉の予備審理のあった九月十六日（木）の深夜（翌日の午前一時頃）を指します。

（5）「金曜日のＡの予備審理」とあるのは、「木曜日の又吉の予備審理」の誤りと考えられます。Ａの予備審理は八月二十八日（土）でした。

（6）原文は次のとおりです。Defendant made 2 statements instead of one because the first statement stated that Hatake came alone in the middle of the night and his father came in the evening before dark and I took the statement as he made it.

（7）畠に対する懲役三月の刑が逐次執行か同時執行かは明確ではありませんが、前掲の再審決定書（第一章）を読む限りでは同時執行です。

（8）瀬長のこの宣誓証言が後に偽証罪に問われます。その該当部分の原文を掲げます。Statement in reference to being at the home of Uehara, Koko is not true. In reference to visiting Uehara Koko a single time in 1954, I was not there. I know Hatake very well. I know he was wanted by the authorities this year. I did not meet Hatake while he was hiding.

(9) 最後の一文の「被告人」はAを指すと思われますが、文脈上は明瞭ではありません。なお、琉球新報十月八日の記事で「けん挙された人民党幹部および党員の氏名」の中にD（と思われる氏名）が含まれます。しかし裁判記録中にDの事件に関する文書はありません。

(10) 米国民政府布告一二号「琉球民裁判所制」五条二項D号及びF号を指し、それぞれ、「脅迫、畏怖、暴行、長期拘禁に依って、又は拘留状に関する規定に反して得られた又は如何なる方法に於てでも違法に得られた証拠は受理されてはならず又事実の認定をなす為裁判所によって考慮されてはならない」「如何なる者も起訴される犯罪が同一人により犯されたことを立証する独立せる証拠なくしては公開廷外においてなした彼自身の自白の証拠に基いて有罪とされてはならない又刑事訴訟に於て自らに不利に証言することを強いられることは出来ない」と規定しました。

(11)「公訴取下げ」の結論は、瀬長・又吉裁判後に追記されたものと思われます。

第三章　又吉裁判集会

九月二十日午前九時五十五分に開廷した又吉一郎の裁判は、法廷外の群衆が騒がしいという理由で午前の審理が中断し、午後から再開されました。翌日の新聞報道によれば「地元民、党員が定刻前から続々詰めかけ、那覇署前広場は瞬く間に黒山の人だかり、この人出を物めずらしげにまたまた寄り集る野次馬でひるすぎには観衆も二千を超す人出」となりました。そして裁判所から指示を受けた警察が解散命令を出し、これに従わなかったとして六名が逮捕されました（琉球新報九月二十一日）。これが半月後の瀬長逮捕時に人民党員らを「公の騒乱」惹起の疑いで一斉検挙する理由にされます。

以下の裁判記録から、解散命令は午前十時四十分頃と午後一時二十五分頃に少なくとも二回あったことが分かります。前者の命令違反で四名、後者の命令違反で二名が逮捕されました。一九四九年布令一号二、二、四〇条は「憲兵、海軍沿岸巡察、民警察の一員その他服務中の特別警察官に依って解散を命ぜられた暴徒、集団その他の集会の一員で直ちにかかる暴徒、集団、集会から立ち去って住所又は住居の場所へ戻ることを拒否する者は、断罪の上一千円以下の罰金又は一月以下の懲役又はその両刑に処する」旨を規定しました。なお、最初の四名のうち一名の裁判で傍聴人一名が法廷侮辱罪に問われました。後者の命令違反で逮捕された二名は、解散命令を聞いていないと否認したため、不解散罪ではなく、裁判所からの解散指示に従わないという法廷侮辱として有罪と認定されたようです。「法廷侮辱罪に振り替えて審理」と報じられました（沖縄タイムス九月二十二日）。

法廷侮辱罪について、一九四九年布令一号一、三、五条は、米国民政府裁判所は「正当なる司法の為に必要なる命令をなし、行為をなすことが出来、正当なる司法の通性を侵害しない限り、保釈を許し、その保証金を受領収取し、文書を以て或いは文書なくして証人の出頭を命じ、宣誓を為さしめ、証拠品の受領の命令をなし、法廷侮辱を罰することが出来る」旨を規定しました（読点を補いました）。

なお、被逮捕者六名のうち二名は高校生でした。二〇〇九年三月一日−八日の沖縄タイムス連載記事「力草ぬ根・米軍統治下の人々／第三部高校生群像（一）〜（八）」で、それぞれが事件のことなどを回想しています。また、その一人である大峰林一の論稿「闇に消えた党内党」加藤哲朗ほか編『社会運動の昭和史』（白順社、二〇〇六年）は、逮捕後に黙秘を通したので実刑判決を受けたが、沖縄刑務所少年区で非合法共産党に出会い、入党することになったと記しています。

以上の七名の裁判記録はPSD CACE No. C-254-54及びC-255-54に収録されています。前者は一九五四年九月二十一日に那覇簡易軍事裁判所で裁判のあった又吉裁判関係の三件四名の記録からなります。後者は翌二十二日に同裁判所で裁判のあった全十一件の記録からなり、そのうちの三件三名が又吉裁判の関係です。

一　PSD CACE No. C-254-54

法廷侮辱罪で有罪となったY・Mと上原清治、並びにO・T、及び国吉信保の裁判手続の記録がここに収録されています。上原清治らに対する告発状に記載された「犯罪内容」は、「上記の者等は民政府裁判所で豊見城村長又吉一郎の裁判反対運動の集団に加り、那覇地区警察署長の解散命令に応ぜず、解散を命ぜられたる場所でマイクを付けた丸眞タクシー所属沖3-2941号車に乗ってスピーカーで脅迫にかかるなと叫んで居るのを逮捕された」（原文どおり）というものです。「犯罪時刻」は午後一時三十五分です。なお、二名の住所は、告発状では「人民党本部」となっています。彼らは拘禁と罰金の併科刑に処されましたが、十月十九日、未払いの罰金刑について、裁判官との非公式協議が行われ、その執行が猶予されました。

O・T及び国吉真保に対する告発状に記載された「犯罪事実」は、まったく同じで、「上記の者は民政府裁判所に於て又吉一郎の裁判反対運動の集団に加り、那ハ地区警察署長の解散命令に応ぜなかった」（原文どおり）というものです。「犯罪時刻」も同じ午前十時四十分です。国吉は野嵩高校（現在の普天間高校）の「社会研究クラブ」

に所属し、仲間約十名と一緒でしたが、逮捕されたのは彼一人でした（沖縄タイムス二〇〇九年三月三日）。

（一）Y・Mと上原清治の裁判手続の記録

CASE NO. C-254-54, D-1269, D-1270

琉球列島米国民政府／簡易軍事裁判所／中央司法地区／裁判手続の記録

開廷場所：那覇　開廷日：一九五四年九月二十一日

主宰官：USCAR簡易軍事裁判所裁判官レイモンド・M・ピーク少佐

起訴罪状（簡潔に）：法廷侮辱、民警察の命令に対する不解散　二、二、四〇条

被告人氏名（年齢・性別・住所）：＊＊＊［Y・M］（二三・男・住所不明）、上原清治［UEHARA, Seiji］（二一・男・住所不明）

通訳者：ヒガ　検察官：なし　弁護人：代理人瀬長氏

答弁（各起訴罪状に対する「有罪」または「無罪」の答弁）：両名無罪。被告人らは有罪もしくは無罪の答弁、または黙秘の意味と効果を告げられ、理解している。

検察側の証拠（必要があれば紙を追加せよ。証人の氏名住所を掲げ、証拠物を特定せよ。）：

那覇地区警察署の照屋政仁［TERUYA, Seigin］巡査部長が宣誓し、証言した。

私は被告人らをよく知っている。五四年九月二十日午後一時二十五分頃、被告人ら二名がタクシー（マルセン3-2941号）に乗って那覇の税関事務所方面から警察署に向かって運転してきた。彼らは琉貿ストア付近まで来て停止した。そのとき彼らはマイクを持っており、タクシーに拡声器が付いていた。そのとき那覇警察署長が人々に向かって法廷周辺から立ち去るように告げた。署長は警察車両の中にいた。署長は、裁判を妨害する者は逮捕されると述べた。被告人両名は、警察署長の言ったことを聞いていた。彼らは署長の言っていることを理解した

上で、タクシーの中から拡声器を使っていた。彼らは集った人々に逮捕されないように、また、警察の命令に従わないように、と言っていた。五四年九月二十日午前十一時頃、被告人らのタクシーは琉貿ストアの裏側に停車し、その近辺に約四百名がいた。私は、被告人らが人々を騒然とさせていた［creating a disrest among people］ので、被告人らに立ち去るように伝えた。警察署長が命令を読み上げたとき、私は、タクシーの中で被告人らが所長の発言と命令を聞いてから、発言を始めたことを注視していた。

瀬長氏が、被告人らは群衆を静かにさせようとしていたのであり、騒乱を惹起させようとしていたのではないと述べた。

那覇警察署の松井義正［MATSUI, Gisei］署長（那覇市）が宣誓し、証言した。

那覇の警察局の新垣庸正［Arakaki, Yosei］局長補佐が警察車両からアナウンスを読み上げた。これは裁判所命令であった。同時に私はこれに反した者は逮捕され、刑罰を受けるという命令を出した。私が命令を読み上げたのは午後一時過ぎ頃である。私はピーク裁判官から命令を受けとった。

那覇警察署の玉那覇昌一［TAMANAHA, Shoichi］交通課巡査が宣誓し、証言した。

私は被告人らを知っている。五四年九月二十日午後一時三十五分頃、警察署前で勤務中であったところ、被告人らの車（3-2941号）が旧税関事務所方面から那覇警察署に向かって来た。彼らは琉貿ストア付近まで来て方向転換し、停車した（道路の左側に）。彼らがタクシーを停車させたとき、警察車両の中にいた警察官一名が命令を二、三回読み上げた。そのとき被告人らは警察官が述べたことを聞くことができた。警察官から命令が出てから、警察車両は那覇警察署に戻り、駐車した。そのとき被告人らのタクシーはユースカー・ビルの方に行き、タクシーの拡声器で脅迫にひるむなと述べた。タクシーはユースカー・ビルと那覇警察署の中間にいた（約百メートル）。被告人らが話し終わってから、私は彼らを止め、逮捕した。彼らは私に逮捕理由を聞いた。

弁護側の証拠：被告人らは彼らの権利について助言を受け、宣誓供述を選択した。

上原清治が宣誓し、証言した。

昨日、私は裁判所の命令について知らなかった。その理由を証言する。昨日、つまり五四年九月二十日の午後一時十五分前、私たちは琉貿付近に停車中のタクシーでペリー区に向かった。このタクシーは拡声器とマイクを装備していた。午後一時半頃、私たちが琉貿に戻ったとき、法廷周辺の騒音に対して警察署長の松井の声明文が読み上げられた。私はそれを聞かなかったが、逮捕され、法廷侮辱罪で訴えられた。私は法律違反を意図していないし、違反したかったのでもない。私たちは単に群衆に向かって神経質にならずに静かにしておこうと伝えたにすぎない。私たちは裁判所を助けたのであって、裁判を妨げていない。警察は私たちの逮捕理由を述べなかった。

Y・Mが宣誓し、証言した。

午後一時十五分前、私たちはペリー区に行き、午後一時半頃、那覇に戻った。私たちはタクシーから拡声器で話してはならいことを知らなかった。騒音等の点に関する裁判所の命令は午後一時過ぎに発せられたが、そのとき私たちは那覇警察署前でタクシーの中にいた。そこに十名以上の警察官がいたが、誰も私たちに騒音を出すなとは言わなかった。私たちは法廷の近くで逮捕された。私は逮捕理由を尋ねたが、彼らは理由を述べなかった。警察官が私の首を押さえ、タクシーから引っ張り出した。私は人々に静かにするように、神経質にならないように、と伝えていた。なぜなら人々が興奮すると警察官らを攻撃するかも知れないからである。証人は脅迫という言葉を使ったが、それは事実ではない。私は集合した人々に出て行かないで、そこに止まるように伝えた。(後にこれは真実ではないと述べた。彼は早口で話した。私は那覇警察署とユースカー・ビルの間で拡声器を使ってはならないことを知らなかった。)

弁護側の最終弁論：瀬長が次のように述べた。

以前に述べたように、被告人両名は、昨日、つまり五四年九月二十日の裁判のとき、法廷侮辱の罪状により逮捕された。しかし彼らがしたのは法廷侮辱というようなものではなかった。その理由は、多くの人々が騒音を発すれば裁判官は訴訟手続を聴くことができなくなり、したがって人々が騒音を発すれば、それは昨日の裁判を受けていた被告人の利益にならないからである。被告人両名は、群衆が騒ぎ出せば裁判に不利であると知っていたのであるから、被告人らは静かにして騒がないように、また、神経質にならないで裁判の結果が分かるまでは待っていようと群衆に伝えたのである。私たちはこの真実を新聞によって示すことができる。五四年九月二十日午前九時三十分頃、又吉の裁判が始まる前にピーク裁判官が、私に、法廷周辺にたくさんの群衆が来ているので彼らを静かにさせてほしいと言ったので、私は法廷の窓から人々に向かって静かにしてほしいと言った。私がしたように、ちょうど被告人らは同じことを行った。被告人両名の目的は法廷侮辱ではなかった。それはその結果、つまり群衆の行動からも理解できる。昨日の午後一時（五四年九月二十日）に再開した裁判は、順調に進んだ。群衆は立ち去り、法廷を妨げなかった。なぜなら被告人らが静かにするように伝えたからである。この結果から、あなたたちは、被告人らが法廷侮辱をしたというのである。しかし、その二つの理由［被告人らの行為の目的と結果］を結び付けてみよう。私は、この弁論を次のように締めくくりたい。被告人らはピーク裁判官の主宰する法廷を混乱させようとはしていない。これは多くの証言から明らかである。そして裁判は休止することなく続けられた。私は、裁判所に対し、本件の事情を斟酌し、無罪の判断を求める。

事実認定（各起訴罪状に対する「有罪」または「無罪」の認定を示す。）：両名とも有罪。

刑（拘禁が懲役を伴うか否か、また、刑の起算日を記す。）：両名とも拘禁三十日、起算日一九五四年九月二十一日、及び罰金一万円。

［署名］裁判官、陸軍少佐レイモンド・M・ピーク

（二）裁判官との非公式協議

C-254-54　一九五四年十月十九日

被告人上原清治とY・M

一九五四年九月二十一日、上記の被告人両名は、那覇の米国民政府裁判所で裁判を受け、法廷侮辱罪で有罪になった。被告人両名は懲役三十日及び罰金一万円の併科刑に処された。

一九五四年十月十九日、被告人両名は、罰金の支払いがないことについて考慮するために、那覇の米国民政府裁判所裁判官ピークの前に出頭した。

一万円の罰金刑は、素行良好を条件として一年間執行が猶予された。

被告人両名との非公式協議が、一九五四年十月十九日に那覇の米国民政府裁判所で行われた。通訳はW・A・キムラ［W. A. Kimura］が務めた。

被告人両名は沖縄刑務所から法廷に呼び出され、次の話し合いを行った。

裁判官：私は、まだ支払われていない一万円の罰金刑について、どうするかを話し合うために、あなた方を呼び出した。何か言うべきことがあるか。

上原：これは裁判か、それともあなたが言うとおり、非公式協議なのか。

裁判官：これは非公式協議である。私は、あなた方が考えていることを話してほしいと思っている。

上原：私は無罪を主張したい。私には権利がある。私は何も悪いことをしたとは思っていない。私は法廷を貶めていない。

裁判官：警察があなた方に立ち去って、拡声器を静かにさせるように言った。しかし、警察によれば、あなた方はそうしなかった。拡声器はそのときに集合した人々を煽るために使われた。私は、提出された証拠に基づいて判断した。

上原：私は単に人々に静かにするように、そして裁判の進行を注視するように伝えただけである。

裁判官：私の考えでは、あなた方は党の指示に従ったのであるが、警察の命令には違反した。裁判官として私は、あなた方二名に対する証拠を慎重に検討した結果、起訴罪状どおりに有罪を認定し、それぞれに対して三十日の拘禁刑と一万円の罰金刑に処した。罰金は支払ったか。

上原：刑が言い渡されたのに、どうやって罰金を支払うのか。私たちは刑務所に収監され、誰も私たちに面会することを許されなかった。どうすれば罰金を支払うためのお金を用意することができたというのか。

裁判官：私は、それは聞いていないし、知らなかった。

Y：私の母が私に会いに来た。彼女は罰金を持っていたが、それをどこに持っていけばよいのかを知らなかった。彼女はそれを刑務所に持ってきて係官に手渡せば、私が釈放されると思っていた。彼女は何も知らされていなかった。

裁判官：あなたの母は那覇警察署に行ったのか。

Y：それは知らない。

裁判官：（諸見警部補に対して）この青年の母親が警察署に来たか。

諸見警部補：来ることはなかった。[1]

裁判官：私は人民党に関する情報が欲しいのではない。私は、あなた方が罰金刑のことをどう受けとめているのかについて本心を知りたいのであり、必要であれば手助けをしたい。

上原：私は、あなたが私たちに刑を言い渡したのは正しいことであるとは考えていない。刑は酷かった。刑務所での生活も酷い。処遇はたいへん悪い。私は、受刑者が守衛から殴られるのを見た。私は、私の事件を上訴したい。

裁判官：私は、あなた方が警察の命令に反して当裁判所の審理を妨害したという事実に基づき判断したが、あなた方の有罪を認定し、刑を科すことは、私にとっても楽しいことではなかった。あなた方の逮捕後、十四名の人民党員が、違法とみなされるポスターの掲示を禁止する規則に違反したとされ、逮捕された。予審後に保釈金を五千円に設定したが、彼らが高いというので、ユースカーと交渉し、保釈金を二千五百円に減額した。あなた方の支払い能力も考慮の余地がある。

上原：私の見解では、こうしたあらゆる問題の根っこにあるのは、日本の国土である沖縄で暮らす日本国民である畠と林が、ここに居ることを許されなかったことである。現在でも私は、私たちは日本人であり、したがって私たちは日本の法律の下にあって日本の国土であると私たちがみなす沖縄で暮らすことを許されるべきであると考える。

裁判官：私は裁判官であり、琉球列島の法律を制定する者ではない。あなた方が望むのであれば、私は、あなたの主張する上訴の手続を助ける用意がある。

Y：私は無罪を主張する。私は、上原が述べたように、私たちが拘禁三十日、罰金一万円の刑に処されたのは不当であると考える。もし裁判官が私たちを助けたいのであれば、私たちを直ちに（今日）釈放し、私たちに無罪を言い渡し、罰金を支払わなくてもよいようにしてもらいたい。

裁判官：あなた方はあと一日で刑務所から出ることができる。罰金の一万円については、素行良好を条件として一年間執行を猶予したい。もしあなた方が一年以内に逮捕されることがあれば、一万円を支払い、さらに裁判所の科す追加の刑に服さねばならない。あなた方の考えは分かった。相変わらずあなた方は不当に扱われたと主張しているが、私は裁判官としてあなた方に接し、また、あなた方のことは当法廷内の他の人々と同様に個人として尊重した。私は、あなた方が民主党、共和党、人民党、または他の組織に所属しているかどうかは考慮しなかった。私はあなた方を個人として取り扱う必要があった。

上原：私はここで日本人であることを誇りに思うと言いたい（大きな声で）。

裁判官：私はあなたの誇りを尊重する。私はフィリピン人、沖縄人、アメリカ人、その他の誰であれ、その国籍を誇りに思う者を尊重する。

Ｙ：私は重ねて無罪を主張する。
裁判官：私は素行良好を条件としてあなた方の罰金一万円の支払いを一年間猶予する。問題を起こさないように。若者たちよ、他に述べたいことがあるか。
上原：私は、言いたかったことを全部言った。
裁判官：Ｙはどうか。
Ｙ：私も、言いたかったことを全部言った。
裁判官：本件の聴聞を閉じる。あなた方の罰金刑は素行良好を条件として一年間執行猶予する。あなた方は一九五四年十月二十一日に釈放される。
［署名］簡易裁判所裁判官、陸軍少佐Ｒ・Ｍ・ピーク

（三）Ｏ・Ｔの裁判手続の記録

CASE NO. C-254-54, D-1271
琉球列島米国民政府／簡易軍事裁判所／中央司法地区／裁判手続の記録
開廷場所：那覇　開廷日：一九五四年九月二十一日
主宰官：ＵＳＣＡＲ簡易軍事裁判所裁判官　レイモンド・Ｍ・ピーク少佐
起訴罪状（簡潔に）：民警察の命令に対する不解散　二、二、四〇条
被告人氏名（年齢・性別・住所）：＊＊＊［Ｏ・Ｔ］（三四・男・真和志市＊＊区＊班）
通訳者：ヒガ　検察官：なし　弁護人：なし
答弁（各起訴罪状に対する「有罪」または「無罪」の答弁）：無罪。被告人は有罪もしくは無罪の答弁、または黙秘の意味と効果を告げられ、理解している。

検察側の証拠（必要があれば紙を追加せよ。証人の氏名住所を掲げ、証拠物を特定せよ。）：

那覇地区警察署の警察官小嶺輝雄［KOMINE, Teruo］が宣誓し、証言した。

私は被告人を知っている。五四年九月二〇日午前十時四十五分頃、米国民政府軍事裁判所付近に大勢の人たちがいた。そのとき那覇警察署の署長が、群衆に対してこの場所から立ち去るようにと命令し、もし立ち去らなければ逮捕され、布令二、二、四〇条違反で起訴されると告げた。こうして警察は、従わない者を逮捕する命令を受けた。そのとき被告人は群衆の前に座っていた。私は被告人のもとに行き、立ち去るようにと命令したが、彼はそのまま地面に座り込んでいた。被告人はまったく命令を聞こうとしなかったので、私は二、二、四〇条違反の疑いで逮捕し、彼を那覇警察署に連行した。私が署に連行したとき、被告人は留置場の入口で私の名前を尋ね、私に赤ん坊はいるかと聞いた。被告人の赤ん坊が彼の後ろにいた。被告人は傘を持っており、途中で逮捕に抵抗した。

那覇地区警察署の喜久里伸［KIKUZATO, Shin］巡査が宣誓し、証言した。

私は被告人を知っている。五四年九月二十日午前十時五十分頃、米国民政府裁判所付近に約二千名がいた。そのとき那覇警察署長から命令が発せられた。被告人は人々の前にいた。私は群衆に向かって立ち去るように告げた。被告人は動かず、それを拒み、その場にとどまった。被告人は留置場に連行されるとき、命令が出たことに不満を述べていた。被告人は留置場に入ろうとせず、職務執行を妨げていた。

弁護側の証拠：被告人は彼の権利について助言を受け、宣誓供述を選択した。

被告人が宣誓し、供述した。

私は米陸軍で働いている。もし私に問題があるなら一九四三年から働けていない。私は解雇されたこともないし、逮捕されたこともない。私は軍に協力的である。昨日は仕事に行かなかったが、そういうときには米軍に連絡を入れている。五四年九月十九日木曜の夜、那覇市の農連市場で演説会があったが、私はその集まりには出かけなかった。家で泡盛を飲んでいた。集まりのことはタカヤス・スンイチ［TAKAYASU, Sunichi］から聞いたが、行かなかった。私は足が悪いので早く動くことができなかった。

犯罪歴：なし。

弁護側の情状証人：沖縄の住民であるヒガ・サチヒト［HIGA, Sachihito］が次のように述べた。被告人が昨日の仕事に行かなかった原因は私にある。被告人と私は金銭問題を抱えていた。被告人の過去は申し分ない。そうでなければ私はこの場所にいない。彼の陸軍での勤務実績もよい。被告人は片足が悪く、すぐには立ち上がれない。彼には三名の子と妻がいる。

事実認定（各起訴罪状に対する「有罪」または「無罪」の認定を示す。）：有罪。

刑（拘禁が懲役を伴うか否か、また、刑の起算日を記す。）：懲役三十日、素行良好を条件として執行猶予六月。

［署名］裁判官、陸軍少佐レイモンド・M・ピーク

（四）国吉真保の裁判手続の記録

CASE NO. C-254-54, D-1272
琉球列島米国民政府／簡易軍事裁判所／中央司法地区／裁判手続の記録
開廷場所：那覇　開廷日：一九五四年九月二十一日
主宰官：USCAR簡易軍事裁判所裁判官　レイモンド・M・ピーク少佐
起訴罪状（簡潔に）：民警察の命令に対する不解散　二、二、四〇条
被告人氏名（年齢・性別・住所）：国吉真保［KUNIYOSHI, Shinpo］（二六・男・宜野湾村普天間区＊班）
通訳者：ヒガ　検察官：なし　弁護人：なし
答弁（各起訴罪状に対する「有罪」または「無罪」の答弁）：無罪。被告人は有罪もしくは無罪の答弁、または黙秘の意味と効果を告げられ、理解している。

検察側の証拠（必要があれば紙を追加せよ。証人の氏名住所を掲げ、証拠物を特定せよ。）：

那覇地区警察署の警察官照屋政仁が宣誓し、証言した。

私は被告人を知っている。五四年九月二十日午前十時五十分頃、大群衆が開廷中の米国民政府裁判所の訴訟手続を妨害しているとき、那覇警察署長が全員に対してその場から立ち去るように命令した。群衆に対して命令が発せられた後、私は駆けつけ、同様に命令を発した。従った者もいたが、従わなかった者もいた。命令発出から七、八分後、私は被告人のところに行き、立ち去るように命令したが、被告人は大声を出し、「そんな命令は取り消せ」と言った。被告人は警察の命令に従わなかったので、群衆から離れず帰宅しないという二、二、四〇条違反の疑いで彼を逮捕した。被告人が私に余分な迷惑をかけることはなかった。被告人に犯罪歴はない。

被告人を逮捕したとき周囲にはたくさんの人がいた。

弁護側の証拠：被告人は彼の権利について助言を受け、宣誓供述を選択した。

被告人が宣誓し、証言した。

この前の日曜日、私は那覇に行きたかった。月曜日が祝日だったのでバスに乗って行き、琉貿ストアの近くで降りた。裁判所の辺りにたくさんの人がいたのでそこに行ってみた。法廷で裁判が行われていると聞き、私は傍聴したいと思った。警察官が立ち去るように私に命令したので、私は片方の靴を履いて立ち去ろうとしたが、そのとき逮捕された。

犯罪歴：なし。

事実認定（各起訴罪状に対する「有罪」または「無罪」の認定を示す。）：有罪。

刑（拘禁が懲役を伴うか否か、また、刑の起算日を記す。）：警告の上、釈放［Dismissed with warning］。

［署名］裁判官、陸軍少佐レイモンド・M・ピーク

二　PSD CACE No. C-255-54

Ｎ・Ｋ及び大峰林一、並びにＮ・Ｋの裁判で法廷侮辱罪に問われたＭ・Ｓの裁判手続の記録がここに収録されています。Ｎ・Ｋ及び大峰林一に対する告発状に記載された「犯罪内容」は、まったく同じで、「上記の者は民政府裁判所に於いて又吉一郎の裁判反対運動の集団に加はり、那覇地区警察署長の解散命令に応じなかった」（原文どおり）というものです。「犯罪時刻」も同じく午前十時四十五分です。大峰は事件後に那覇高校から退学処分を受けました。

Ｍ・Ｓは、法廷内で逮捕され、即刻、その場で裁判を受けたものと思われます。告発状は収録されていません。

（一）Ｎ・Ｋの裁判手続の記録

CASE NO. C-255-54, D-1278

琉球列島米国民政府／簡易軍事裁判所／中央司法地区／裁判手続の記録

開廷場所：那覇　開廷日：一九五四年九月二十二日

主宰官：ＵＳＣＡＲ簡易軍事裁判所裁判官　レイモンド・Ｍ・ピーク少佐

起訴罪状（簡潔に）：民警察の命令に対する不解散　二、二、四〇条

被告人氏名（年齢・性別・住所）：＊＊＊［Ｎ・Ｋ］（二七・男・那覇市＊区＊班）

通訳者：ヒガ　検察官：なし　弁護人：なし

答弁（各起訴罪状に対する「有罪」または「無罪」の答弁）：無罪。被告人は有罪もしくは無罪の答弁、または黙秘の意味と効果を告げられ、理解している。

検察側の証拠（必要があれば紙を追加せよ。証人の氏名住所を掲げ、証拠物を特定せよ。）：

那覇地区警察署の喜久里伸巡査が宣誓し、証言した。私は被告人を知っている。五四年九月二十日午前十時四十五分頃、私は米国民政府の法廷付近で被告人を見た。そこには又吉の裁判を傍聴するために集まった大勢の人たちがいた。たいへん騒がしいので那覇署長が群衆に向かって立ち去るように命令を出した。その命令後、被告人が人々の前に立ち上がり、両手を挙げて、群衆に向かって「立ち去るな」と言った。三回ほど言っていた。私たちは命令を受け、民警察の命令に対する群衆不解散の二、二、四〇条違反の疑いで被告人を逮捕した。被告人は群衆の中に座り込んでいたので私は彼の腕をつかんで那覇警察署に連行した。

弁護側の証拠：被告人は彼の権利について助言を受け、宣誓供述を選択した。

被告人は宣誓し、証言した。私は那覇市場で働いている。市場で働く人から月曜日に又吉が裁判を受けると聞いたので私はそこに行った。私は退去命令を聞かなかったが、警察が警棒を持っているのが見えた。私はその場から離れたかったが、群衆の外に出ることができなかった。私は群衆に立ち去るなと言った。

犯罪歴：なし。

事実認定（各起訴罪状に対する「有罪」または「無罪」の認定を示す。）：有罪。

刑（拘禁が懲役を伴うか否か、また、刑の起算日を記す。）：懲役三十日。起算日一九五四年九月二十二日。

［署名］裁判官、陸軍少佐R・M・ピーク

（二）大峰林一の裁判手続の記録

CASE NO. C-255-54, D-1279

琉球列島米国民政府／簡易軍事裁判所／中央司法地区／裁判手続の記録

開廷場所：那覇　開廷日：一九五四年九月二十二日

主宰官：ＵＳＣＡＲ簡易軍事裁判所裁判官　レイモンド・Ｍ・ピーク少佐
起訴罪状（簡潔に）：民警察の命令に対する不解散　二、二、四〇条
被告人氏名（年齢・性別・住所）：大峰林一［OMINE, Rinichi］（一八・男・那覇市＊区＊班）
通訳者：ヒガ　検察官：なし　弁護人：なし
答弁（各起訴罪状に対する「有罪」または「無罪」の答弁）：無罪。被告人は有罪もしくは無罪の答弁、または黙秘の意味と効果を告げられ、理解している。
検察側の証拠（必要があれば紙を追加せよ。証人の氏名住所を掲げ、証拠物を特定せよ。）：
那覇地区警察署の警察官安室健二［AMURO, Kenji］が宣誓し、証言した。
私は被告人を知っている。五四年九月二十日十時四十五分頃、私は法廷付近で被告人を見た。那覇警察署の警察官が群衆の前に立ち、彼らに向かってその場から立ち去るように告げた。その警察官は、警察官命令に従わない者は逮捕されると警察官全員に対して命令した。警察官の退去命令後、被告人は座り込んで大声を発し、「警察官らを民主的な警察官と呼べるだろうか」と警察官に対して言った。多くの人々は警察命令に従ったが、被告人は警察官らをアメリカのロボットと呼んだ。被告人は立ち去ろうとしなかったので、私は、民警察の命令に対する集会不解散の二、二、四〇条違反の疑いで被告人を逮捕した。
那覇地区警察署の喜久里伸巡査が宣誓し、証言した。
私は被告人を知っている。五四年九月二十日午前十時四十五分頃、那覇警察署の署長が群衆に対し、米国民政府裁判所の法廷付近から立ち去るように命令したとき、被告人は群衆の中に座り込んでいた。被告人は「あなたたちを民主的な警察官と呼べるだろうか。あなたたちはアメリカのロボットか」と言った。彼は、命令されたのに立ち去らないので逮捕された。
弁護側の証拠：被告人は彼の権利について助言を受け、宣誓供述を選択した。

被告人は宣誓し、証言した。現在私は無職である。私は仕事を探していたのでユースカーに行った。そして裁判所の付近に大勢の人たちがいたので私もそこに行った。友人に会い、彼から一緒に話を聞きに行こうと誘われたが、あまり話は聞こえなかった。警察署長が群衆に向かって立ち去るように命令した。私は友人に立ち去ろうと言った。私は警察官に人々を立ち去らせるのは民主主義に反すると言った。

犯罪歴：なし。

事実認定（各起訴罪状に対する「有罪」または「無罪」の認定を示す。）：有罪。

刑（拘禁が懲役を伴うか否か、また、刑の起算日を記す。）：懲役三十日。起算日一九五四年九月二十二日。

［署名］裁判官、陸軍少佐R・M・ピーク

（三）M・Sの裁判手続の記録

CASE NO. C-255-54, D-1280

琉球列島米国民政府／簡易軍事裁判所／中央司法地区／裁判手続の記録

開廷場所：那覇　開廷日：一九五四年九月二十二日

主宰官：USCAR簡易軍事裁判所裁判官レイモンド・M・ピーク少佐

起訴罪状（簡潔に）：法廷侮辱

被告人氏名（年齢・性別・住所）：＊＊＊［M・S］（男）

通訳者：ヒガ　検察官：なし　弁護人：なし

答弁（各起訴罪状に対する「有罪」または「無罪」の答弁）：無罪。被告人は有罪もしくは無罪の答弁、または黙秘の意味と効果を告げられ、理解している。

検察側の証拠（必要があれば紙を追加せよ。証人の氏名住所を掲げ、証拠物を特定せよ。）：

被告人は、一九五四年九月二十二日午前十時頃、審理中の法廷で、不解散罪で懲役三十日の刑に処された受刑者N・Kが法廷から出て行こうとするときに言葉を投げかけた。吐き捨てるような大声で「馬鹿げた裁判だ。心配するな」［It was a nonsense trial, do not worry.］と。

那覇地区警察署の奥村幸栄［OKUMURA, Koei］が宣誓し、証言した。

五四年九月二十二日午前十時頃、被告人N・Kが二、二、四〇条違反で裁判を受けた。裁判後、Kがドア付近の椅子に行き、着席した。そのとき被告人が法廷の北側の入口から来て、Nに向かって馬鹿げた裁判だ、心配するなと言ったので、私が彼を逮捕した。警察官喜久里伸もこの発言を聞いた。

弁護側の証拠：被告人は次のように述べた。今朝、Nが懲役三十日の刑を言い渡され、落ち込んでいたので、私は彼に近づき、心配するなと言った。私はこの法廷について文句を言ったのではなく、Nを励まそうとしただけである。Nの激励が主な目的である。法廷での振る舞いについては申し訳なかった。

事実認定（各起訴罪状に対する「有罪」または「無罪」の認定を示す。）：有罪。

刑（拘禁が懲役を伴うか否か、また、刑の起算日を記す。）：懲役三十日、但し素行良好を条件として執行猶予一年。

［署名］裁判官、陸軍少佐レイモンド・M・ピーク

（1）「人民党員の母の嘆き／ピーク判事への感謝の涙」の見出しでY・Mの母親のことが記事になっています（琉球新報一九五四年十月二十一日）

第四章　瀬長・又吉裁判

一　新しい供述

九月二十七日に懲役一年の実刑に処されたAは、「目から涙を流し男泣きに泣き乍ら『仕方がないではないか』と唯一言」述べたといいます。畠は一九五七年の手記で、この一言が「真相」を明かす決め手になったと書きました。[1] 十月八日に開かれた瀬長の予備審理手続の記録では、瀬長の関与があったのは「七月二十日またはその頃」とされました。米国民政府公安部は、この新供述を得て、十月六日午後六時半の瀬長逮捕に踏み切ったと推測できます。

瀬長に対する告発状は、予備審理で「引き裂かれた」とあり、残されていません。十月十一日の裁判準備手続で、この経緯が問題にされます。一九四九年布令一号一、四、三条は、予備審理において、「若し罪が軽罪である時は裁判所は直ちに被告人の裁判手続（trial）に入る事が出来るが、但し本法の一、三、三項に反してはならない」と規定しました。その一、三、三条a号は「裁判（trial）に先立って、それに基ずき裁判せられるべき処の起訴の写し（a copy of the charges）を受くること」を被告人の権利として明記しました。瀬長は、この「裁判」に予備審理が含まれると解釈し、告発状（裁判準備手続の記録の中では「起訴状」）が引き裂かれたことを問題にしました。なお、この点について翌年の布令一四四号一、三、三条A号は「裁判（trial）または予審（preliminary hearing）に先だち、起訴状（a copy of the written charges）を手交される」と改めました。

瀬長は、那覇署の巡査から示された告発状では「八月十日になっているのに、太田のには七月二十日になっている。『おい君、俺を誰が起訴するかはっきりせんか』と一喝したらさすがに太田は参ってしまった」と回想しています。[2] オータは米国民政府公安部の検察官です。これは推測ですが、「瀬長氏に対する軍からの逮捕状執行下命はなんの前触れもなく退庁時になってから突然のことだった」とされますので（琉球新報十月八日）、那覇署は、前述の新供述のことを知らされずに、瀬長を逮捕したのかもしれません。

他方、「八月十日」頃に関与したとされて裁判を受けていた又吉は、上級軍事裁判所で瀬長と併合して「新しい裁判」を受けることを選択しました。

（一）瀬長亀次郎の予備審理手続の記録

CASE NO. C-238-54, SD-267

琉球列島米国民政府／簡易軍事裁判所／中央司法地区／予備審理手続の記録

開廷場所：那覇　開廷日：一九五四年十月八日

主宰官：USCAR簡易軍事裁判所裁判官　レイモンド・M・ピーク少佐

起訴罪状（簡潔に）：幇助［Aiding and Abetting］（二、二、三一）、偽証（二、二、一八）

被告人氏名（年齢・性別・住所）：瀬長亀次郎（男・那覇市十区十二組）

通訳者：［空白］　検察官：［空白］　弁護人：［空白］

答弁（各起訴罪状に対する「有罪」または「無罪」の答弁）：［空白］

検察側の証拠（必要があれば紙を追加せよ。証人の氏名住所を掲げ、証拠物を特定せよ。）：

検察官は簡潔に次の犯罪事実を述べた。第一に、瀬長亀次郎は一九五四年七月二十日またはその頃、畠義基の民政府布令一二五号七章三〇条違反の行為を不当に幇助した。第二に、瀬長亀次郎は、一九五四年九月二十七日、那覇で開かれたR・M・ピーク少佐の主宰する簡易軍事裁判所で故意に虚偽の宣誓供述をした。

検察は、次の理由で瀬長亀次郎が公判期日まで保釈なく勾留されることを請求した。検察官は、一九五四年九月十六日の被告人又吉一郎の予備審理の記録を示した。この公判記録によれば、証人Aは、次のように公判廷で宣誓証言した。お盆の二、三日前［八月十日頃］に畠義基が彼の家に来た。畠がAの家に連れて来られた日の早朝に瀬長が彼の家に来て、畠義基、又吉一郎、上原盛徳、そして運天義雄が集まるまで、そこに滞在した。証人Aは反対尋問を受け、次のように明言した。「彼らが私を取り調べたとき私は真実を隠そうとしたが、私の父が何もかもすでに話したのだから真実を隠す必要があるのか、と捜査官が私に言った。それから私は全部を話した」と。これは瀬長亀次郎が畠義基を幇助した蓋然性を示す十分な証拠であると考える。検察は、この犯罪の成立に必要な各要件を証明する完全な証拠を有している。しかし過去の経験からいえるのは、証人らが干渉され、脅迫されうることであり、検察としては本日の公判で証人らを召喚しようとは考えていない。

第二の偽証の起訴罪状については、一九五四年九月二十四、二十七、二十八日に開かれたAの公判記録の写しを持参している。これによれば、一九五四年九月二十七日、被告人瀬長亀次郎は、自己負罪拒否の権利を告げられた上で宣誓し、次の内容の証言をした。「私の名前は瀬長亀次郎である。私は立法院の一員である。住所は那覇十区十二組である。上原康行の家にいたという点に関する供述は事実ではない。上原康行を訪ねた点について、私の答えは、一九五四年にただの一度もそこに行っていない。私は畠をよく知っている。私は彼が今年になって当局から指名手配されたことを知っている。私は彼の潜伏中に彼に会っていない。私は本件の被告人のことを知っている。私は被告人が畠の潜伏中に畠を幇助したことについて直接には何も知らない」。裁判所は、私が引用した以上の二点の記録から、宣誓下でまったく矛盾する供述がなされたことを理解できるだろう。検察としては、被告人瀬長亀次郎が偽証したことを示す十分な証拠を提出する予定である。通常であれば、検察は保釈なしの勾留を請求しないが、被告人が、この裁判所に出廷した何人かの証人らに干渉したことを示す証拠があることから、仮に裁判まで保釈されて自由を認められれば、被告人があらゆる手段を使って保身に走ることは間違いないと考える。

裁判官は瀬長に対し、これ以上、裁判の公平、その他これに類することを法廷内で発言すれば、法廷侮辱で拘束されることになるだろうと告げた。

瀬長は謝罪した。裁判官ではなく、総じて検察の姿勢を問題にしたという。

［瀬長は次のように続けた。］裁判所は、今日は証人が来ないと私に述べたが、私を訴えるための証人であれば、私としても証人申請を要するので彼らが必要である［I want them to produce same as I need witness to accuse me.］。証人が証言台に立たない予備審理は公正ではない。通訳者の問題があるというのであれば、私たちが別の者を連れて来てもよい。

通訳者としてハナシロ［Hanashiro］が法廷に入り、宣誓し、審理が続けられた。

［瀬長］検察から裁判所に対して私の起訴罪状について説明があった。その起訴罪状は、検察の単なる観念の産物であるにすぎない。検察の述べたことで私に対する起訴罪状を明確に説明するものは何もなかった。その理由はこうである。畠の事件の裁判が進むにつれ、私自身がこれに関係していると主張されるようになった。しかし、それは上原康行とAの証言によって、そうであるとみなされただけである。もう一つの理由は、仮に検察官が起訴罪状を裏付ける一人の証人も提出できないのであれば、法廷で犯罪事実が成立することはない。もし犯罪事実がユースカーの行政部門に属する検察官の思い通りに作り出され、そして裁判所で認められてしまうならば、誰であろうと日本人は検察官の思い通りに刑事訴追されてしまうことになる。これは間違っている。もし私が検察の考え出した犯罪事実で裁かれるようなことになれば、この検察は行政部門に属するのであるから、裁判官は、立法部門と行政［原文では「司法」］部門から区別されて独立した司法権を正しく行使していない、と私は述べたい。つまり、裁判官がこの予備審理で被告人に公正な裁判を受けさせたいのであれば、裁判官は、行政部門に属する検察官に起訴罪状の証明を要求すべきである。

私の保釈の是非について、検察は釈放すべきではないと裁判所に意見を述べた。検察の考える理由はこうである。Aが圧力を受けた証拠があり、もし私を釈放したら、同じことが再び起こるというのである。しかし、これは理由にならない。畠、A、康行の三名は有罪判決を受け、現在は沖縄刑務所で服役している。反対に考えられるのは、検察自身が受刑者らに圧力をかけ、彼らから自白をとろうとすることである。

被告人は上級裁判所に付された。

裁判まで勾留される。

事実認定（各起訴罪状に対する「有罪」または「無罪」の認定を示す。）：上級裁判所に付す。

刑（拘禁が懲役を伴うか否か、また、刑の起算日を記す。）：［空白］

［署名］ 裁判官、陸軍少佐R・M・ピーク

（二）瀬長亀次郎に対する起訴状

CASE NO.［空白］

琉球列島米国民政府／民政副長官室／上級民政府裁判所／中央司法地区

起訴状

場所：那覇　日付：一九五四年十月九日

被告人瀬長亀次郎（男・四八・那覇市十区十二組）は以下の罪の容疑で訴追される。

起訴罪状一：一九四九年七月五日施行軍政府布令一号刑法及び訴訟手続法典二、二、三一条違反

犯罪事実：瀬長亀次郎は、一九五四年七月二十日またはその頃、畠義基なる者の一九五四年二月十一日付民政府布令一二五号七章三〇条違反の行為を不当に教唆し、幇助した［did … advise and assist］。

起訴罪状二：一九四九年七月五日施行軍政府布令一号刑法及び訴訟手続法典二、二、一八条違反

犯罪事実：瀬長亀次郎は、一九五四年九月二十七日、那覇の簡易軍事裁判所で故意に虚偽の宣誓供述をした。すなわち「私は一九五四年にただの一度も上原康行の家を訪ねていない。私は畠の潜伏中に彼に会っていない。」

と述べた。

起訴罪状三：一九四九年七月五日施行軍政府布令一号刑法及び訴訟手続法典二、二、三一条違反

犯罪事実：瀬長亀次郎は、一九五四年九月二十日またはその頃、不当にAに対し、那覇の簡易軍事裁判所で故意に虚偽の宣誓供述をして刑法及び訴訟手続法典二、二、一八条に違反することを教唆した。

起訴罪状四：一九四九年七月五日施行軍政府布令一号刑法及び訴訟手続法典二、二、三一条違反

犯罪事実：瀬長亀次郎は、一九五四年九月上旬の豊見城の選挙期間中、不当に上原康行に対し、那覇の簡易軍事裁判所で故意に虚偽の宣誓供述をして刑法及び訴訟手続法典二、二、一八条に違反することを教唆した。

訴追者の署名：ロナルド・M・オータ

証明書

上記の起訴罪状と犯罪事実が通訳を通して被告人に対して読み上げられ、起訴罪状の性質と被告人の権利が説明された。

署名：ロナルド・M・オータ

命令

上記起訴罪状は、裁判所指定の日時に那覇の（簡易・上級民政府裁判所）~~（軍事委員会）~~の審理に付される。

公安部・部長：P・H・スキューズ

この起訴状は私によって一九五四年　十　月　九　日に受領された。

被告人の署名：Kamejiro Senaga[3]

（三）瀬長亀次郎の裁判準備手続の記録

CASE NO. C-238-54

琉球列島米国民政府／上級軍事裁判所／中央司法地区／裁判準備手続の記録
開廷場所：那覇　開廷日：一九五四年十月十一日
主宰官：シリル・E・モリソン［Cyril E. Morrison］
起訴罪状（簡潔に）：在留取消後の琉球列島在留教唆及び幇助［Advising and assisting］、偽証、偽証教唆。布令一二五号三〇条、布令一号二、二、一八条、二、二、三一条。
被告人氏名（年齢・性別・住所）：瀬長亀次郎（四八・男・那覇市十区十二組）
通訳者：ハリー・ハナシロ、ミノル・ミヤシロ　検察官：ロナルド・M・オータ　弁護人：島袋嘉順（代理人）
答弁（各起訴罪状に対する「有罪」または「無罪」の答弁）：なし。
検察側の証拠（必要があれば紙を追加せよ。証人の氏名住所を掲げ、証拠物を特定せよ。）：
被告人から裁判官レイモンド・M・ピーク宛の一九五四年十月九日付書簡については説明を要しないので添付しておく。裁判所は、被告人が起訴状の写しの受取りを拒んだという連絡を受けたので、被告人瀬長に対し、起訴状の内容を被告人に伝えるために、この手続が行われることを通知した。

被告人は、修正された起訴状の写しを受け取らなかった理由について次のように述べた。検察官オータが出席し、裁判官ピークの面前で開かれた予備審理で、検察官の所持する起訴状［琉球政府警察局の告発状を指す］が被告人に示されなかった。それは引き裂かれてしまった。予備審理では、次の二点が行われねばならない。第一に被告人は起訴状の写しを示されねばならない。第二に予備審理の終了を判断するのは当該予備審理の裁判官でなければならない。これらは行われなかった。新しい起訴状が検察官によって起案され、検察官がこれを刑務所にいる被告人のもとに届けに来たが、被告人はその受取りを拒んだ。起訴状に関する被告人の見解によれば、それは予備審理で裁判官に示されたものでなければならない。その予備審理で裁判官は起訴罪状が重罪であるか、軽罪であるかを判断し、その上で事件が上級裁判所または簡易裁判所に付される。予備審理で用いられた起訴状は、英語で書かれており、その後に日本語に訳された。裁判官も検察官も起訴状の原物を知らない。事件管轄の決定がない段階で、起訴状が検察官によって引き裂かれた。被告人は、その理由を知りたいと述べた。

これに対して検察は、簡易裁判所裁判官に予備審理を終了させる権限があるという瀬長氏の説明について、瀬長氏は、いつものように事実をねじ曲げていると述べた。本日の法廷を主宰する裁判官ピークは、予備審理でも最終的に事件を上級裁判所に付すと判断し、被告人の勾留を命じた。その後で検察は、保釈なき勾留に反対する被告人の答弁に対し、反論する最後の機会を求めた。というのも検察の反論は被告人がその前に述べたことに対して認められるだけであるから、反論の提出後にさらに議論が続けられることはないと考えたからである。この反論が終ったとき、公安部のオオヒラ［OHIRA］氏が、彼（検察官）に対し、彼（検察官）の妻が重病であるという緊急の電話が入ったと知らせた。彼は急いで裁判官ピークに閉廷か否かを尋ね、裁判官が肯定したので、検察官は詫びながら直ちに帰宅した。これは予備審理を短縮するために仕組まれたことではない。公衆衛生部の部長であるレーン［Lane］医師と公安部のスキューズ部長が直ちに彼（検察官）の家に向かった。

（島袋氏が一六時五分頃に法廷に入った。）

起訴状については、簡易裁判所の予備審理では、必ずしも起訴状の書面は必要ではない、というのが検察官の考えである。審理を始めるにあたって検察官は口頭で裁判所に起訴罪状と犯罪事実を知らせ、これに基づき裁判所が被告人を簡易裁判所または上級裁判所に付す。本件は沖縄の民裁判所の管轄に属するものではないので、上級裁判所に対して正式の起訴状を発付することのできる部局は、公安部の検察局だけである。被告人瀬長亀次郎の予備審理で、検察官は、被告人に対する起訴状を作成した那覇警察署の警察官が、その写しを裁判所と被告人に提示していたのを見た。検察は裁判所に対し、その起訴状が検察官によって準備されたものではなく、無効であることを説明した。検察官は、瀬長氏が述べたとおりで、その引き裂かれた起訴状の紙切れを持っていると述べた。しかし被告人の権利は、検察官の行為によって決して損なわれなかった。彼は公判廷で起訴罪状と犯罪事実を告げられた。彼の公判期日はまだ設定されていなかった。検察が必要であると考えれば、完全に新しい起訴状に新しい起訴罪状を加えることができたのであり、新しい起訴罪状を支える根拠があれば、被告人にこれを示したからといって被告人の権利は損なわれない。被告人が述べたように、検察官は公安部の通訳官であるヤスイ［YASUI］氏を介して瀬長氏に正式の起訴状を届けた。現在、裁判所にあるものがそれである。そのとき瀬長氏は、これらの容疑は嘘ばかりであると言い返し、起訴状に署名しようとしなかった。検察官は、起訴状への署名は単にその受領を確認するためであり、彼に対する起訴罪状と犯罪事実が真実であることの承認を決して意味するものではないと説明した。検察官は、警察でいえば警部に相当する職位の刑務所職員を呼び出し、その面前で起訴罪状と犯罪事実を再び読み上げ、説明を行った。

予備審理における起訴罪状の一つは、二、二、三一条違反であった。検察官は、今回の起訴罪状一及び二と同様の起訴罪状を予備審理の場で読み上げた。検察官は起訴状の書面の存在を知らなかった。彼は口頭で起訴罪状を提出した。布令一号一、四、三、一条は書面による起訴を要求していない(4)。

瀬長氏は島袋嘉順を彼の特別代理人としたいと申請した。在廷する島袋嘉順氏は、瀬長氏の特別代理人を務めたいと述べた。

被告人は、事実をねじ曲げたという検察官の主張に対し、そのつもりはないと述べた。被告人が述べようとしたのは、裁判官ピークが審理を閉じたか否か、検察官が妻に会いに行くために出ていったか否かではない。被告人が述べたかったのは単に次のことである。すなわち彼の予備審理に提出された起訴状は、起訴状であるのに、検察官も裁判官も、その原物については知らないと決め込み、ようやくそれが那覇警察署によって書かれたものであることを思い出したこと、そしてこの起訴状は提出されたのに、引き裂かれたことである。被告人瀬長は、なぜこんなことが行われたかを知りたいと述べた。

裁判所は公開の法廷で起訴罪状を日本語で読み上げるように指示した。裁判所は起訴状の写しを受け取るように被告人に提案した。被告人は同意し、受取りを認めた。

被告人は公判期日まで答弁を控えたいと述べた。

被告人と特別代理人は一九五四年十月十四日午前九時三十分の公判に備える用意があると述べた。

事実認定（各起訴罪状に対する「有罪」または「無罪」の認定を示す。）：なし。上級裁判所に付す。

刑（拘禁が懲役を伴うか否か、また、刑の起算日を記す。）：なし。

［署名］裁判官、シリル・E・モリソン

（四）又吉一郎に対する起訴状

CASE NO.［空白］
琉球列島米国民政府／民政副長官室／上級民政府裁判所／中央司法地区
起訴状
場所：那覇　日付：一九五四年十月十三日
被告人　又吉一郎（男・三八・真和志市栄町五班三十八番）は以下の罪の容疑で訴追される。
起訴罪状一：一九四九年七月五日施行軍政府布令一号刑法及び訴訟手続法典二、二、三一条違反
犯罪事実：又吉一郎は、一九五四年七月二十日またはその頃、畠義基なる者の一九五四年二月十一日付民政府布令一二五号七章三〇条違反の行為を不当に教唆し、幇助した［did … advise and assist］。
起訴罪状二：一九四九年七月五日施行軍政府布令一号刑法及び訴訟手続法典二、二、三一条違反
犯罪事実：又吉一郎は、一九五四年九月上旬の豊見城の選挙期間中、不当に上原康行に対し、那覇の簡易軍事裁判所で故意に虚偽の宣誓供述をして刑法及び訴訟手続法典二、二、一八条に違反することを教唆した。
告発者の署名：ロナルド・M・オータ

証明書

上記の起訴罪状と犯罪事実が通訳を通して被告人に対して読み上げられ、起訴罪状の性質と被告人の権利が説明された。

署名：ロナルド・M・オータ

命令

上記起訴罪状は、裁判所指定の日時に那覇の（簡易・上級民政府裁判所）~~（軍事委員会）~~の審理に付される。

公安部・部長：P・H・スキューズ

この起訴状は私によって一九五四年十月十三日に受領された。

被告人の署名：又吉一郎

（五）統一公判に関する裁判官メモ

一九五四年十月十三日

被告人又吉一郎は、米国民政府裁判所裁判官ピークの前に出頭し、次のように述べた。私の起訴状によれば、私は畠義基の逃走の幇助［assisting］の罪状で起訴されており、これは瀬長の起訴罪状と同じであると思われるから、私たちは合同で審理されるべきであると考える。私は、裁判所に対して私たちの裁判を同じ日にするように求めたい。また、そのために裁判所から新しい裁判［a new trial］を始めるという命令を出してもらいたい、と。

被告人又吉は、瀬長亀次郎の裁判が明日の一九五四年十月十四日午前九時三十分から上級裁判所で開始される予定であることを告げられた。

検察からは、新しい裁判を認めることについて異議が出なかった。又吉の弁護人であった瀬長亀次郎が現在は勾留中であり、新しい裁判が認められるべきであるという理由からである。

裁判所は新しい裁判の申立てを認め、被告人は、一九五四年十月十四日午前九時三十分に瀬長亀次郎とともに上級裁判所で審理されることになった。

被告人は、一九五四年十月一日の公判で、公判期日について、検察官が十日間の延期を申し出て、そしてピーク裁判官が、もし十日以内に検察官により充分な証拠が提出されなかった場合は、裁判官が裁判を終了させると述べた点について、それが今はどうなっているのかと述べた。

裁判所から被告人に対して状況の説明があった。

［署名］簡易軍事裁判所裁判官、陸軍少佐R・M・ピーク

二　米国 vs. 瀬長亀次郎、又吉一郎

瀬長・又吉裁判は、瀬長によれば、「私の弁護人も認めず、私の質問も事実上拒否するという暗黒裁判そのもの」でした[5]。前述のとおり、被告人は「裁判に於て、防御する為に自らの選択にかかる弁護士又はその他の代理人をもつこと」ができました（一九四九年布令一号一、三、三条b項）。しかし畠と上原康行の裁判は、いわゆる即決の裁判ではありませんでしたが、弁護人が付きませんでした。又吉とAの裁判の弁護人は瀬長が務めましたが、瀬長・又吉裁判では、又吉の代理人を島袋嘉順が務め、瀬長は、日本からの弁護士派遣が認められなかったため、瀬長自身が自己代理人となるほかありませんでした。それにしても彼らは法律家ではなく、アメリカの刑事手続の専門家でもありませんでした。

弁護人については、別の角度からも問題を指摘できます。一九四九年布令一号一、三、三条b項には、実は後段の規定がありました。しかし、その一文が沖縄民政府公報一九四九年七号の同布令訳から抜け落ちていました。

それは裁判所による指定弁護人の規定でした（The court may, at the request of the defendant, or on its own motion, assign to him an attorney to assist in the defense of the case.)。一九五二年の琉球政府立法院事務局調査室編『琉球法令集（布告・布令）（指令）』でも訳出されていません。沖縄県公文書館の琉球政府文書「軍政府布令/Military Government Ordinance 1949年第001号～第002号」（Web公開15コマ目）をみると、「裁判所は被告の要請により又は自発的に当該事件の弁護を援助する為指定（又は特別）弁護人を指定することが出来る」という後段の訳文が、もともとはなく、後から書き込まれていることが分かります。瀬長らは、この指定弁護人の規定のあることを知らされた上で、これを拒み、自己代理人の方法を選択したのでしょうか。それとも裁判所は「当該事件の弁護を援助する」ことにさほど前向きではなかったのでしょうか。ちなみにこの時期の米国民政府裁判所で弁護人をしていたのは安里積千代、新垣正安、金城信範、儀武息茂、島袋源正、下里恵良、下地寛忠、城間盛雄、田畑源一、知念朝功、仲村兼仁、平田清祐、牧野博嗣、ロイ・K・ナカダなどです。

瀬長・又吉裁判の公判記録は、索引付きの表紙（資料6）が付されており、全部で六六頁です。最初に上原康行、A、畠義基、上原盛徳、そして運天義雄らが検察側証人として出廷します。これに対して弁護側は、彼らの新供述が検察側の不当な働きかけによるものであることを追及しようと試み、さらにアリバイ証人を申請し、無罪を主張します。

CASE NO. C-238-54

琉球列島米国民政府／上級軍事裁判所／中央司法地区／公判手続の記録

開廷場所：那覇　開廷日：一九五四年十月十四、十五、十八、二十一日

主宰官：USCAR簡易軍事裁判所裁判官　シリル・E・モリソン

起訴罪状（簡潔に）：在留取消後の琉球列島在留の教唆及び幇助［Advising and assisting］、偽証、偽証教唆。布

令一二五号三〇条、布令一号二、二、一八条、二、二、三一条。
被告人氏名（年齢・性別・住所）：瀬長亀次郎（四八・男・那覇市十区十二組）又吉一郎（三八・男・真和志市栄町五班三十八番）
通訳者：ミノル・ミヤシロ、ラルフ・ハラダ　検察官：ロナルド・M・オータ
弁護人：瀬長：本人による代理［Self-represented］　又吉：島袋嘉順（代理人）
答弁（各起訴罪状に対する「有罪」または「無罪」の答弁）：
瀬長：起訴罪状の四つ全部について無罪。
又吉：二つの起訴罪状について無罪。
検察側の証拠（必要があれば紙を追加せよ。証人の氏名住所を掲げ、証拠物を特定せよ。）：
フローレンス・ヤマヨシ［Florence Yamayoshi］氏が法廷記録者として宣誓した。ラルフ・ハラダとミノル・ミヤシロが法廷通訳者として宣誓した。
一九五四年十月十四日午前九時三十分開廷。
検察官が次のように述べた。もともと本日の公判は、被告人瀬長亀次郎単独の公判を予定していたが、被告人又吉一郎の申出により、検察は、両当事者において手続進行の準備が整っているという理解のもとで併合審理に同意した。被告人又吉の申出に基づき、（次頁を見よ）
事実認定（各起訴罪状に対する「有罪」または「無罪」の認定を示す。）：
瀬長：起訴罪状の四つ全部について有罪。
又吉：起訴罪状一について有罪。起訴罪状二について無罪。
刑（拘禁が懲役を伴うか否か、また、刑の起算日を記す。）：
瀬長：懲役二年、起算日一九五四年十月六日。

又吉：懲役一年、起算日一九五四年九月二十二日。
［署名］　裁判官、シリル・E・モリソン

［ここから二頁以下］簡易軍事裁判所に提出された事実及びその予備審理は無効とされ、又吉は本日をもって新しく裁判を受ける。

裁判所の質問に対し、被告人又吉は、事実審理に入る前に島袋嘉順を特別弁護人とすることを裁判所に申請したいと述べた。島袋氏は被告人又吉の代理人となる用意ができていると述べた。さらに彼は、一九五四年十月十一日に被告人瀬長の特別代理人として指名されたが、そのときは被告人又吉と被告人瀬長の併合審理に関わるとは認識していなかったので、今回は瀬長氏の特別代理人を辞退し、又吉氏の特別代理人を務めたいと述べた。彼はその理由をさらに次のように説明した。一九五四年十月十一日に裁判所から被告人瀬長の特別代理人として指名され、それから手続に関わり、翌日の午前八時から午後五時まで、その次の十三日も午前八時から午後五時まで［被告人と打ち合わせをしたが］、しかし、同日午後三時頃、那覇警察署で被告人瀬長と打ち合わせているとき、被告人又吉一郎が来て、被告人瀬長との本日の併合審理について、ユースカー公安部のスキューズ部長から連絡があったと述べた。こうして又吉氏が島袋に弁護を依頼することになった。那覇警察署でこの点を彼らが相談した結果、彼が被告人又吉の代理人となることが決まり、そのようにスキューズ氏に報告された。しかし被告人二名を弁護するための準備期間が短く、被告人瀬長の特別代理人を続けることは不可能であるため、相談の上、彼は被告人又吉の代理人となり、被告人瀬長の特別代理人を辞退することを決めた。そこで彼は、瀬長の特別代理人を降り、又吉の特別代理人としてあらためて指名されることを要求した。裁判所は、島袋氏に対し、裁判所が彼を瀬長の代理人に指名したのではなく、彼は瀬長氏から依頼されたと伝えた。

検察官は、両当事者がこれ以上の遅延なく裁判を進行させる用意があるとすれば、瀬長氏に弁護人が付くか否かは問題ではないと述べた。もし用意がないのであれば、検察官としては、瀬長の事件を先に進め、又吉の事件は別の機会に審理することを裁判所に要求した。

瀬長氏は、次のように検察に通告したいと述べた。一昨日に自分で自分の特別弁護人になることができると聞き、これについて特別弁護人及び被告人又吉と相談した結果、彼は、自分の弁護人を自分で務めることにすれば、特別弁護人は又吉を弁護することができると考えた。しかし瀬長氏は、次回の公判期日については、特別弁護人を選任したいと述べた。

被告人両名は裁判を進める準備ができていると述べた。瀬長氏は弁護人なしで審理され、島袋氏は又吉氏の代理人を務める。（瀬長氏の申出により五分間の休憩。）

起訴状が検察官によって英語で読み上げられ、次いで通訳者によって日本語で読み上げられた。被告人らがそれぞれ全訴因について無罪の答弁をした。

検察官による冒頭陳述：

本件の弁護側は、先行する他の関係者の審理で成功したように、少しでも可能とみれば、論点を混乱させようとするだろう。裁判所は、以前の審理で事実がねじ曲げられたことを知ることになるが、これに対して弁護側は、以前の審理で証人らが虚偽の証言をするように［検察側から］強制または不適当に説得されたと間違いなく主張するだろう。しかし検察は、裁判前の捜査で証人らが［弁護側から］干渉を受けたことを示すたくさんの証拠を突きとめた。さらに検察は、何者かが沖縄刑務所に隣接した屋根の上に拡声器を備え付け、刑務所内に拘禁されている証人となりうる者らに対して影響を及ぼそうとしたことを知った。こうしたこともあったので、他の点も考慮して、本件の重要証人らは幾つかの地区警察署で保護的拘禁下に置かれた。弁護側は再び裁判所に対し、検察は違法な手段を使って証人らに証言をさせたと信じ込ませようとするに違いない。しかし検察は、本件の被告人らが合理的な疑いを超えて有罪であることを示すだけでなく、なぜ証人らが［弁護側からの干渉を受けて］偽証したか、そしてなぜ証人らが完全な真実を証言することに同意するに至ったかをはっきりと示したい。

被告人瀬長が発言の許可を求めた。裁判所は瀬長に対し、検察側の立証が一段落すれば、瀬長に冒頭陳述が認められると告げた。

上原康行が宣誓し、証言した。

私の名前は上原康行である。住所は豊見城村字田頭＊番である。職業は農業である。私は畠義基を知っている。畠義基は私の家で逮捕された。彼は八月二十日頃に逮捕された。いや、八月二十七日か二十八日頃だった。彼は私の家に四十日間ほど滞在した。私が、畠に対する逮捕状が出ていることを知ったのは、刑事二名が私の家にやって来たときである。そのとき、畠はまだ私のところにいなかった。畠が私の家に来たのは、刑事らが私の家に来た二日後である。その日、私の家に二、三名の者が来た。それは明け方で私はまだ起きていなかった。私は瀬長氏に起こされた。瀬長は、畠が来るので、あなたのところに二、三日置いてほしいと言った。それから私は息子の部屋に行き、彼を起こした。私の息子は、瀬長氏から、どこかに向かうように告げられた。私の息子はそこに向かった。私の息子が出て行ってから、私はお茶を出したが、話をたくさんしたということではない。息子の部屋で瀬長氏にお茶を出し、瀬長氏は間もなく二名の者があなたの家にやって来ると言った。彼は二名と言った。その二名の名前は盛徳と義雄である。この二名が来たとき、ちょうど夜が明けた。彼らは私の家に来て、家の中に入り、私の息子の部屋に入った。瀬長氏がその部屋で彼らを待っていた。もちろん息子が向かった場所がどこであるかは知っている。それは我那覇集落のBの家である。息子はすぐに戻ってきた。彼は畠と一緒に戻ってきた。息子が戻る前に、盛徳と義雄、それから又吉がやって来た。又吉と畠はお茶を一杯飲み、横になった。横になったのも息子の部屋である。五名が息子の部屋にいたとき、彼らが何を話していたかは、はっきりと聞かなかった。私はずっと一緒に座っていなかった。瀬長氏はこの人である（瀬長を指し示しながら）。又吉はあの人である（又吉を指し示しながら）。私は、畠や私の息子、また私自身の事件では［真実を］証言しなかった。私はAの裁判で証人だった。私自身の裁判でも証言した。しかし私がAや私自身の事件で証言したとき、私は真実を証言しなかった。私は真実を述べることができなかった。私にそうしてはいけないと告げた者がいたからである。これは私が保釈されてからのことである。私は九月二日に釈放された。私に真実を述べないように、と述べたのは瀬長氏である。この話をしたのは路上であり、選挙運動期間中だった。そのとき瀬長氏が作り話と黙秘権について話した。他には何も言わなかった。私の息子の審理で行われた証言［the testimony given inmy son's hearing］は作り話である、と供述するように、私は言われた。(6) この他には、誰からも私の証言に関する指示はなかった。又吉氏はそのようなことを私に言わなかった。間違いない。これは真実である。現在、私は首里警察署にいる。十日前からそこにいる。私が首里警察署に行くように言われた理由は分からない。今日の証言については、私は誰からも何も言われていないし、強制もされていない。検察官から、特定の内容の証言をすれば特別な扱いを受けられるということは言われなかった。私が証言を変更したのは何かの理由があるからではない。今日の証言が真実である。

被告人瀬長が冒頭陳述をしたいと要求した。これは裁判所によって否定された。裁判所は被告人瀬長に対し、彼の冒頭陳述ができるのは検察側の立証が一段落してからであると告げた。被告人又吉の代理人である島袋が同じ要求をしたが、これも否定された。代理人は、この手続の進め方について異議を唱えられないのであれば、民主主義的な方法で裁判が進行しうるとは考えられないと述べた。裁判所は、今は反対尋問であれば、認められると述べた。裁判所は島袋に対して反対尋問を始めるように指示した。島袋は証人に対する反対尋問の前に、軍部から彼が受けた不正な取り扱いについて述べたいと述べた。裁判所は被告人瀬長または特別代理人が反対尋問をするように指示し、さもなければ証人が退席すると告げた。被告人瀬長は、後で反対尋問を行いたいと述べた。裁判所は後で反対尋問をすることは許されないと述べた。特別代理人は見解を繰り返すことはしないと述べた。裁判所は証人を退席させた。

Ａが宣誓し、証言した。

私の名前はＡである。豊見城村字田頭＊番に住んでいる。私は百姓である。私は畠義基を知っている。彼は一九五四年七月二十日頃には私の家にいた。それは夜明けの二、三十分前だった。私は父親に起こされた。瀬長氏がそこにいた。彼が私に我那覇、つまりBの家に行くように、と言った。私は行こうと答えて自転車を借りた。私は自転車を借り、そしてBの家に急いで行った。私は、そこに畠がいるのを見つけた。私はBの家に着いたとき、彼の母親に話しかけた。Bは五〇歳くらいである。彼の母親は四〇歳くらいである。Bの妻のことを言っている。私は「誰かここにいるか」と聞いた。そのとき私は、家の中には入らなかった。私は台所の近くに立っていた。彼女は誰も来ていないと答えた。帰ろうとしたとき、又吉氏に会ったので、私は畠がそこにいることを知った。彼は豊見城の村長である。彼は法廷にいる。彼は、私のすぐ前に座っている。彼は家の裏に行き、畠を見つけ、畠をあなたの家に連れて行ってほしい、私は自転車を借りるので、後から来るように、と私に言った。私は、彼の言ったとおりにした。私が家に帰ったとき、上原盛徳と運天義雄、又吉一郎、そして瀬長亀次郎が集まっていた。彼らは私の家の中の私の部屋で集まっていた。私は、この裁判所で行われた他の裁判で証言した。最初は又吉一郎の予備審理だった。その日付は覚えていない。八月二十日だったかもしれない［九月十六日］。そのとき私は真実を証言した［瀬長らの関与を肯定した］。その予備審理の記録によれば、彼らが私の家に集まったのは八月十日であり、お盆の二、三日前であるとされている。日付の点で違いがあるのは、そのように証言するように、私に言った者がいるからである。お盆の二、三前といえば八月十日頃であるが、何が理由でそのように証言するように言われたのかは、あまりはっきりと覚えていない。

先ほど、彼らが私の家に集まったのは七月二十日であると述べたのは真実である。又吉の予備審理では、彼らはお盆の二、三日前に集まったと証言したが、今の私の証言が正しい。予備審理では、お盆の二、三日前の十時頃にその人たちが来た、と証言するように私に言った者がいるが、その理由は分からない。私が覚えているのは、瀬長氏が、お盆の二、三日前［ではない］と証言するように、と私に言ったときのことである［I do remember that when Mr. SENAGA said to testify it was [not] two or three days before Obon.］(7)。私は、その次に又吉氏の裁判で証言した。そのとき私は［日付の点だけではなく、瀬長や又吉の関与についても］真実を証言しなかった。私がそのとき間違った証言をしたのは、否定せよと言われたからである。又吉の裁判の日である九月二十日に立法院で瀬長氏と昼食をした。そのとき瀬長氏が、そう述べるように、つまり否定せよと私に言った。瀬長氏は私に偽証罪について説明した。偽証罪の刑はたったの六か月であると言った。その意味は、偽証罪の刑はたったの六か月であるから、私は虚偽の証言をすべきであるということである。瀬長氏は立法院の一員である。私のすぐ目の前に彼が座っている（被告人瀬長を指し示しながら）。

被告人瀬長氏が反対尋問を後で行いたいと述べた。その理由は、上原康行の反対尋問を後で行いたいのと同じである。彼［瀬長］が、その前に彼の立場を説明できなければ、この裁判は事件の真相を解明できない。すでに検察はその立場を明らかにした。被告人瀬長にも裁判を進める前に、彼の立場を明らかにする機会があるべきである、と。裁判所は、後で反対尋問を行うことはできないと瀬長に告げた。同様に、又吉の代理人が、後で又吉の審理が行われるときに反対尋問を行いたいと述べた。裁判所は、審理は併合して進められるので、後で反対尋問を行うことはできないと代理人に告げた。すると島袋は、被告人又吉の特別弁護人として、裁判所は事件を公正かつ公平に裁くべきであると考えると述べた。瀬長氏も次のように述べた。裁判所によれば、弁護側がその立場を明らかにできるのは後になってからであり、今反対尋問をしなければ、後でそれをすることはできないのであるが、私もこの裁判に関する私の見解を表明し、同時にこの裁判所の性格を質しておきたい、と。この点について裁判所は、島袋に対し、弁護側は後で冒頭陳述を行うことができるが、反対尋問を後回しにすることはできないと説明した。しかし特別代理人島袋は、裁判所は検察には審理の始まる前に冒頭陳述の権利を与えたのに、弁護側には機会を与えなかった、弁護側は証人を反対尋問する前に立場を明らかにする機会を与えられるべきである、と述べた。

裁判所による質問：

［証人］私は最初の証人である上原康行を知っている。彼は私の父親である。

裁判所は一九五四年十月十四日午後零時時十五分に休廷し、午後一時十五分に再開することにした。

裁判所は一九五四年十月十四日午後一時十五分に再開した。同じ者らが在席している。

畠義基が宣誓し、証言した。

私の名前は畠義基である。私は退島命令を拒否したので沖縄刑務所にいる。私は布令一二五号で起訴された。私が上原康行の家で逮捕されたのは事実である。私が上原康行の家に最初に行ったのは七月二十日である。それは午前六時頃だった。私はAと一緒に上原康行の家に行った。Aと私は我那覇で会った。その当時はそこが我那覇であることは知らなかったが、後で知った。私は又吉氏と一緒に我那覇集落に行った。向こう側にいるのが彼である（又吉を指差して）。私がAと一緒に上原康行の家に行ったとき、四、五名の者らがそこにいた。名前を知っていたのは三名であるが、後で他の者の名前も分かった。それは運天義雄、上原盛徳、又吉一郎、そして瀬長氏である。私はお茶を一杯飲んで寝たので、家の中で何があったかは知らない。私は、この裁判所で他の者たちの事件について証言した。そのときは正直に証言しなかった。というのも私は退島命令が不正であると確信していたからであり、また、他の者たちを巻き込みたくなかったからである。たった今証言したことが正しい。私は、今日は真実を話そうと決めた。なぜならAが刑務所に入れられるとき、彼と母親が泣いているのを見たからであり、彼らに申し訳ないと感じたからである。私は当初の考えを最後まで貫きたかったが、四、五日前にすでに真実が公になり、他の証人たちが進んで話そうとしていることを知らされた。私は真実を隠してまで闘い抜こうという信念を失った。同時に私は他の者たちに対する寛大な処置を請いたかった。このために私は裏切り者、あるいは臆病者と呼ばれるかもしれない。今日の証言については、検察官が真実をすでに知っていると私に言ったことを除けば、検察からも警察からも強要されていない。私は検察官にその人に会わせてほしいと依頼した。私は彼らに会い、彼らは真実を話すつもりであると私に言った。私が真実を述べる理由はこれである。他に何も付け加えることはない。(8)

瀬長による反対尋問はなかった。後でそれをしたいと述べた。

島袋も瀬長と同じことを述べた。

（証人は退席した。）

上原盛徳が宣誓し、証言した。

私の名前は上原盛徳である。住所は豊見城村字仲地である。私は農民であり、米の精製所を持っている。（証人は自己負罪拒否権について注意された。）一九五四年七月二十日頃に私が上原康行の家に行ったのは本当である。時間は覚えていないが、夜明けの一時間前頃だった。瀬長氏が私を起こしに来て、畠のことで上原康行の家に行くつもりであると言った。彼が運天義雄に連絡をしてほしいと言ったので、私は彼を呼びに行った。瀬長氏は康行の家に向かった。運天の家は我那覇集落の東の端のほうにあって、私が着くと彼は家にいた。私は「運天義雄」と呼び、彼が起きて来た。そして二人で康行の家に向かった。私たちが康行の家についた頃に夜が明けた。康行の家には、康行、瀬長氏、運天義雄と私がいた。私たち四名は裏の部屋に集まった。私はそれが誰の部屋であるかを知らない。私たちは　一時間半か二時間ほど滞在した。そのとき瀬長氏が畠を二、三日間康行の家に居させたいと述べた。瀬長が私たちに「世話」［“look after”］をしてほしいとお願いのようなことをした。私は、畠を助ける、つまり畠の幇助をする［give assistance］という意味であると受け取った。一時間半か二時間の間、康行の家に居たが、その間に畠とAが一緒に来て、又吉氏も来たが、その他は誰も来なかった。又吉氏は豊見城村の村長である。彼は法廷にいる。三番目にいる。瀬長氏も法廷にいる。一番目にいる。上原康行の家に二時間ほど滞在してから、私と運天義雄は家に帰った。私はこの裁判所で本件について証言したことがあるが、以前の証言は真実ではない。今日の証言が真実であり、正しい。

被告人瀬長が、証人を弁護側証人として呼びたいと述べた。裁判所は瀬長に対し、後で証人を弾劾し、または実質的にそのときに反対尋問をすることはできないと告げた。特別代理人は瀬長と同じことをしたいと述べた。

運天義雄が宣誓し、証言した。

私の名前は運天義雄である。住所は豊見城村字我那覇である。私は農民である。（証人は自己負罪拒否権について注意された。）先ほどの証人が、一九五四年七月二十日に私の家に来て、私を起こしたというのは本当である。それは朝で、辺りが明るくなりかけていた。私が上原康行の家に着いたとき、瀬長氏と上原康行氏がいた。瀬長と上原盛徳と私は、康行の家に一時間半ほどいたが、はっきりしない。畠と又吉がその間に来た。私たち全員が一つの部屋にいた。瀬長氏が上原康行に二、三日間畠を彼の家に居させてほしいと頼んだ。瀬長が私に何かを言ったということはない。それから私は家に帰った。私が今日証言したことは真実である。私は本件についてこの裁判所で以前に証言したことがあるが、それは真実ではなかった。

反対尋問はなかった。以前と同じ理由による。

島袋も同様である。

証人は退席した。

Cが宣誓し、証言した。

私の名前はCである。住所は豊見城村我那覇＊番である。私はAが私の家に来た日付を覚えていないが、彼が私の家に来たことは事実である。彼は、私が朝食の準備をしていた朝の六時半か七時頃に来た。Aは、誰かがここに来たか、とだけ聞き、他には何も言わなかった。私は誰も来ていないと答えた。彼は出ていった。私はAの裁判で証言した。そのとき私は、Aが家に来たことは知らないと証言した。今日の証言が真実である。

反対尋問はなかった。以前と同じ理由による。

レイモンド・M・ピーク少佐が宣誓し、証言した。

私の名前はレイモンド・M・ピークであり、米国民政府行政法務部に所属する少佐（#0203350）である。私は一九五四年九月二十四、二十七、二十八日に那覇で開かれたAの事件で簡易裁判所裁判官として席着していた。私は瀬長が証言をするために呼ばれたことを覚えている。本件に関連する多くの裁判があるので正確な日付までは記憶にないが、そのとき私は瀬長氏に対し、自己に不利益となる質問に対しては答える必要がないことを説明した。しかし、それでも証人瀬長は検察の質問に対して否定的な供述をした。（証人に記録が示された。）私の知る限り、これは正確な記録である。（検察は一九五四年九月二十四、二十七、二十八日に那覇で開かれたAの公判記録の中から、証人瀬長亀次郎の証言部分を証拠申請した。その証言が英語で読み上げられ、そして日本語に翻訳された。）

被告人瀬長は、一九五四年にただの一度も［a single time in 1954］、と記録されている点について異議を申し立てた。瀬長の確信するところでは、検察による質問で、検察がその言葉を使ったのは、八月十日から八月二十七日の間に訪ねたことがあるかを聞くためであった。この異議に対して検察官は、その質問をしたことは間違いないが、同時に一九五四年に彼（瀬長）が康行を訪ねたかを聞いたのであり、これに対して瀬長はいいえと答えた、と述べた。この説明に対して被告人瀬長は、余分な追加の質問が［私の証言内容として］記録に加えられてよいのだろうかと疑問を呈した。彼は全ての記録が公判廷に提出されることを要求した。（異議は却下された。検察側証拠一が採用され、その写しが記録に添えられた。）

被告人瀬長が、反対尋問として、又吉の裁判について証人に対して質問しようとした。しかし、それは主尋問で出されたことではないという理由で裁判所によって却下された。又吉の代理人が、後でピーク少佐を彼の証人として呼びたいと述べた。証人は退席した。

検察が証拠提出を終えた。

代理人：昨日のうちに私たちはピーク裁判官を証人として申請しておいた。しかし、私たちは証言台に立たせたい別の証人がいるので、彼については取り下げたい。（裁判所は弁護人に対し、証人に対して今尋問すべきであり、後になって取り止めることはできないと説明した。）それでは私たちは、一九五四年十月十一日に開かれる予定であった又吉の裁判が延期された理由を［ピークに］尋ねたい。

検察官：延期の理由は、その間に弁護人の瀬長が逮捕され、又吉の弁護人がいなくなったからである。それゆえ私たちは彼の代理人となる別の人が見つかるまで延期することを彼に助言した。又吉は、一九五四年十月一日に、検察の申出により公判が十日間延期されることを裁判所から通知された。その後、又吉の特別弁護人〔瀬長〕が逮捕された。そのため一九五四年十月八日、又吉が保釈について協議するために裁判所に来たとき、彼は新しい裁判を認めること、そし十月八日の公判は新しい弁護人が見つかるまで延期することを求めた。検察は、又吉の要求を聞き入れた。一九五四年十月十三日、被告人又吉と被告人瀬長が出頭し、そのとき又吉が、瀬長と同時に裁判を受けることを裁判所に求めた。

弁護側の証拠：

被告人瀬長による冒頭陳述。

弁論の前に、私は弁護側の置かれた状況について説明し、この裁判がどのように行われているかを述べたい。最初に、この事件の真の本質を述べる。何より本件は、日本の一部である島に住むことを許されなかった一人の日本人である畠義基から始まっている。それは軍の支配下にあるから、そうなったのである。居住の権利は、いかなる権力によっても奪われないし、制限されてはならない。次に、私は被告人瀬長亀次郎の立場について説明したい。第一に、私は日本の人民の一部〔part of the Japanese people〕である。私は一人の日本国民〔a member of Japan〕であり、いかなる権力も私からこれを剥奪することはできない、という誇りをもって、この法廷に私が立つことを私は証明したい。第二に、これまで私は日本国民としての自由と独立を犠牲にしてきたが、これからもそれが続くだろう。それゆえ私の行動は、労働する者たち、そして愛国心のある文明化された人民によってのみ理解されるだろう。独立と自由を勝ち取るための闘いを抑え込むことはできない。（裁判所が被告人に演説をしないようにと言った。あと十分間が彼に許された）。第三に、軍裁判所は、占領地の支配者であるユースカーの軍政副長官の支配下に置かれている。これはちょうどよい機会であり、この島の七十万住民が、いかに立法、司法、行政の機能が・・・［記録の中断］。（裁判所：被告人が五つ［原文では「四つ」］の要求を出した。）

（一）この法廷に弁護側の関係者は誰もいない。弁護側としては、裁判の関係者らが法廷に座ることを要求したい。それは百名以上になるが、彼らはここに入ることができない。（二）新聞記者のための座席を用意してもらいたい。さらにいえば、この訴訟手続が公に報道されなければ、報道の自由が正当に認められたとはいえない。（三）本件を弁護する特別代理人の法律家が日本から派遣されることを要求する。私を弁護する特別代理人が必要である。（四）先行する裁判、すなわち畠、上原康行、Aの公判記録、さらに又吉一郎の予備審理の記録を被告人及び代理人に用意してもらいたい。（五）被告人瀬長の保釈を求めたい。

裁判所：（一）弁護側証人が呼び出されるとき、一名ずつ法廷に入ることが許される。（二）報道については、新聞記者に挙手を求めたところ、十名中で座席がないのは一名であった。その者にも席が見つかるだろう。（三）日本からの特別弁護人の派遣要求は否定された。（四）裁判手続の記録については、被告人は証拠提出された記録であれば検討することができる。それは日本語に翻訳される。（五）保釈の要求は否定された。

代理人［島袋嘉順］による冒頭陳述。

この裁判は、琉球列島の支配者と被支配者の直接的な関係に端を発する。瀬長と又吉のこの裁判では、この点が裁判所に詳しく説明されなければ、裁判は惨めなものになる。被告人又吉と被告人瀬長に対するこの裁判は、被告人の政治運動に対するアメリカの政治的な動機に由来する。私は、この点が裁判所に完全に説明されなければ、この裁判は適正に行われえないと確信する。私は裁判所によって被告人又吉の特別代理人として指名された。上述の理由により、この裁判で弁護側の主張を提出するためには十分間では短すぎる。裁判は一方的なものになり、検察の証拠提出だけで終わるだろう。これでは基本的人権に反する。それゆえ私は証拠と証人を提出するだけなく、私の要求を裁判所に伝えるための充分な時間の与えられることを要求する。私は、この法廷が個人の権利に関する自由の綱領と民主主義の方法という基盤の上に成立すると確信するので、弁論のための充分な時間を

要求したい。(9)

裁判所は被告人らに彼らの権利について助言した。

被告人瀬長は、もっと要求があると述べた。又吉の事件については、三回の審理があって、今回は四回目であるが、検察官は、以前の審理が無効になったと述べた。それゆえ弁護側は証人を呼ぶ権利を有する、と。さらに被告人瀬長は、後で非宣誓供述をしたいと述べた。この点について被告人又吉は、後で回答したいと述べた。

特別代理人が、この裁判に先立つ又吉裁判の記録が無効になったとする検察官の発言に異議を唱えた。異議は却下された。特別弁護人は、これは重要な問題であると述べた。彼は十分間以上を要求したが、裁判所が要求を否定した。

被告人瀬長が、証人を呼ぶ前に冒頭陳述の趣旨を明確にしたいと述べた。この要求は裁判所によって否定された。瀬長は、被告人には弁護人の権利があると述べた。裁判所は、瀬長は自分で自分を弁護していると述べた。瀬長は、それは今日だけの話であり、代理人が一人しかいないので、彼は又吉を弁護する。しかし瀬長は弁護人依頼権を放棄したのではないと述べた。裁判所は、瀬長がずっと特別代理人の側に座っており、実際のところ被告人又吉よりも多く島袋と相談していたことを指摘した。

被告人瀬長は、又吉の特別代理人が幾つかの要求を出してから、証人を呼びたいと述べた。島袋は、この裁判は、琉球で二つの裁判が併合されて同時に行われる最初の裁判であると述べた。特別代理人は、以前の手続が無効であるとされたことに対する異議が却下されたのはなぜか、その理由を知りたいと要求した。これに対して裁判所は、今回の裁判が最初の併合審理ではないと特別代理人に伝えた。さらに裁判所は、簡易裁判所の事件の非継続を申し出たのは又吉自身であり、彼が瀬長と同時に裁判を受けることを要求したと説明した。被告人又吉は、彼が裁判の合同を要求した事実について説明したいと述べた。裁判所は理由を聞くのを断った。

米陸軍の軍人であるレイモンド・M・ピーク少佐（彼は今も宣誓下にあることが注意された。）：私は一九五四年九月十六日に被告人又吉の事件を担当した。私は一九五四年九月二十日に被告人又吉の第一回公判を主宰した。私は被告人又吉の裁判手続を主宰したことをよく覚えている。第二回公判は十月一日であり、検察が十五日間を要求したのに対し、私が十日間の延期を認めたと記憶している。

裁判所は弁護側に召喚予定の証人リストを提出するように求めた。島袋は、この裁判のことは昨日になって突然に言われたのであり、準備をする時間がなかったと述べた。彼らは昨日の午後四時から午後十一時までかけて話し合った。昨夜、島袋が又吉［原文では「瀬長」］を弁護し、瀬長［原文では「又吉」］には別の弁護人を見つけることを決めた。特別代理人は、裁判所が一週間の公判延期を認めることを希望した。この要求は裁判所により否定され、裁判所は再び証人リストを要求した。被告人両名は以下の証人の名前を上げた。

畠義基、運天義雄、上原盛徳、C。他に二名を法廷に呼ぶ予定であるとされた。

裁判所は午後五時五分に閉廷し、一九五四年十月十五日午前九時に再開される。

［第二回公判期日］

検察官、被告人二名と特別代理人島袋嘉順氏が出席し、裁判は一九五四年十月十五日午前九時十五分に再開された。

エリザベス・R・シュンウェイ［Ekizabeth R. SHUMWAY］氏が法廷記録者として宣誓した。

弁護側の証拠（続き）：

弁護人が別の証人を証言台に立てる許可を求めた。彼はピーク少佐を取り下げたいと伝えた。

裁判所：証人は今尋問されねばならない。証人を取り消すことはできない。

レイモンド・M・ピーク（証人は引き続き宣誓下にあることを注意された）。

代理人：被告人又吉の十月十一日に予定されていた第三回公判の延期の理由は何か。

検察官：異議あり。その質問は関連性がない。

裁判所：異議を却下する。証人は質問に答えるように。
証人：なぜなら又吉の特別代理人であった瀬長が逮捕され、又吉の弁護人がいなくなったからである。裁判所は又吉が彼に代わる弁護人を見つけるまで延期を助言した。
代理人：理由はそれだけか。
証人：他には保釈保証金二万五千円の取消しである。保釈保証金が取り消されたのは、この二、三週間であなたたちが巻き込まれた混乱のためである。
代理人：公判の延期は被告人又吉に通知されたか。
証人：通知は十月十三日頃である。又吉が私のもとに来て、新しい裁判を要求した。
代理人：延期の通知と又吉の新しい裁判の要求との間に違いがあるか。
証人：二つの異なる出来事である。
代理人：被告人又吉が十月十三日に来て新しい裁判を要求し、それからピーク少佐が公判の延期を通知した。そうではなかったか。
証人：新しい裁判の要求は公判延期と何の関係もない。公判延期は十月八日に保釈が取り消されたときに決まった。正確には裁判所は、瀬長が逮捕されたので、又吉の裁判は、瀬長の裁判が終わってから、と述べた。
裁判所：あなたの質問に対する答えがあった。この質問の目的は何か。その他のことは関連性がない。
代理人：質問の理由は、（一）これらの質問が本件と関連性があるからである。（二）被告人又吉は十月一日に彼の裁判が十日間、つまり十月十一日に延期されると知らされた。しかし彼は十月十一日に裁判が再開されるか否かについて正式な通知を受けていない。
検察官：検察官はこの一連の質問に対して異議を唱え、その理由を日本語で述べた。（検察官は日本語で話し、それから英語で話した。）これらの質問が本件と関連性がない理由は、（一）十月一日に被告人又吉が、検察官の申出による十日間の裁判延期について裁判官から知らされたこと。その後、又吉の特別弁護人が逮捕された。そのため十月八日、保釈の件で被告人又吉が出頭したとき、彼が裁判所に対し、新しい弁護人が見つかるまで、十月十一日に開かれる予定の新しい裁判の延期を求めた。同席した検察官は、被告人又吉がそのような要求をしたことをはっきりと聞いた。十月十三日、被告人又吉と瀬長が出頭し、その場で被告人又吉が瀬長と同時に裁判を受けることを求めた。この経緯に照らせば、通知がなかったという趣旨で質問を行うのは不公正であり、不公平である。

もう一つの理由を付け加えたい。検察は十月十一日に被告人又吉の裁判を行う準備をしていた。しかし、十月八日に出頭した被告人又吉は、裁判が十月十一日に開かれることを主張しなかった。

裁判所：裁判所は双方の主張を聞いた。裁判所としては、弁護側の異議は誠実ではないと考える。あなたの異議を却下する。他に質問があるなら、証人を尋問しなさい。続けなさい。

代理人：質問は以上である。

反対尋問はなかった。

瀬長：私は上原康行を召喚したい。

検察官：上原康行は裁判所の命令がなければ出頭しないという意向である。

瀬長：上原康行を証言台に呼ぶ理由は次のとおりである。私は証人に対して被告人又吉に対する起訴罪状二〔原文では「起訴罪状一」〕と被告人瀬長に対する起訴罪状四について質問をしたい。私は可能な限り早く彼を証言台に呼びたいと考える。

裁判所：あなたの証人尋問は、あなたに対する起訴罪状四について認められるが、又吉に対する起訴罪状についてては認められない。あなたは証人に対して誘導尋問をしてはならない。証言の信用性を攻撃してもならない。

上原康行（証人は引き続き宣誓下にあることを注意された）。

瀬長：初めに次の点を述べておく。この裁判の被告人は瀬長と又吉の二名であるから、被告人又吉の特別代理人も同時に証人尋問を行うつもりである。
裁判所：特別弁護人は証人を尋問することができる。しかし誘導尋問は認められない。また、弁護側が証人の証言の信用性を弾劾し、または弾劾しようとすることは認められない。
検察官：検察官としては、裁判所が証人に対し、質問が完全に通訳されるまでは質問に答えてはならないと助言することを求めたい。
裁判所：証人に対して説明があった。（証人は質問が英語に翻訳されるまで答えてはならないと説明された。）
瀬長：昨日、（証人の）氏名と住所はきちんと聞いたので、その質問はしない。ただし質問に入る前に、なぜ証人がそんなに青ざめているかを尋ねたい。何かあなたにとって都合の悪いことがあるのか。
検察官：異議あり。
裁判所：異議を認める。
瀬長：証人が証言をするために、ここへ来る前にいた場所はどこか。
検察官：質問に異議がある。理由は、本件と何の関係もないからである。
瀬長：質問の理由は次のとおりである。私がこの質問をしなければならない理由は、まず、証人が拘禁一年と罰金一万円の刑に処され、沖縄刑務所に収監された受刑者であるからである。しかし、彼は刑務所以外の場所で過ごしていることが、昨日になって明らかにされた。布令一号一、二、五、二条の規定によれば、刑を言い渡された被告人は・・・（彼は読み続けた）。
検察官：この種の質問は、昨日の証人の証言の信用性を攻撃するためのものであるとしか考えられない。また、裁判所が弁護側に注意したように、弁護側が誘導尋問をすることは認められていない。
裁判所：あなたが引用した条文は質問の趣旨と無関係である。しかし私は検察官の異議を却下する。質問を続けるように。
瀬長：あなたはこの証言台に立つために、今日はどこから来たのか。
証人：私は学校から来た。
瀬長：何の学校か。
証人：警察学校である。
瀬長：あなたは警察学校の一階にいたのか、それとも二階にいたのか。あるいは地下にいたのか。
証人：二階にいた。
瀬長：あなたの息子であるAは、あなたと一緒に二階にいたのか。
証人：私は、私の息子と一緒にいた。
瀬長：どれくらいの間、あなたは警察学校の二階にいたのか。
証人：昨夜からである。
瀬長：その前は、あなたはどこにいたのか。
証人：首里地区警察署にいた。
瀬長：いつから首里警察署にいたのか。
証人：十日前からである。
検察官：この一連の質問は宣伝の材料にしかならない。あるいは証人の信用性を損なうことにしかならない。
裁判所：ここまで質問を認めてきた理由は、あなた［検察官］が冒頭陳述で不当な影響を避けるために、証人を別々に分けておく必要がある、またはその旨の発言をしたからである。この制約を受けて質問が行われていると裁判所は考えている。弁護側は続けてよい。
瀬長：十一日前の十月四日、あなたが首里警察署に移る前に、あなたは、あなたの妻と息子Aの妻、それから

A夫妻の子どもたちに警察学校で話をしたか、しなかったか。

裁判所：弁護側は誘導尋問をしてはならない。

瀬長：この質問が許されないというのであれば、私は裁判所に問いたい。私は本件の弁護人であると同時に被告人である。もし弁護側がこうした質問を行い、そして検察官の異議に反論することを認めないのであれば、この裁判は公平ではないのではないか。それに私の質問は誘導尋問ではない。被告人瀬長は起訴罪状一乃至四で裁判を受けているのであるから、その犯罪事実を反証する証拠を得なければならない。

裁判所：あなたは反対尋問で誘導尋問をする機会があったが、この証人に対する反対尋問を拒否したのはあなたである。今はあなたのための証人として彼を呼んでいるから、誘導尋問は認められない。

瀬長：そういうことであれば、私は特別布告一二号五条二項D号の規定を引きたい。(10) これによれば、被疑者は、いかなる場所であれ、正しいことを述べる能力を身体的に失うことになるような長期間にわたって拘禁されてはならない。彼の精神が、彼の心の中にないことを述べるように精神的に支配されてはならない。そのような長期間にわたる拘禁は、検察の質問に答えれば彼の刑が軽くなるのではないかという考えを生じさせるだろう。それゆえ私は、長期間にわたる被拘禁者の取調べは、その者を混乱させるので、その結果として得られる証拠は、真実ではないと述べたい。したがって、私の質問は誘導尋問ではない。

検察官：弁護側は裁判所の指示に従っていないので、この質問は止めさせるべきである。このような質問を行って、検察側証人の証言の誤りを指摘したいのであれば、反対尋問で行うべきであった。証言台の証人は、現在は弁護側証人である。瀬長は弁護側証人が真実を証言するという確信を持っているはずである。さもなければ彼の質問の目的は、これから証言をしようとする証人への攻撃であるというほかかない。

裁判所：弁護側の異議を却下する。被告人は誘導尋問をすることを認められていないし、証人の証言の信用性を攻撃することも認められていない。さらにいえば証人は、精神面が損なわれてしまうほどの長期間にわたって勾留されていない。彼は裁判所の命令で勾留されたのであり、間違いなく警察学校や首里警察署での勾留は、沖縄刑務所での勾留に比べて悪いものではない。他に証人に対して質問があるならば質問を続けなさい。
瀬長：あなたはマタヨシ・セイタク［MATAYOSHI, Seitaku］に会ったことがあるか。
検察官：異議あり。彼とマタヨシとの会合は本件とは何の関係もない。
裁判所：その質問の目的は何か。
瀬長：この質問をするのは、後でマタヨシ・セイタクを弁護側証人として呼ぶつもりなので、そのときに証人の自白の意味を明らかにしたいからである。だからこの質問に対する答えを得ておく必要がある。
裁判所：この質問は、どの起訴罪状との関係で行われているのか。
瀬長：起訴罪状一と四である。
検察官：その質問は、ほとんど起訴罪状一と四に関係がない。質問を聞く限り、その目的はマタヨシ・セイタク氏（国際貿易社の社長）が証人に対してどのような影響を及ぼしたかを示すことである。これは昨日に行うべきであった。私は、裁判所がこの質問を許容しないことを切望する。
裁判所：異議を認める。
瀬長：戦争のとき、あなたは大宜味村の田嘉里区に避難していたか。
検察官：裁判所はこの一連の質問を止めさせるべきである。弁護側がしていることは全て、証人を尋問する前に、どれほど証人に関する情報を持っているかを示し、証人に影響を与える、という試みである。
裁判所：この質問の目的は何か。
瀬長：私の質問の目的は、検察と証人の間に約束があったことを裁判所に示すことである。検察は、証人の刑の軽減、または彼の釈放後の将来的な生計の保証について、証人と約束を交わしたが、その事実を彼「マタヨシ・セイタク」が知っている。私はそのような事実関係に一石を投じたい。

裁判所：瀬長氏は弁護側証人の証言の信用性を弾劾しようとしているので、検察官の異議を認める。

検察官：裁判所に訴えたいのは、弁護側がそこに固執していることであり、こんなくだらないことは終わりにしてほしい。

瀬長：私は、そういう要請に対しては反論をしたい。私は、ただ本件に関係することだけを証人に聞いている。私はワシントンやロンドンで起きたことを質問しているのではない。私の質問に答えてもらえれば、この裁判の真の構造が明らかになるはずである。

裁判所：そのような質問の時間は、検察官の主尋問の後であった。しかし、あなたは証人に対する反対尋問を拒否した。現在はあなたの証人であり、あなたの証人に対する誘導尋問はできないし、あなたの証人の信用性を弾劾することは認められていない。それは反対尋問で行わねばならない。結果的にあなたは証人の反対尋問をしようとしているが、その時間はすでに終了している。

瀬長：私の質問はそのような性格のものではない。弁護人として私は被告人の権利を守らねばならない。そのためにも個人の表現の自由の権利は保障されねばならない。昨日、検察は証人らに対して誘導尋問をしていたが、なぜ私が誘導尋問をしてはいけないかが理解できない。彼ができるならば私もできる。証人への私の質問によって、この裁判の真の性格が明らかになる。

裁判所：あなたの質問を続けなさい。

瀬長：次に移る。簡単なことから聞くが、証人は、十月四日から、あなたが首里警察署を出た十月十四日までの間に、お酒を飲んだか。

裁判所：この質問は、証人の信用性を弾劾しようとするものであるから、認められない。

検察官：弁護人は、証人が質問に答えるか否かに関心を寄せていない。それは傍聴席と報道機関に向けられている。被告人は不適切な質問であることを自覚しており、裁判所の指示を無視している。

裁判所：これまでの質問はまったくあなたの裁判に役立っていない。裁判所からのあなたに対する指示は、あなた自身の証人の信用性を弾劾してはならないことである。
瀬長：これが裁判所の進め方であるなら、もう私は質問できない。質問に対する答えがあれば、困惑するのは検察だろうと私はみている。これが私の事件の宣伝でも広告でもないことは、あなたに言われるまでもない。
裁判所：あなたは多くの時間を無駄にしている。あなたには機会があったのに、あなたは拒否した。この証人に対する他の質問があるか。
瀬長：質問はたくさんある。
裁判所：早く質問をしなさい。
瀬長：諸見刑事の取調べを受けているとき、あなたは畠義基が八月十日、つまり旧暦のお盆の三日前頃にあなたの家に来たと供述した。しかし、昨日は証言台で畠が七月二十日に来たと証言した。どのようにしてあなたはこの点の記憶を喚起したのか。
検察官：弁護人に止めてもらいたいのは、質問の中に二つの異なる事実を入れることである。
裁判所：あなたは誘導尋問をしている。それは認められていない。
瀬長：私は、証人が答えられるように、証人に対して日本語ではっきりと質問している。私は彼を誘導しようとしていない。
裁判所：あなたは現に彼を誘導しようとしている。続けなさい。
瀬長：証人に答えさせる、という意味か。
裁判所：違う［次の質問に進みなさい］。
瀬長：畠があなたの家に来た七月二十日は雨だったか、晴れだったか。
証人：その日は晴れていた。

瀬長：あなたが沖縄刑務所にいるとき、拡声器の大きな声が外から刑務所の中まで聞こえてきたか。それであなたは怯え、脅迫されたか。

検察官：異議あり。この質問は関連性がない。

瀬長：いや、本件と関係がある。なぜなら検察の冒頭陳述で、証人は外部から圧力を受けたとされたからである。この点は以前の又吉、証人の息子、そして証人自身の裁判で、証人が述べていたことであり、それが私の質問の裏にある本質である。

裁判所：その質問は反対尋問で問うべきであったから認められない。

瀬長：あなたは、いつ、どこで、そして誰から被告人瀬長の逮捕について聞いたか。

検察官：異議あり。質問は本件審理と関連性がない。

裁判所：質問の目的は何か。

瀬長：質問の理由は、証人が被告人瀬長の逮捕を知らされる場所と時期によっては、瀬長が捕らえられて自白したから、「あなたも自白すればいい」というように、証人が強制されるからである。この質問が答えられることによって私は本件に働く力と本質を明らかにすることができる。

裁判所：その質問は反対尋問で問うべきであった。

検察官：彼がこういう質問を続けるなら、証人尋問の終了を裁判所に求めたい。彼は警告後に一つのよい質問をして、それから三つ、四つの不適切な質問をする。彼は完全に理解した上で、そうしたことをしている。

裁判所：裁判所は、この質問には答える必要がないと判断する。あなたの質問を続けなさい。

瀬長：あなたは、いつあなたの妻や孫と会ったか。

裁判所：この質問の目的は何か。

瀬長：彼の妻は、後で証人としてこの裁判に出廷する予定なので、そのとき被告人は、彼女の証言によって状況を明らかにしたい。

検察官：私はこの尋問を終わりにしてほしいと裁判所に懇願する。彼［瀬長］は証人の母や家族が、彼ら［瀬長ら］の支配下に置かれていることを示して証人に影響力を及ぼそうとしている。裁判所は、彼［瀬長］の抵抗によく耐えた。もう充分であると考える。

瀬長：私の次の質問は、どこで、何日に、また誰と一緒に、あなたは、あなたの妻や息子Aの妻と最後に会ったか。

検察官：たった今、同じ質問に対して異議を唱え、そして異議が認められた。

裁判所：あなたは証人の反対尋問をしようとしているが、それは認められない。あなたの質問を続けなさい。

瀬長：あなたは、こういうことを誰かから聞かなかったか。西三区［villages of Irisanku］の住民らが、あなたの家を保護するのは今だけであり、やがて彼らの熱も冷めて、それを忘れるだろう、と。

検察官：再び要求したい。弁護側がいつまでも同じことに執着して質問を続けるなら、証人は退席すべきである。

裁判所：あなたの反対尋問は認められない。次に進みなさい。

瀬長：あなたが畠に最後にあったのは何日か。

証人：この事件の取調べのときである。

裁判所：目的は何か。

瀬長：［証人の］自白が自発的か否かを明らかにするための質問である。

検察官：繰り返して裁判所に要求したい。もう終了すべきである。彼は裁判所の指示を何も聞いていない。これは明白である。いつまで私たちはこんな尋問を続けるのか。

裁判所：裁判所は被告人瀬長に警告する。あなたが同じことを続けるなら、尋問を打ち切る。次の質問をしなさい。

瀬長：あなた［証人］の体調があまりよくないように見える。沖縄刑務所を出てから、あなたは何を食べたのかを聞きたい。
検察官：被告人は、裁判所に歯向かっている。
裁判所：瀬長氏は悪ふざけを止めて、きちんと証人に質問してほしい。その能力があるなら、そうしなければならない。
瀬長：あなたは偽証罪で起訴されたか。
検察官：あいかわらず彼は証人を弾劾しようとしている。裁判所は、断固とした措置をとるときである。
裁判所：あなたは証人の反対尋問を許されていない。
瀬長：あなた［証人］は、昨日の証言のように証言すれば、沖縄刑務所から釈放されるだろうと誰かから聞いたことがあるか。
裁判所：あなたは、あなた自身の証人の信用性を弾劾しようとしている。それは認められない。
検察官：私は記録に残すために別の要求を出しておきたい。弁護側は、さらに証人五名を同じように取り扱うつもりである。裁判所がこのような尋問を続けさせたとき、事件の審理はどうなってしまうだろう。私は、直ちに彼の尋問を止めさせても被告人の権利が害されるとは考えない。このような尋問を続けてはならない、と何度も彼は注意されたからである。彼がこのような尋問を続ける唯一の理由は、証言台の証人の心を変えさせるため、そして彼の得た情報を報道機関に伝えるためである。しかし法廷は、それをする場所ではない。
裁判所：［証人は］先ほどの質問に答える必要はない。
瀬長：私の証人尋問は、私の本心と信念から行っている。私は証人の心を混乱させ、変えさせようとしているのではない。私が証人の心を混乱させねばならない理由があるだろうか。私たちは同じように一緒に法廷に立たされている［We are equally standing together］。私の質問を続けたい。
検察官：彼の述べた最後の点について、一言だけ発言したい。弁護人は、証人を脅し、その考えを変えさせようとする意図はない、なぜなら証人は仲間の一人、つまり友人だからであると述べた。弁護人は、他者の権利を軽視する態度を示した。彼は他者を刑務所に送り、まさしく彼を守るために他者に偽証させようとしている。

裁判所：あなた（瀬長）は先ほどの質問で、「なぜ私が証人の心を混乱させねばならないのか」と反問したが、裁判所の見解では、あなたが証人の心を変えさせようとすべき充分な理由がある。なぜなら証人はあなたに非常に不利益な供述をしたからである。質問を続けなさい。

瀬長：私にも述べておきたいことがある。私の質問が検察官の弱点を突く。すると彼はいつでも立ち上がり、異議を唱える。それだけのことである。他者を刑務所に送り、私の刑を軽くするために偽証させたという点については、歴史が真実を明らかにする。

裁判所：裁判所からあなたに注意しておきたい。あなたは検察側証人を攻撃する機会があった。しかしあなたが反対尋問を拒んだ。あなたは証人一名を除いて反対尋問を拒んだ。あなたが考えるとおりにこの裁判手続を進めることはできないことを忘れてはならない。他に質問があるか。

瀬長：ある。

裁判所：では、証人に質問しなさい。

瀬長：昨日の証言で、あなたは畠義基が七月二十日にあなたの家に来たと証言した。その日、あなたの家には労働者がいたか。大島出身者のことを聞いている。

裁判所：質問の目的は何か。

検察官：異議あり。それは誘導尋問である。

瀬長：質問の理由は、どのように大島出身の人々が農民らと暮らしており、どのように彼らが働いているかを明らかにすることである。奄美大島の出身者は仕事を失っている。まさしく畠義基の場合がそうである。これらの人々は、どのように農村で暮らさざるをえないのか、この点を明らかにしたい。そうすることで本件の真の構造が明確になる。
裁判所：それは本件に関係のないことである。それは政治的な演説である。
検察官：すでに裁判所は、弁護人がこの種の尋問に固執するならば尋問を終える、と弁護人に注意した。裁判所は充分に弁護人を注意してきたので、尋問を終わらせるべきである。
裁判所：質問を続けなさい。
瀬長：私の質問はすぐに終わる。検察官の気に障るようなので、ひとまず私は質問を止めることにするが、最後にこれだけは述べておく。私は他の証人らに質問を続ける。そして私たちが生まれながらにしてみな兄弟であること［that we are all brothers in nature］を述べ、あなた（証人）にも、どれほど私たちが連帯し、強くつながれるか［how strong and united our brotherhood can be］を示そう。
裁判所：それは純然たる政治的演説である。裁判所はここで審理を中断し、午後一時に再開する。（代理人に対して、見たところ、あなたはずっと笑顔で公判に臨んでいるが、裁判所としては、これは冗談事ではないと考えている。）
法廷は十月十五日午前十一時五十分に休憩に入った。
法廷は一九五四年十月十五日午後一時五分に再開した。全員出席である。
弁護側代理人：私の質問を始める前に、裁判所が私に対して行った指示について述べておきたい。裁判所は、私が公判中にずっと笑っていると述べたが、私の言い分としては、公判中にずっと私が考えているのは、これが神聖な裁判であることである。私は、自由と基本的人権が絶対に保障されるべきであると考えているにすぎない。被告人又吉と被告人瀬長は、この法廷において検察官オータが訴追した容疑で裁判を受けているが、先ほど述べたように、私は、裁判官が自由と基本的人権に基づき偏りのない裁判を行うと考えている。したがって私たちは普通に行われるような犯人の尋問を受け入れるのではなく、反対に、強靱な精神をもって、この法廷で私たちの事件を証明しようとしているのである。

裁判所：どこの国の裁判所でも、遵守されるべき訴訟手続がある。裁判所は、あなたに対し、人権についてはしばらく忘れて法律上の権利のことを考えるようにと助言したい。証人尋問をするのであれば質問をしなさい。繰り返しとなるが、あなたが誘導尋問をすること、そしてあなたの証人の信用性を攻撃することは認められない。
代理人：証人の名前、住所、職業はすでに確認済みであるので質問しない。あなたの体調はどうか。何か問題を抱えているか。
裁判所：その質問は認められない。
代理人：昨日の証言で、あなたの息子の証言は作り話だと証言するようにと又吉氏から言われたか、という検察官の質問に答えて、あなたは言われていないと答えた。それは本当か。
検察官：その質問は明瞭ではない。そのような供述が本当にあっただろうか。弁護人は、万人が理解できるような言い方で質問をしてもらいたい。
裁判所：質問を繰り返しなさい。
代理人：あなたは、あなたの息子が又吉の裁判で述べたことは間違っている、と述べるように言われたことがあるか。
裁判所：質問の目的は何か。
代理人：起訴罪状一に対する防禦である。
証人：言われたことはない。
代理人：又吉は、あなたに偽証をするように強いたか。
証人：いいえ。
代理人：あなたは、いつ刑務所を出たか。
裁判所：質問の目的は何か。

代理人：昨日、証人は首里地区警察署にいると証言したと思うが、その期間が分からないからである。
証人：十日前である。
代理人：そのときから首里地区警察署にいるのか。
証人：はい。
代理人：あなたは那覇警察署に十月五日に来たのか。
検察官：それは明らかに誘導尋問であり、本件審理と関係のない質問である。
裁判所：裁判所も誘導尋問であると考える。また、本件との関連性もないので、質問は却下する。
代理人：首里警察署の収容房では一人でいたのか。
裁判所：質問の目的は何か。
代理人：私は、彼に何があって証人を引き受けることになったのかを知ろうとしている。
検察官：裁判所は、瀬長氏による同じような質問に証人が答えることを認めなかった。私は弁護人を再び注意すべきであると考える。
代理人：私の印象では検察官は弁護側から質問が出ると異議を唱えている。被告人に認められた権利を保護するために、私たちは証人尋問をして、そして実際に何があったかを見つけ出す必要がある。
検察官：その種の質問をするのは昨日の反対尋問のときであり、弁護側はそれを拒否した。彼は、このような質問が認められないことを充分に認識している。彼はこういう尋問方法が認められないと知った上で、瀬長氏と同様に、それに固執している。私は、瀬長氏と同様に、この種の質問を続けるならば証人尋問を終了すると彼に注意すべきであると考える。
裁判所：あなたには反対尋問の機会があったのに、あなたは拒み通した。今になってあなた自身の証人を反対尋問することは認められない。先に進みさない。

代理人：あなたは十月五日に誰かに会ったか。

検察官：明らかに誘導尋問である。異議を唱える。

裁判所：質問の目的は何か。

代理人：昨日、弁護側は、裁判の冒頭で私たちの立場を明らかにしたいと要請した。検察の証拠提出の前に裁判所に要求を出した。検察は、検察側証拠の提出に先立ち冒頭陳述を行った。私たちは裁判所に要求を出したが、この点は記録されている。

裁判所：弁護側の冒頭陳述は、検察の証拠提出が終わってから行われる。検察の証拠提出後、被告人瀬長と被告人又吉が、検察の冒頭陳述よりも長い時間をまとめて与えられた。裁判所としては昨日の注意を繰り返したい。冒頭陳述は検察官にとっても弁護側にとっても重要ではない。それは重要ではない。本件審理において重要なのは検察官の証拠と弁護側の証拠である。あなた方は些末なことに気を取られ、つまらないことを繰り返し、裁判所の時間を無駄にしている。裁判所はあなたに対して質問の続行を指示する。

代理人：私たちの証拠を提出するために、私たちはこの証人を尋問する必要がある。

裁判所：証拠の提出は規則に従って行われねばならない。

代理人：一個一個の証拠のことを言っているのではない。私たちは証人らから証拠を引き出し、その証拠を裁判所に示し、そして裁判所に偏りのない判断を求めたい。

裁判所：あなたに対してもう一度言っておく。あなたが弁護側に有利なことを引き出そうとしていることは裁判所も理解しているが、それは法律上の方法で行われねばならない。あなたが考えるところの法に従って行われるのではない。昨日、あなたは反対尋問の機会があった。誘導尋問も認められたし、証人の弾劾を試みてもよかった。島袋氏よ、あなたは聞いているか。私は繰り返したい（彼は繰り返す）。あなたがあなた自身の証人を反対尋問することは認められない。島袋氏よ、この証人に対する質問が他にあるか。

代理人：昨日、私たちは反対尋問を拒否したのではない。そうではないことを私たちは説明したつもりである。それゆえ私たちは、反対尋問のときにする予定であった質問を行う許可をこの場で裁判所に求めたい。私たちは権利を放棄したのではない。裁判所が述べたように、私たちは、被告人に有利な証拠を引き出したいと考えている。
裁判所：あなたはこの証人に対する他の質問があるか。
代理人：あなたが首里にいるとき、あなたに会いに来た人はいるか。
検察官：またしても弁護人は反対尋問に固執している。異議がある。それは誘導尋問である。
代理人：検察は証人らを召喚し、証拠を得るために彼らを尋問した。それゆえ私は弁護側にも証人らを尋問する機会が与えられることを願う。
裁判所：あなたのための機会は昨日だった。他に質問があるか。よろしい。では証人に質問をしなさい。さもなければ証人は退席する。
代理人：私は質問をしたいが、許容される質問かどうかを知りたい。
裁判所：質問をしなさい。
代理人：間違いなく被告人の利益になる質問である。
裁判所：私としてもあなたが検察側の利益になることをするとは考えない。
代理人：あなたが首里警察署にいるとき、裁判所への出頭以外で、あなたの息子と一緒に外に出ることはあったか。
検察官：異議あり。これまでと同じ理由である。これは誘導尋問であり、反対尋問で問うべきことである。
裁判所：あなたはこの質問で何を示そうとしているのか。
代理人：被告人に有利となる証言を引き出すためである。
裁判所：もっと詳しく。あなたは何をしようとしているのか。

代理人：弁護側としては、この証人が九月二十九日から十月九日または十日までの間にどのような取調べを受けたかを明らかにしたいと考えている。
裁判所：その取調べの結果、彼が真実を述べていないことを示すためか。これがあなたの意図することか。あなたは、取調べの結果として彼が真実を述べなくなったことを証明しようとしているのか。これで間違いはないか。
代理人：そのとおりである。
裁判所：あなたは、あなたの証人の信用性を弾劾しようとしている。質問を却下する。
代理人：前回、私たちは裁判所に反対尋問の機会を後で与えてほしいと要求した。
裁判所：検察側の証拠提出の終了後に被告人が検察側証人の反対尋問の権利を与えられることはない。今となっては遅い。しかも島袋氏は民政府裁判所の手続について経験を有している。今年に限っても糸満の裁判で私の面前で被告人を弁護している。私たちは、ただ被告人が望むからという理由で、アメリカの訴訟手続を変更することはできない。それを始めれば事件の審理を終了させることができないだろう。私たちはすでに多くの時間を無駄にしている。証人尋問を続けなさい。さもなければ証人は退席する。
代理人：弁護側の問題としては、裁判が続く限り、弁護側にとって有益な証拠や証人を探していきたい。しかし、ここまでの経過を鑑みれば、弁護側の質問に対して検察側が誘導尋問や反対尋問であるという理由で異議を唱え続ける限り、弁護側の正当な意見が裁判官の心に届くことはない。弁護側はさらに何人かの証人を呼び、質問を行う予定である。それゆえこの点について裁判所に問題提起をしておきたい。証言台にいる証人に対する質問を終わる。

（五分間の休憩）

裁判所：弁護側は次の証人を呼びなさい。

A（証人は現在も宣誓下にあることを注意された）。

瀬長：私は二十五個の質問を用意しているが、検察が最初の質問に異議を唱えなければ、十分間で終わるだろう。
裁判所：進めなさい。
瀬長：あなたは目をけがしたのか。（証人は濃い色のサングラスをしていた。）
裁判所：質問は却下する。
瀬長：あなたが刑務所で許可証のない面会者を認められなくなった日付を覚えているか。
裁判所：質問の目的は何か。
瀬長：一般的にいって刑務所で受刑者は面会者に会うことを認められている。しかし彼は民政府の許可のない面会者には会えないという立場にあったので、私は、そのときに彼が何を感じたかを明らかにしたい。
検察官：弁護人瀬長が裁判所の指示を無視することが見て取れた。おそらく二十五個の質問はすべて同じ調子である。私たちは彼に五分間の演説時間を与えて証人を退廷させるようなものである。彼は、どのような質問が許容されるかをよく知っている。この点は裁判所もはっきりと認識しておくべきである。
裁判所：あなたはあなた自身の証人の信用性を弾劾しようとしているように見えるが、それは認められない。次の質問に進みなさい。
瀬長：私は、私自身の証人を疑っているのではないことを述べておきたい。
裁判所：そうであれば、あなたが行っている尋問は必要がないはずである。
瀬長：あなたは、あなたの事件が再審［review］に付されたときに刑が減軽されると聞いたことがあるか。
裁判所：却下する。あなたの証人の弾劾である。この証人を弾劾できたのは昨日であるが、あなたは拒否した。もっと質問があるなら次に進みなさい。
瀬長：私は二十五個の質問しかないと述べたが、質問の大半は、どのようにして証人の自白が得られたかを明らかにすることに関連しており、それは同時に基本的人権を守ることにもなる。つまり軍事裁判所に関する決定的な問題を明らかにするための質問である。私は将来に起こりうる他の政治的な事件に対する先例を手に入れたい。自白は外部からのいかなる圧力もなく、自白する者の自由意思と承諾において行われねばならない。本件の検察官は物的証拠をもっておらず、自白を使って事件を組み立てている。それゆえその自白の本質を明らかにすることは弁護側にとって有益である。被告人には尋問権があり、私はこの点を明らかにしたい。

裁判所：瀬長氏よ、私は何回も繰り返してきたが、あなたは私の述べたことを理解していないので再び繰り返さねばならない。それともあなたは私の述べたことを理解しようとしていないのか。私は、あなたがどこの国に行くとしても、あなたはその裁判手続の規則に従う必要があることを繰り返して述べておく。私は、自白が外部からの圧力なく得られねばならず、また、自発的に行われるべきであるという瀬長氏の発言については同意する。しかし、この証人の自白の自発性に関する質問の時間は昨日であって、検察の主尋問の終了後である。被告人瀬長と又吉の代理人の双方が昨日の反対尋問を拒否した。あなたはあなたの都合に合うように裁判手続を変えることはできない。私はあなたに対し、あなたは人権よりも法律上の権利について考えるべきであると助言する。また、先例を打ち立てることよりもあなたの弁護に集中すべきであると助言する。これでは満足に質問ができないとあなたは言うかもしれないが、質問の数が問題ではない。質問は法律的な方法で行ってもらわなければ却下される。私たちは多くの時間を無駄にしており、あなたの方法はあなたの弁護に役立っていない。証人に対する質問が他にあるか。

瀬長：質問はある。議論はやめよう。私の質問を続けさせて欲しい。あなたは七月二十日に畠を連れてきたと述べていたが、その日は雨だったか、晴れていたか。

検察官：弁護側が考えていることはおそらく証人の信用性に対する攻撃でしかない。検察は異議を申し立てる。

裁判所：あなたがそう述べる理由は何か。

検察官：その日が雨だったか、晴れていたか、これが問題だろうか。彼［瀬長］は、この日の朝について、証人が父親と異なる証言をするか否かを確かめたいだけである。
裁判所：検察の異議は却下する。質問に答えなさい。
証人：少し雨が降っていたと思う。
瀬長：それは自転車が乗れないほど、雨はひどく降っていなかったという意味か。
裁判所：あなたは証人の信用性を弾劾しようとしているように思われるので質問を却下する。
瀬長：あなたが十月四日の後に再び畠と会ったか否かについて裁判所に述べてもらえるか。もし会ったことがあるなら、それは何度であり、そこに誰が同席したか、それはどこで、いつで、何回かを裁判所に話してもらえるか。
裁判所：質問の目的は何か。
瀬長：この裁判で検察官オータから提出された証拠なるものが何であるかを突きとめるために、この質問は決定的に必要である。この日、つまり十月四日は、この事件が始まった日であり、非常に重要である。その次の日も弁護側にとって重要である。理由は以上である。
裁判所：あなたの説明はあまりにも一般的である。それに裁判所としては事件との関連性がつかめない。それゆえ、関連性がないことを理由として却下する。
瀬長：どこで十月四日の夕食をしたか。それは誰と一緒だったか。
裁判所：同じ規則に従い、却下する。
瀬長：十月四日の後、あなたは飲酒したか。
裁判所：却下する。
瀬長：あなたが七月二十日に畠と初めて会ったとき、それは暗かったか、それとも明るかったか。
証人：明るくなりかけていた。
瀬長：畠の服装はどうだったか。彼は帽子を被っていたか。靴を履いていたか。

検察官：またしても攻撃している。

裁判所：［検察に対して］却下する。

証人：覚えていない。

瀬長：あなたは戦時中の大宜味村田嘉里区の区長または代表者の名前を覚えているか。

裁判所：質問の目的は何か。

瀬長：私たちは、証人の自白について、その人物が大きく関与しているという証拠を持っている。弁護側にはこの点を証言する証人がいる。

裁判所：あなたは再びこの証人の信用性を攻撃している。それはできないことである。

検察官：私たちは、この先の審理でも、それは認められないという裁判所の注意を聞き続けることになるだろう。弁護側が裁判所の指示を完全に無視し、裁判所の指示に歯向かい続けるのは、裁判所の与り知らない目的を追求しているからである。検察は、この一連の質問の打ち切りを要求する。

裁判所：瀬長氏は質問を続けなさい。

瀬長：あなたはマタヨシ・セイタクという名前の人物を知っているか。

検察官：この質問は上原康行の尋問でも行われ、その結果、一連の質問に手続違反があるとされた。

裁判所：質問の目的は何か。

瀬長：質問の目的は以前に述べたとおりである。この質問は、証人の自白が、証人の自由意思と承諾において行われたか、脅迫によって得られたかを明らかにする上で重要であり、同時に証人らと警察官、検察官との間で、どのような交渉があったかという問題を解明するために行われる。もし私の質問が許されず、私の意図が阻まれるとしても、将来的にはそれは公衆の知るところとなると確信する。被告人が行う弁護側の質問は、弁護側の利益のためだけに行うのではない。証人らにとっても、彼らに代わってその立場を明らかにすることは有益である。

単に反対尋問の性質を有するという理由で、私の質問を否定することは適切ではないと考える。
裁判所：繰り返しとなるが、自白内容や証人の信用性を攻撃する時間は、すでに終わっている。証人を反対尋問することは認められない。
瀬長：あなたは十月四日以降にあなたの祖母と会ったことがあるか。
検察官：私は、訴訟進行の妨害をしてはならないという被告人瀬長に対する裁判所の指示を要求する。
裁判所：質問の目的は何か。
瀬長：目的は、彼が祖母と会ったときに感じた本心を知ることであり、この質問を通して他の多くのことが分かってくると考える。
裁判所：例えばどのようなことが分かるか。
瀬長：私が述べようとしたのは、自白が刑の減軽の約束や、謝礼金または将来的な生活保証の約束を意味すると受け取れる言葉を使って獲得された、ということである。
裁判所：そういうことであれば、やはりあなたは自白の自発性を問題にしており、それは反対尋問で行われるべきことである。
検察官：もはやこの訴訟手続は、被告人の権利が保障されるか否かではなく、規則から外れて質問してはならないという裁判所の被告人に対する注意には、その言葉通りの注意の意味があるか否か、そこが問われるところまで来ている、というのが私の見解である。
裁判所：裁判所はこの点に関するあなたの気持ちを理解している。裁判所が意図するのは、これまでに述べてきたことであるが、今回は被告人瀬長に質問を許可する。
瀬長：あなたは証言を三回変更した。どこで、何のためにあなたは考え方を変えたのか。
裁判所：この質問を却下する。証人の信用性を弾劾している。

瀬長：あなたは、検察官オータがあなたの妻と母親に述べたことを覚えているか。
裁判所：質問の目的は何か。
瀬長：当法廷で検察官の本件捜査の方法を問題提起するためである。
検察官：捜査は適正に行われた。何れにせよそれは伝聞証拠である。異議を唱える。
裁判所：［質問を］却下する。
瀬長：私は証人を弾劾しているのではない。あなた［証人］は二、三日前に上着と下着を上原盛徳から受け取ったか。
裁判所：質問の目的は何か。
瀬長：この質問の目的は、畠義基、上原康行、Ａの事件と又吉一郎の事件には関係があって、この質問をすれば、下着の件からその糸口を見いだせるということである。
検察官：裁判所は、午前中に、弁護側が時間の全てを証人一名に費やしたにもかかわらず、弁護側の利益になることは得られなかったと弁護側に伝えた。しかし、午後もまた証人一名に時間を費やしているが、同じ結果になっている。裁判所はこれを容認し続けるのだろうか。
裁判所：もうしばらくの間、そうするつもりである。質問は却下する。次に進みなさい。
瀬長：質問はあと一つである。あなたは私があなたの特別代理人だったことを覚えているか。
裁判所：その質問の目的は何か。
瀬長：私に対する偽証の起訴罪状との関係で明らかにしたいことがある。
裁判所：質問に答えなさい。
証人：はい、覚えている。
瀬長：そのとき私は、あなたに偽証罪の刑が六か月であると言ったか。また、刑に服して来なさいとあなたに言ったか。
検察官：誘導尋問である。異議あり。重ねて質問をしており、一方は真実であっても、他方は虚偽でありうるので、証人は適切に答えることができない。
裁判所：質問を却下する。反対尋問の性質を有するからである。
瀬長：裁判官、質問は以上である。裁判所が私の質問によく耐えてくれたことに感謝したい。同時に証人の健康を祈りたい。
裁判所：瀬長氏が証人の健康を心配する理由が裁判所には理解できない。今後はそのような発言を控えてもらいたい。特別代理人は証人に対する質問があるか。
代理人：ある。
裁判所：裁判所は、あなたに対しても誘導尋問をしないこと、また、証人の信用性を弾劾しないことを指示する。質問をしなさい。
代理人：検察が証拠提出を終えてから、弁護側は証拠の提出をしているが、ほとんどの質問が検察によって妨害され、否定された。検察がこのような方法をとれば、弁護側の真意は裁判所に伝わらない。それゆえ私は次の質問が認められることを求める。
裁判所：確かに同じことになりそうであるが、反対尋問をしないように。
代理人：分かっている。一九五四年十月四日に警察学校の二階に行ったか。
裁判所：質問の目的は何か。
代理人：私は、そのとき証人がどこにいたかを明らかにしたい。
裁判所：その目的は証人の信用性の弾劾にあるように思われるので、質問を却下する。
代理人：十月四日の夜は、刑務所で一晩を過ごしたのか。

裁判所：却下する。
代理人：あなたが房に戻ってから、誰かと話したか。
裁判所：却下する。
代理人：十月九日か十日に仲地の上原盛徳と会ったか。
検察官：本件と関係がないので異議を唱える。
裁判所：異議を認める。
代理人：あなたが拘禁される間、上原盛徳に何か頼み事をしたか。
検察官：同じ理由で異議あり。
裁判所：質問を却下する。関連性が認められず、反対尋問の性質を有する。
代理人：あなたの父親からマタヨシ・セイタクのことを聞いたことがあるか。
裁判所：却下する。反対尋問の性質を有する。
代理人：以上である。
反対尋問はなかった。
裁判所：証人は退廷してよい。弁護側の次の証人は誰か。
畠義基（証人は依然として宣誓下にあることを注意された）。
代理人：あなたの体調が十月［原文では「十一月」］上旬はよくなかったと聞いたが、回復したか。
証人：よくなった。
裁判所：その種の質問は控えるように。畠氏は、質問が翻訳されるまでは、答えないように。
代理人：昨夜はどこで寝たか。
裁判所：なぜ、その質問をするか。

代理人：彼の住所をただ知りたいだけである。
裁判所：本件審理中は検察から彼の住所が与えられている。
代理人：十月五日に警察学校の二階に行ったか。
裁判所：これは反対尋問の性質を有するので却下する。
代理人：あなたは検察官オータ、またはその他の者から家族の面倒をみると言われたか。
裁判所：これは明らかに証人の信用性を攻撃しようとしている。検察は異議を唱えるか。
検察官：いいえ。
裁判所：では、証人は答えなさい。
証人：言われていない。
代理人：十月五日に警察学校の二階に行ったか。
証人：日付は覚えていない。
代理人：そこに行ったことはあるか。
証人：行ったことはある。
代理人：あなたがそこに行ったとき、誰がいたか。
証人：上原康行とAに会った。
代理人：他に誰かがそこにいたか。
証人：私の知る限りではいない。
代理人：あなたがそこに到着したとき、彼らは先に待っていたか、それともあなた方は同時に落ち合ったのか。
証人：私は一階で少し待たされ、それから上に連れて行かれて彼らと会った。
裁判所：私が代理人に助言しておきたいのは、この質問が完全に不適切であることである。反対尋問の性質を有するからである。しかし検察官が異議を唱えないので、私は許容している。
代理人：誰があなたを一階から二階に連れて行ったのか。
証人：警察官一名である。
代理人：そこであなた方はどのような話をしたか。
証人：私のそれまでの証言は真実ではないとオータ氏が言い、そして真実を述べるように言われた。私は何を聞かれても、また、言われても、何も答えなかった。すると彼らは私を刑務所に連れ戻した。
代理人：ということは、上原とその息子の他にオータ氏がそこにいたということか。
証人：そうである。
代理人：上原康行またはその息子があなたに話しかけたか。
証人：いいえ。彼らからは話しかけられなかった。
代理人：それが、そこであった全部のことか。
証人：私に関する限りはそうである。それで全部である。
代理人：その後、あなたは刑務所に送られたのか。
検察官：私は、ここまでは弁護人に自由に質問をさせたが、彼は何も示せていない。ここからは法廷で許容される適正な方法においてのみ証人に質問してもらうつもりである。
検察官：異議あり。
代理人：質問を続けても構わないか。あなた［証人］は、その後はずっと刑務所にいるのか。
裁判所：反対尋問の性質を有する。
代理人：あなたの妻が楚辺から引っ越したことを知っているか。
検察官：異議あり。

裁判所：質問の目的は何か。
代理人：彼の妻が引っ越す前に党の事務所に来て証人（畠）の所在を尋ねていたが、住む場所がないということだった。
裁判所：本件に集中して証人の妻の住所のことは考えないほうがよい。質問を却下する。
代理人：以上である。
瀬長：あなたが上原康行の家にいたとき、同じ家の中に農業労働者として働く大島出身の労働者がいたか。
裁判所：質問の目的は何か。
瀬長：これは本件の中心的かつ非常に重要な要素であって、生存の自由［freedom to live］に関係するからである。
裁判所：生存の自由は本件の争点に含まれない。
瀬長：いや、含まれる。
裁判所：裁判所は同意できない。争点はもっと限定的である。質問を却下する。
瀬長：Aと上原康行の刑の減軽の点について、あなたは何か知っているか。
裁判所：却下する。そもそも…。
瀬長：あなたは七月二十日の朝に上原康行の家に行った。その日は雨が降っていたか、晴れていたか。
証人：少し雨が降っていた。
瀬長：それは明け方であった。あなたは上原の顔を見て分かったか。つまり彼の顔が分かるくらいには明るかったか。
証人：明るかった。
瀬長：あなたは、退島命令を拒否することが間違っていると考えたか。
検察官：関連性がない。

裁判所：支持する。
瀬長：検察官の異議について私の意見を述べたい。本件は畠義基という日本人が、この島に居住する許可を取り消されたことに端を発する。そして沖縄刑務所での証人の勾留が二か月に及び、（正常な者の）正常な状態ではなくなったか、または身体を害することになった。したがって彼の勾留中の精神状態をこの場で問題にすることは非常に重要である。
裁判所：関連性がないので不適切である。それに証人の信用性を攻撃している。先に進みなさい。他に質問はあるか。
瀬長：これが最後の質問である。あなたは日本国民としての自由が沖縄で認められるべきであると現在も考えているか。
裁判所：不適切である。本件審理の対象は日本国民ではない［We are not trying Japanese nationals right now.］。何れにせよ適切な質問ではない。
瀬長：私自身は沖縄日本社会の一員［a member of the Okinawa Nippon Society］である。私はアメリカ人ではない。それが全てである。
反対尋問はなかった。
裁判所：証人は退席するように。次の証人は誰か。
上原盛徳（証人は自己負罪拒否の権利について助言された）。
代理人：あなたは、今、那覇警察署にいるのか。
検察官：異議あり。
裁判所：質問の目的は何か。
代理人：彼の住所を確認したい。

裁判所：彼の住所は本件審理のために検察が定めている。彼の住所は重要ではないと考える。
代理人：那覇に来る前はどこにいたか。
検察官：異議あり。
裁判所：質問の目的は何か。
代理人：彼は那覇に来る前にどこか別の場所にいたはずである。
裁判所：裁判所は、彼が別の場所にいなかったとは述べていない。彼がどこかにいたことは誰でも分かる。
代理人：私たちにはこれを聞く理由がある。事件を明らかにするためである。
裁判所：あまりにも一般的である。もっと特定しなければならない。
代理人：彼は那覇にいたと証言した。しかし、それ以前は那覇にいなかった。
裁判所：質問の目的としては不十分である。質問を却下する。
代理人：その後、あなたは自分の家に帰った。あなたの家族に会ったか。
裁判所：尋問はまったく不適切である。
代理人：その後、上原康行の家に行った。上原康行の家で彼ら〔証人の家族〕と会ったか。
検察官：この質問は、以前に裁判所が否定した質問に基づく。弁護側は裁判所が述べたことにまったく注意を払っていない。裁判所は弁護側に対して本件の争点にとどまるべきであることをもっと強く指示すべきである。
裁判所：質問の目的は何か。
代理人：証人は十月九日から十一日の間に家族に会うために家に帰った。だからそのことについて証人から聞きたいと考えている。
検察官：この一連の質問は、犯罪の行為後にあった行為に基づくものとして行われている。それは本件の争点とほとんど関連性がないと思われる。

裁判所：異議を認める。証人に対する他の質問があるか。
代理人：質問はある。あなたの所持品は、その日に家族に手渡したのか。
裁判所：同じく却下する。
代理人：誰の許可があって警察車両に乗って行ったのか。
裁判所：いつのことを代理人は聞いているのか。
代理人：十月十一日である。もし必要があれば証人と同行した者たちの名前を上げることができる。
裁判所：却下する。
代理人：以上である。
瀬長：あなたが上原康行の家に行ったという日、つまり七月二十日は、朝の何時までそこにいたか。
証人：正確な時間は覚えていないが、夜明けの一時間後くらいだったと思う。
瀬長：Ａの逮捕後、彼と一緒に食事をしたか。
裁判所：質問の目的は何か。
瀬長：上原盛徳は、運天義雄もそうだが、この事件の裁判で二回とも明確に上原康行の家にいたことを否定した。しかし逮捕されてからは、日付と時間も他の証人とぴったり合わせている。それゆえこの質問をして、どのようにして彼らが日付や時間の点を調整したかを明らかにできる。
裁判所：質問を否定する。
瀬長：なぜか。
裁判所：反対尋問が、その機会であった。
瀬長：那覇警察署での取調べでも、あるいはＡや上原康行、そして又吉の裁判でも、あなたは上原康行の家に行っていないと証言した。あなたは証言を変えた。何が原因であり、いつ証言を変更する決心をしたか。

検察官：異議あり。
裁判所：あなたは、あなた自身の証人の信用性を攻撃することはできない。
瀬長：私に関する限り、私自身の証人を攻撃しているつもりはない。もし法廷でこの点を問題にできるならば、被告人だけでなく裁判所にとってもよいことであると考える。
裁判所：それは反対尋問で問題にすべきことであった。他に質問があるか。ないのであれば証人は退廷する。次の弁護側証人を呼びなさい。
（五分間の休憩）
運天義雄（証人は現在も宣誓下にあることを注意され、自己負罪拒否の権利について助言された）。
裁判所：あなた〔瀬長〕は証人尋問の準備ができているか。
瀬長：できている。あなたは七月二十日の朝に上原康行の家に行ったということだが、雨が降っていたか。
証人：雨だったかどうかは、覚えていない。
瀬長：何時に上原康行の家を出たか。
証人：八時か九時頃だったが、はっきりしない。
瀬長：取調べのときもそうだが、この事件に関する他の裁判で、あなたは上原康行の家に行っていないと証言した。しかし昨日の公判では、家に行ったと証言した。いつ、どこで、どんな理由で、あなたは話の内容を変えたか。
裁判所：却下する。証人の信用性を攻撃している。
瀬長：あなたが逮捕された日から今日までの間に、Aと食事をしたか。
裁判所：関連性がなく、重要でもない。
瀬長：以上である。

反対尋問はなかった。
裁判所：証人は退廷しなさい。次の証人を呼びなさい。
C（証人は現在も宣誓下にあることを注意された）。
代理人：Aを知っているか。
証人：裁判所に来るまで、彼のことは知らなかった。
代理人：どれくらい前から彼を知っているのか。
証人：裁判所に来てからである。その前は彼を知らない。
代理人：そうするとAが七月二十日にあなたの家に来たとき、彼を初めて見たことになるが、Aであると分かったのか。
検察官：異議あり。証人の以前の証言の信用性を低下させようとしている。
裁判所：質問の目的は何か。
代理人：先ほど証人は裁判所に来てからAを知るようになったと証言したので、Aが証人の家に行ったとき、証人はAを知っていたかを明らかにしたかった。
検察官：昨日の証人の証言の信用性を低下させている。
裁判所：異議を却下する。質問を繰り返しなさい。
検察官：弁護側は質問の仕方を換えるように。
代理人：（質問の言い換えを拒否した。）
検察官：彼が質問の言い換えを拒否するのは証人を混乱させたいからである。
裁判所：質問をする前に、証人に分かるように論点をはっきりさせなさい。
代理人：昨日、この証人は、検察官の「Aがあなたの家に来たのは何時か」という質問に対し、「六時三十分

と聞いている。

か七時頃である」と答えた。私の質問は、彼があなたの家に来たとき、あなたは彼がAであると知っていたか、

証人：そのときは知らなかった。この裁判所に来てから分かった。

代理人：この男があなたの家に来たとき、暗かったか、明るかったか。

検察官：異議あり。今の質問は、明らかに証人の信用性を攻撃している。

裁判所：質問の目的は何か。

代理人：そのとき彼女に人の顔の見分けが付いたかを明らかにしたい。

裁判所：異議を却下する。

代理人：彼が来たとき、明るかったか、暗かったか。

証人：明るかった。

代理人：（証人に質問をしたが、しかし［裁判所には］理解できなかった。）

検察官：異議あり。弁護側は沖縄語ではなく、日本語を使うように。

代理人：あなたは話し相手が誰であるかを知らなかった。間違いないか。

検察官：異議あり。彼の質問の趣旨は何か。弁護側は、そのとき証人がその者を認識しなかった、ということを確かめているのか。

裁判所：その質問は前に答えがあった。

代理人：あなたが逮捕され、何回くらい取調べをうけたか。

裁判所：明白に不適切である。

代理人：検察官オータから取調べをうけたか。

検察官：異議あり。

裁判所：その質問も不適切である。
代理人：当面の質問は以上である。
瀬長：質問はない。
反対尋問はなかった。
裁判所：証人は退廷しなさい。
瀬長：裁判所に対して要求がある。（布令一号一、二、三条を引用して）これらの規定によれば、被告人は裁判の延期を要求することができる。(11) 私のアリバイを証言する四名の証人がいる。この証人らを尋問し、弁護側は、どのようにして検察官が事件を作り上げたかを明らかにすることができる。弁護側は、裁判所、偏りのない裁判所が被告人の権利を保障することを期待する。（再び一、二、三条を引用して）これに基づき私は裁判の延期を要求する。同時に私は、この要求が認められ、民主的な裁判が行われるならば、全県民がこの裁判の進め方を知ることになる。また、偏りのない裁判官が弁護側の裁判延期の要求を認めるならば、本件との関係で逮捕された人民党員三十名の権利のあることが示されるだろう。弁護側は、新しい証拠によって確実に事実を証明することができる。
裁判所：昨日、裁判所が被告人らに証人一覧表の提出を求めたとき、弁護側から証人一覧表の提出があり、そして次の日、つまり今日のことだが、他の二名の証人を追加すると述べた。あなた方には証人要求のための充分な時間があった。それは裁判の最中ではなく、もっと前に行うべき要求である。さらに裁判所の認識では、被告人らは意図的にこの裁判を遅らせている。一週間の延期の要求は認められない。他に弁護側証人はいるか。
代理人：発言の許可を求めたい。
裁判所：発言しなさい。
代理人：被告人又吉の特別弁護人として、私からも布令一号一、二、三条に従い、裁判所に要求したいことがある。弁護側は新しい証拠と新しい証人の採用を求めたい。

裁判所：同じ理由で認められない。

瀬長：裁判所が要求を認めない理由は聞いて分かったが、私たちは裁判を遅延させようとしているのではないことを述べておきたい。裁判所が私たちの立場を理解するならば、私たちが裁判を遅らせたいのではないことは分かるだろう。つまり、今の被告人には移動の自由がない。昨夜、私たちは本件について話し合ったが、特別代理人は警察の厳しい監視下にある。彼の行動はつねに監視され、警察によって移動が制限されている。移動の制限された私たちの特別代理人が、どうして私たちの権利を確実に守りうるだろう。私たちが心の底から延期を求める理由はこの点にある。裁判を遅延させようなどとは考えていない。どれほど私たちの行動が制限されているかを裁判所は理解してほしい。もし必要ならば説明するが、今の段階ではこれ以上は述べない。ただ私は、被告人の要求が認められることを切望する。

裁判所：裁判所の裁定は変わらない。他に証人がいるか。

代理人：又吉の特別代理人として、公平な裁判を実現するために、一週間の延期を要求したが、要求は認められなかった。しかし、再び私は次の理由で裁判所に延期を求めたい。この裁判は、何よりも一人の人間の生存権利（在留の権利）から出発している。この合同裁判（又吉と瀬長の裁判）の冒頭で、弁護側は、弁護側の立場と本件に対する弁護側の見解、さらに裁判所に対する要求を明確にする用意があった。しかし結果的には、これまでのところ、証人に対する弁護側の質問はほとんど認められず、一人の証人も弁護側の利益になる証拠を提出していない。この事件の審理が、訴訟手続の技術的な観点から弁護側の要求や異議を受け入れないまま続けられるのであれば、弁護側は一方的な結果、つまり偏った判断を見ることになるだろう。この裁判は多少とも政治的な性質を帯びており、弁護側としては、弁護側の利益に反する好ましくない判断が行われうることを懸念している。それゆえ一週間の裁判延期について重ねて要求する。

裁判所：裁定は変わらない。他の証人はどうするか。

瀬長：弁護側は、先ほど述べた理由により他の証人を連れてくることができなかった。
裁判所：延期の要求は認められない。弁護側の証人は他にいないということで間違いないか。
瀬長：間違いない。
代理人：私は証人を提出していない。
裁判所：どうしてか。
代理人：理由は被告人瀬長が述べたとおりである。付け加えるならば、私たちは昨日一週間の延期を求めたが、認められなかった。昨日の公判が終わったのは午後五時を過ぎており、それから私たちは二、三時間話し合った。召喚する証人を調整する時間は、私に残っていなかった。
裁判所：被告人二名は供述を行う予定か。被告人又吉は何をするかを決めたか。
又吉：何のことか。
裁判所：以前に又吉は三つの選択肢があると述べていた。被告人瀬長は非宣誓供述をすると述べた。被告人又吉はどうするつもりか。
又吉：非宣誓供述を行いたい。
裁判所：時間はどれくらい必要か。被告人は一人ずつ証言台に立って欲しい。
又吉一郎：（証人は日本語で供述した。供述の翻訳は次回期日に回す。裁判所は午後六時十分に休止し、一九五四年十月十六日午前九時に再開する。）
一九五四年十月十六日、裁判所は午前九時十五分まで特別代理人が現れるのを待っていた。そのとき島袋嘉順宅に派遣された警察官が法廷に入ってきて、島袋氏は肝臓の病気で体調が優れないと言っていると報告した。島袋氏の病気について事前に裁判所への連絡はなかった。
（瀬長氏の従業員であり、那覇市＊区＊組の知念聰［CHINEN, Akira］が、頭痛があるという瀬長夫人の代わりに法廷に出席することを許可された。）

午前九時三十分に島袋氏宅に在住するミヤギ・サチコ〔MIYAGI, Sachiko〕という女性が来て、裁判所の質問に答えて島袋氏は肝臓の調子が悪く、出廷できないと述べた。彼女はこの旨を瀬長氏に伝言するようにと指示されてきたという。このとき瀬長氏は法廷の外にいた。彼女は外に出て彼にこれを伝えた。

検察は、裁判所の要請をうけ、非常勤の警察医である沖縄赤十字病院のヨナミネ・シゲユキ〔YONAMINE, Shigeyuki〕医師と那覇保健所の稲福盛輝〔INAFUKU, Seiki〕医師に依頼して島袋氏の診察を行うことにした。

午前十時三十分、ヨナミネ医師が法廷に入り、島袋氏を診察したところ、特に問題はなかったと述べた。本人は肝臓の調子がよくないと訴えているが、診断の結果は肝機能に障害を認めなかった。発熱もなく、体温と脈拍は正常である。島袋氏は、軽い頭痛があるが、これが治まれば出席できると述べたという。彼の体調は、昨日までシマ〔SHIMA〕医師が管理してきたということであったので、ヨナミネ医師は、シマ医師を呼んで意見を聞くほうがよいと述べた。

稲福医師は、肝臓については、外部所見では問題がなかったと述べた。眼に異常はなく、肝臓の炎症もみられず、痛みも訴えていないことから、そのように結論できるという。

続いてヨナミネ医師が、尿検査からは陽性反応が出ており、肝機能に障害がある可能性を示していると述べた。

午前十時四十五分、被告人又吉の代理人が法廷に現れ、肝臓の調子が悪いため義務を遂行することができないと述べた。彼は、もし可能であれば、公判を月曜日に再開して欲しいと述べた。

検察官は、又吉の裁判の延期について異議はないが、瀬長の裁判については進めたいと述べた。瀬長の非宣誓供述を聞く用意が出席者全員にある。

瀬長は、これは合同裁判であり、明日は日曜日だから、延期しても審理に支障はないと述べた。被告人両名が勾留されているのに、異議の出る理由が彼には理解できないという。検察官は、両被告人について、一九五四年十月十八日、月曜日、午前九時までの裁判延期に反対しないと述べた。

裁判所は正式に開廷することなく、一九五四年十月十六日午前十一時五分に手続を終了した。

［第三回公判期日］

裁判所は、一九五四年十月十八日午前九時五分、検察官、被告人二名、そして被告人又吉の特別代理人島袋嘉順氏の出席の下、開廷した。裁判所の質問に答えて特別代理人が体調もよく裁判を進めたいと述べた。

被告人又吉の非宣誓供述が次のように紹介された。[12]

(一)世界中の様々な国の抑圧された人民が、正義と人間性を愛する米国を含む世界中の人々の指導をうけ、それだけではなく彼ら自身の団結の力によって、独立を勝ち取り、平和を創造する闘いをしている現状において、被告人又吉が、その生まれ育った領土で外国人による裁判を受けることは、私だけでなく、沖縄の統治権を有する者らとって、むしろ残念であるというべきである。

(二)本件は、占領政府が畠義基という一人の日本人の沖縄在住を不可能にしたことに由来する。しかし沖縄は、幸いにも日本の領土である。一九四八年十月十日の国連総会で採択された世界人権宣言三条（一三条？）によれば、「すべて人は、各国の境界内において自由に移転及び居住する権利を有する」[13]。世界中の人民に与えられたこの権利を侵害した沖縄の琉球列島米国民政府が、私たちの裁判をしている。

(三)さらにこの裁判が弁護人選任権だけでなく、被告人のあらゆる権利を侵害して進められていることは、この二日間のやり方を見れば明白である。その一例を指摘しよう。十月一日の私の裁判で検察官オータがした供述を援用しようとは思わないが、検察官は準備のために十五日間の裁判延期を要求した。そのとき検察官オータは、裁判延期の決定は検察と弁護側の意見を聞くまで裁判所が判断すべきではないと述べた。これは検察官によって明言されたことである。この事実があるにもかかわらず、そして被告人らが非常に適切かつ適正な理由に基づき本質的な要求をしているにもかかわらず、裁判所は私たちの要求（すなわち裁判の延期）を拒否した。この例が示すように、逮捕と訴追の仕事をする検察と裁判所は、手を組んで裁判を進めている。

(四)したがって、本件が又吉本人に対して不適正かつ抑圧的であることは明白であり、さらに在留の自由やその他の正当な自由を勝ち取ろうとしている私たち沖縄県民の要求に対して抑圧的であることも明白である。私、又吉一人が押しつぶされることはあるかもしれないが、私が確信し、つねに考えてきたのは、沖縄全県民の正当な要求は踏みにじられえないことである。世界の歴史がこれを証明してきた。

最後に、私はもう一度裁判所に対して、私の特別代理人ともう一名の被告人が行ったように、一週間の裁判延期を要求したい。そしてこの裁判が公平に行われていることを裁判所が全沖縄県民に対して示して欲しい、という私の願いを述べて陳述を終える。

裁判所:被告人瀬長亀次郎は非宣誓供述をしなさい。

瀬長:陳述を始める前に、私の立場を明らかにするために、日本自由法律家協会(日本自由法曹団)から届いた電文を読み上げたい。同協会から近く法律家集団が送られることになっている。これは一九五四年十月十三日に裁判所に行った要請の中で言及していたことである。電文は次のとおり。「あなたの期待に応えるため努力している。期日を知らせて欲しい。」一九五四年十月十六日付の電文である。

世界の勤労人民の人道と正義に誓って、私は、被告人瀬長亀次郎の立場を明らかにする。[14]

(一)私、瀬長亀次郎は二十三年前、すなわち二十四歳のとき、日本軍国主義者の裁判を受け、投獄された。それは日本の戦争挑発者どもが満州侵略の策謀を開始したときであった。私は中国への侵略戦争に反対する運動をして、これを擁護したために投獄された。しかし、それから二十年後に私は、私の生まれた場所で、米軍司令官の命令によって設置された軍事裁判所に立たされている。私が裁かれる理由は、平和を守ることこそが人民を繁栄と幸福に導く唯一の道であるとの信念から、日本国民として、私が独立と自由を守るために侵略戦争に反対して闘ったからである。裁判官は同じ人物ではないが、私は同じ方法で裁かれようとしている。

（二）裁判所の本質的な性格は変わらない。しかし平和を守るために立ち上がる世界の人民の力は、ゆるぎなき勢力を形成した。資本主義社会に取って代わるべき社会、すなわち社会主義社会は実現されようとしており、もはや夢などではない。自由な国を建設する道は、労働者と農民の同盟の力によって開かれつつある。

（三）世界の戦争屋どもの戦争政策は完全に孤立させられ、消えていこうとしている。私たちの祖国日本では、平和を愛する勢力は力を増し、戦列を整えつつある。その力は日本の米軍基地を許さないところまで大きくなっている。

（四）現在の情勢は被告人が説明したとおりであるが、アメリカ占領軍にとっては、沖縄の重要性を倍加させる必要がある。そのため米国政府は、沖縄の軍事基地を強化し、拡張せねばならなくなった。しかし沖縄の軍事基地の拡張と強化は、農民からの土地の略奪を意味する。今や農民たちは土地を守り、維持するために決起している。なぜなら軍事利用のためのこれ以上の土地の取り上げを許すわけにはいかないからである。個人的な経験を通して被告人は、全県民が土地を守り、支えるために闘う用意があることを知っている。沖縄の人民は、日々の暮らしを通して、県民の生活が改善されるのは、沖縄の祖国復帰によってのみであることを信じるに至っている。

（五）このような抵抗にあっても米軍は人民の土地を取り上げねばならぬように宿命づけられている。そのために軍部は、人民の土地と利益を守るために闘い始めた被告人瀬長の活動の自由を封じねばならなくなった。さらに琉球列島米国民政府は、瀬長の所属する人民党の非合法化をもくろみ、また、彼の一切の権利を巻き上げるなど、言葉で尽くせないほどのあらゆる種類の圧迫を加えた。被告人の公私にわたる政治活動に対する弾圧については、誰もが知っていることであるから、ここでは踏み込まない。しかし、ぜひ述べておきたいのは、私が公然と弾圧され、そうでなくても毎日の暮らしの細々としたことまで干渉を受けていることである。実例を一つあげよう。被告人瀬長は家を建てる必要があり、そのため復興基金から借金をした。分割金の払込期日は毎月二日である。しかしその期日が近づくと、アメリカ人の係官が琉球銀行内にある復興基金の事務所にやってきて、被告人が分割金を支払ったか否かを確認する。隅々まで厳しく監視され、一日でも支払いが遅れようものなら、被告人はその理由を説明せねばならない。被告人に対するこのような例は多いが、数え上げればきりがないので、これ以上は説明しない。

(六)しかし、琉球列島米国民政府の被告人に対する公私を問わない弾圧は、米国の力の強さを意味するのではない。反対にそれはアメリカが国際的にも国内的も弱体化したことを明らかにしている。洋の東西を問わず、あらゆる方法の殺人的な行動が弱さから来ることは、歴史が証明している。世界の平和勢力が強さを増し、沖縄の人民の力が強められてきたことは間違いがない。軍部に対する沖縄の土地を守るための農民たちの闘いを見るがよい。

(七)人民の自由と民族解放を獲得するために立ち上がった勢力は、日本復帰運動となって現れた。それゆえ琉球列島米国民政府にとって、沖縄を日本から切り離す必要が生じ、そのため復帰運動に圧力が加えられるようになった。同時にアメリカの政策において必要になったのは、いわゆる共産主義運動を阻止することである。その結果、沖縄人の土地収用に抵抗し、独立と自由を擁護する人民党は、共産主義政党であると烙印を押された。このような理由で、被告人が所属し、共産主義者とされる人民党の運動と存在そのものが、根絶の対象とされた。さらに沖縄の自由と独立を担う中心部分と平和を愛する人民は、悪魔のサタンのように不気味な薄笑いを浮かべる軍部によってゆっくりと弾圧されている。

(八)十月六日に被告人瀬長と人民党の幹部全員が逮捕されたことは、米国の政策が人民の利益を侵害するものであることをはっきりと示す。ポスターを印刷し､掲示したというだけの理由で､布令一号により告発され様々な場所で勾留されている。

(九)この弾圧は、アメリカの狡猾な行動によるものであり、祖国日本の全平和的勢力の知るところとなった。やがて世界の平和を愛する勢力が、人道にもとるアメリカ弾圧政府を阻止するとの確信をもって、被告人はここに立っている。戦争屋どもの破滅は避けられない。

（十）瀬長亀次郎の口を封じることはできても、虐げられた幾百万人の口を封じることはできない。被告人瀬長の耳を閉ざすことはできるが、一般大衆の耳を閉ざすことはできない。被告人瀬長の眼はくだかれ盲目にされても、世界の民衆の眼をくだき盲目にすることはできない。被告人瀬長を投獄することはできても、七十万県民を閉じ込めることはできない。沖縄の祖国復帰のために闘い、平和のために闘う瀬長の精神は、一般民衆の心に生き続け、打ち砕くことはできない。日本国民の解放、独立、自由を勝ち取る闘いは始まっている。軍事裁判所が、平和のために闘い、それに身を捧げ、戦争を憎む瀬長亀次郎の行動をどう裁くか。幾百万の目がこの裁判を見守っていることを被告人瀬長亀次郎は確信している。

裁判所　：（弁護側に対して）一週間の延期の要求は、日本から法律家の代理人の援助を得るためであると理解してよいか。

瀬長：そうである。同時に私のアリバイを示し、反証を行うためでもある。

裁判所：被告人又吉は、被告人瀬長のいう一週間延期の理由を聞き、何か付け足すことはあるか。

又吉　：（瀬長の要求を繰り返した。そして十日間を要求した。）

裁判所：裁判所としては、もう少し具体的なことを知りたい。あなた方が証人を有しているならば、裁判所はその氏名と住所を知りたい。証人らの氏名と住所を言えるか。

瀬長：延期はどれくらいの長さを認めるか。

裁判所：最初に明確な理由が必要である。

瀬長：例えば治安裁判所の能山［YOSEYAMA］判事と石原昌進［ISHIHARA, Shoshin］である。石原は仲間と一緒に逮捕された。私は逮捕のことは知っているが、彼の勾留先は知らない。この二名は私のアリバイを証言する。

それから上原康行の妻である。

裁判所：又吉は追加することがあるか。
又吉：新しい証拠を用意し、証人と話をすることが必要である。
検察官：又吉は誰を証人として呼ぶつもりか。
又吉：特別な性質の人物が含まれているので、代理人と相談しないと名前を上げることはできない。もし裁判が延期され、公判期日が指定されるならば、私はその前日に裁判所に通知したい。
裁判所：代理人と相談しなさい。
又吉：公判期日が指定されたら裁判所に通知したい。
裁判所　：（検察官に対して）あなたは証人らにそのことを伝えたか。（被告人らに対して）裁判所は、あなた方が情報を出そうとしないことに不自然さを感じる。
検察官：検察官も裁判官と同感である。弁護側がアリバイ証人を呼ぶために延期を要求するのであれば、その氏名を明らかにして誠意を示すべきである。そうでなければ単なる保身の理由で証人を作り上げて延期を求めているとみなされても仕方がないのではないか。
代理人：証人は上原康行の妻とBである。彼の住所は豊見城村我那覇区である。
瀬長：十月十三日から八名の民警察官がカービン銃を携え、検察証人の一人である上原康行の家の警備にあたっている。証人の生命保護が理由であろうが、彼らは集落のお笑いぐさになっている。弁護側の利益のために、この警備を外してもらいたい。
裁判所：瀬長氏は別の話を持ち出さないで欲しい。話題を変えるのは止めなさい。私は証人の氏名に関心がある。
瀬長：それは私の証人の話である。上原康行の妻はその家に住んでいる。まるで戦時中の状態である。日付は十月十四日だったかもしれないが、その日から警察が警備についている。
裁判所：裁判所は召喚する証人を明確にしておきたいと考えている。今のところあなた方が氏名を上げたのは治安裁判所の能山判事と石原昌進、上原康行の妻、Bの4名である。弁護側は他の氏名を上げることができるか。
瀬長：マタヨシ・セイタク氏である。
裁判所：彼を召喚する理由は何か。
瀬長：供述が自由かつ自発的に録取されたかどうかを証明するためである。
裁判所：検察側証人の供述のことを言っているのか。
瀬長：そうである。
裁判所：それは認められない。あなたは彼ら［検察側証人］を弁護側証人として呼んだので、彼らを弾劾することはできない。この四名の他に呼びたい者はいるか。
瀬長：私は、Bの信用性を弾劾するために彼を呼ぶのではない。
裁判所：私は、あなたがそうしていると言っているのではない。
瀬長：素人からすれば、自白は事件の終わりを意味する。裁判所からすれば、自白は裁判の出発点である。どのようにして自白が録取されたかは、知るべきであると考える。この点を証明することは被告人の権利であると考える。
裁判所：再び聞く。能山判事と石原昌進、上原康行の妻、Bの他に、あなた方が呼びたい者はいるか。
瀬長：今のところ以上である。
裁判所：裁判所はその点を明確にしておきたい。あなたが考えるための時間は充分にあった。この場で判断を示しなさい。
瀬長：他にはいない。
検察官：検察は弁護側の要求には理解できない部分があることを述べておきたい。上原康行の妻は、この間、法廷の近辺で何度も見かけたが、証言台に呼ばれることはなかった。また、Bは本件に関連する裁判の一つで証人として呼ばれたが、彼から証言を引き出すための努力は弁護側に見られなかった。さらにいえば延期の期間についても承伏できない。その証人らであれば、一日もあれば召喚できる。各証人と事前の打ち合わせをして、アリバイ固めをすることが弁護側の目的であるように見える。裁判所に要求を出すのであれば、その前に弁護側からこの点の回答を得たい。

瀬長：私には証拠があるので、それは検察官が心配することではないと考える。今日、被告人らが裁判所に来たとき、被告人の陳述を終えれば、検察側と弁護側が最終弁論を行い、そして審理が終わると考えていた。私たちは、もちろん延期したいと考えているが、公判延期を計画してきたのではない。裁判所がこの点を取り上げたので、私は裁判所に延期を依頼したにすぎない。

裁判所：いつ裁判所がこの問題を取り上げたというのか。

検察官：裁判所が聞くのか。

裁判所：又吉が非宣誓供述で述べたのであって、裁判所が延期を示唆したのではない。

検察官：瀬長は今日で結審するという心構えができていたと述べた。彼が午前中に延期を提案したのではなく、彼の言い分では、この件を持ち出したのは裁判所である。裁判所は、裁判所から持ち出したのではないという。しかし先日の又吉の供述の翻訳を聞き、その要求に基づき、裁判所が新たに延期の問題を検討したという次第である。

裁判所：証人らを二、三日で確保することはできないのか。なぜ一週間が必要なのか。

瀬長：私の非宣誓供述で述べたように、日本の弁護士協会から電文を受け取った。私は今後の公判期日について返信を送った。電文はこうだった。「あなたの期待に応えるため努力している。期日を知らせてほしい。」彼らは、今後の公判期日を知らせてほしいと要求してきた。

裁判所：あなたが日本から法律家の代理人を呼ぶことは認められていない。証人の件に限れば、せいぜい二、三日もあれば足りるはずである。
瀬長：名前は分からないが、呼びたい証人がもう一名いる。九年前ほど前に宇田嘉里の代表者であった人であり、上原康行の妻が彼の名前を知っているはずである。今は名前を変えているかもしれないが。
裁判所：その氏名不詳の人物を呼びたいのは何のためか。
瀬長：マタヨシ・セイタクと同じである。
裁判所：以前に述べた理由でそれは認められない。これらの証人と打ち合わせをするためにどれくらいが必要か。私はこれ以上時間を無駄にできない。
瀬長：何日という趣旨か、何時間という趣旨か。
裁判所：最低限の時間を聞いている。二、三日または一日で打ち合わせをすることができるはずである。
瀬長：一週間である。
裁判所：証人らと打ち合わせをするために一週間を要する理由は何か。
瀬長：所在を確認するためである。
裁判所：誰の所在確認か。
検察官：私は本日中に先の四名を呼ぶことができる。
裁判所：検察官が述べたことを裁判所が繰り返す。この点についてあなたの考えはどうか。あなたは明日の午前九時に裁判を進めることができるか。
瀬長：できない。
裁判所：本日中に証人を確保するとすれば、いつから進めることができるか。なぜあなたは笑っているのか。
瀬長：一週間である。
裁判所：裁判所は、証人らを本日中に確保する場合、あなたが一週間を要するとは考えない。真面目に考えて欲しい。私が知りたいのは最低限の時間である。私は公平でありたいと考えるが、せいぜい二日のうちに進めることができるはずである。

瀬長：次の金曜日［四日後の二十二日］まで延期してもらえないか。

裁判所：代理人の意見はどうか。何か述べることがあるか。裁判所は長すぎると考えている。代理人として述べるべきことがあるか。

代理人：裁判所は一週間以内の延期であれば許容できると聞いている。しかし私の考えでは、弁護側が要求するのは法律の助言者に来てもらうことである。被告人らが勾留されているため、私は那覇警察署で依頼人と相談せねばならず、会話が制限されることも述べておきたい。さらに又吉の特別代理人として、私一人だけは勾留を免れているが、ほとんどいつも警察に尾行され、そのため行動が制限され、本件について適切な調査もできない。

裁判所：なぜ尾行されていれば一週間で準備できないのか。

代理人：なぜならそれは被告人たちに対する弾圧だからである。検察側証人の証言について証言してもらうために、被告人の要求した二名の証人は認められなかった。そのため弁護側は事件をより詳しく調査せねばならなくなった。それゆえ、より長い延期、せめて金曜日までの延期を要求したい。

検察官：弁護人の述べる理由を聞いたが、私は彼らの要求に真摯さを感じない。又吉の予備審理は先月の十六日に開かれた。それ以来、瀬長氏や島袋氏をはじめ人民党幹部らは、又吉の弁護、さらに瀬長の弁護を準備するために充分な時間を費やしてきた。弁護人は警察に尾行されているため行動が制限されていると訴えた。公判廷で見事に述べてくれたように、彼は人権意識を持っている。それゆえ彼は、警察が彼の行動の自由を妨げることはできないことを知っている。つまり、彼のいう行動の制限とは、彼が法律違反も辞さずに行動しようとしているという意味である。そうでなければ警察がいるからといって毎日の行動で悩まされることはないはずである。証人らと打ち合わせをするためだけに金曜日まで延期するのは、長すぎる要求であると考える。検察官としては水曜日の朝までの延期を勧める。その代わり検察官は弁護側の証人四名を本日中に手配したい。そうすれば被告人らは今日の残りの時間と明日の丸一日を使って充分に打ち合わせをすることができる。

裁判所：（島袋に対して）着席しなさい。あなたは弁護人の助言について述べた。もしあなたが法律問題について答えを求めているのであれば裁判所に尋ねてはどうか。問題は被告人らが起訴状に記載されたことをしたか否かである。これは事実問題である。被告人らは訴追されたことをしたか。これは事実問題であり、法律問題ではない。あなたは何の法律問題を抱えているのか。

代理人：どのような質問を証人に対してすることができるか、ということを理解するために法律の専門家と検討することである。私たちは終始誘導尋問を理由に質問を制限され、却下された。今日も証人二名を申請したが否定された。私たちは法律の専門家と相談をすれば、弁護側に有利となるような質問をすることができるし、この準備をすれば明確になる法律問題もあるはずである。

裁判所：あなたはこの問題を長い間放置してきたが、ようやく取り上げた。あなたが弁解をしなくても済むように、私は公判を木曜日の朝まで、つまり十月二十一日午前九時まで延期することにしたい。本件審理を休止し、一九五四年十月二十一日、木曜日に再開する。裁判所は休廷した。検察官は、弁護側が証人らに接触できるように取り計らってもらいたい。

検察官は、弁護側証人として召喚される能山判事が宮古または八重山にいることを報告した。

裁判所は一九五四年十月十八日、月曜日、午後一時五分に休廷した。

［第四回公判期日］

裁判所は一九五四年十月二十一日午前九時十分に再開した。検察官、被告人二名、被告人又吉の代理人島袋嘉順出席。

弁護側の証拠（続き）：

午前九時五分、又吉の代理人が被告人と相談するために五分間を要求し、認められた。
裁判所：被告人瀬長が証人申請した能山宗徳［YOSEYAMA, Sotoku］判事は八重山から空路で沖縄入りし、十月十九日に到着した。（弁護側に対して）次の証人を呼び入れなさい。
瀬長：最初に私の起訴罪状一に関する証人として能山判事を呼びたい。
代理人：被告人又吉の証人をもう一名追加したい。
裁判所：その証人とは誰か。
代理人：真和志市栄町＊班＊のミヤギ・ブンシン［MIYAGI, Bunshin］である。彼を被告人又吉の証人として呼びたい。
裁判所：この証人を呼んで何を証明するつもりか。
代理人：被告人又吉の起訴罪状一について彼に尋問をしたい。
裁判所：何を証明するためか。
代理人：起訴罪状一に対するアリバイである。
裁判所：彼はここに来ているか。
代理人：ここにいる。
裁判所：（弁護側に対して）証人尋問は一名ずつ、遅延なく行いたい。それでよいか。能山判事を呼びなさい。
代理人：ミヤギ証人に、呼ばれるまでは法廷外にいてほしいと頼みたい。
裁判所：彼はどこにいるか。
代理人：外である。
裁判所：では、後で彼を呼びなさい。しかし遅延なく。私はこれ以上の演説は望まない。彼（証人）に、この外で待つようにと伝えなさい。（代理人がミヤギと話をするため法廷を出た。）

能山宗徳が宣誓し、証言した。
瀬長：これからあなたに幾つかの質問をする。あなたの名前は何か。
証人：名前は能山宗徳である。
瀬長：あなたの職業、年齢、住所を教えて欲しい。
証人：職業は裁判官である。四十八歳である。住所は那覇市若狭［Wakashi］町一丁目＊番である。
瀬長：次の質問をする。証人は、裁判官として石原昌進他五名がカルテックス社の労働争議に関連して住居侵入と業務妨害で訴追された事件を審理したことがあるか。
証人：ある。
瀬長：この事件の第一回公判の期日はいつか。
証人：第一回期日の正確な日付は忘れた。
瀬長：そのときの被告人石原らの代理人は誰だったか。
証人：瀬長亀次郎氏から被告人石原の特別代理人になるという要求があったので、私が許可し、彼を裁判に出席させた。
瀬長：その裁判の特別代理人であるという瀬長亀次郎とは誰のことか。
証人：今、この質問をしているあなたのことである。
瀬長：カルテックス裁判で審理が終了したのはいつか。カルテックス裁判はいつ終了したか。
証人：一九五四年七月二十日に有罪無罪の事実認定を行い、一か月後の同年八月二十日に刑の言渡しを行った。
瀬長：その裁判の事実認定の日、つまり七月二十日に特別代理人瀬長亀次郎は、特別代理人として法廷に現れたか。
証人：彼は法廷に来て、被告人を弁護した。

瀬長：その日に法廷が開かれた時間を覚えているか。

証人：その日、つまり二十日は午前十時頃に開廷したと思うが、もう少し詳しく時間について説明すると、七月二十日の前の公判期日は七月十二日であり、その日の審理の最後に私は七月二十日午前十時に再開すると通告した。先ほど私は十時頃だったと思うと述べたが、周知のとおり、裁判を午前十時より前に始めることは、違法であり、できない。ただ七月二十日の公判が正確に何時に始まったかはよく覚えていない。十時を過ぎていたはずである。

瀬長：その日の裁判が始まる前に特別代理人瀬長が法廷に現れ、裁判が始まる前に被告人と打ち合わせをしたのではないか。

証人：裁判を始めるときに特別代理人が法廷にいたことは覚えているが、開廷前に法廷にいたか否かは、あまりよく覚えていない。

瀬長：その日は何時に閉廷したか。

証人：よく覚えていないが、午後一時に別の裁判が予定されていたので、午後零時三十分頃に終了したと思う。

瀬長：特別代理人瀬長は、公判中はずっとそこにいたか。

証人：そこにいた。

瀬長：以上である。

裁判所：反対尋問はあるか。

検察官：あなたは特別代理人瀬長が開廷のどれくらい前に法廷に現れたかを覚えているか。

証人：覚えていない。

検察官：あなたが法廷に来たのは正確には何時か。開廷の直前か。

証人：裁判官は、裁判の当事者らが揃う前に法廷にいる必要があるので、私が言えることは、被告人瀬長亀次郎がそのときにいたということだけである。
検察官：確かなことを聞きたいが、あなたの到着から開廷までの時間は三十分以内か。
証人：三十分以内であることは間違いない。先ほども述べたように、当事者らが揃ったときに直ちに裁判を始めることになっている。
検察官：以上である。
裁判所：カルテックス裁判が開かれた裁判所の場所を判事に聞きたい。
証人：中央巡回裁判所である。
裁判所：中央巡回裁判所はどこにあるか。記録するために聞いておく。
証人：那覇市久茂地町にある。
裁判所：以上である。判事にお礼を述べたい。次の証人を呼びなさい。
石原昌進が宣誓し、証言した。
瀬長：証人に氏名、年齢、職業、住所を聞きたい。
裁判所：特別代理人から証人らに質問がある場合は瀬長氏の後で質問をするように。
証人：私の名前は石原昌進である。一九二七年十一月二十日生まれである。職業は自由労働（日雇い労働者の意味）である。住所は那覇市首里汀良区＊班＊号である。
瀬長：証人はカルテックス社で労働者として従業したことを覚えているか。
証人：はい。
検察官：弁護人に助言しておきたいのは、誘導尋問をしてはならないことである。ここまでは重要な質問ではなかったので許容したが、彼が尋問内容を先取っているときには、誘導尋問をしてはならないと注意することを裁判所に求めたい。

裁判所：あなたから弁護側に翻訳してもらえないか。被告人瀬長は、誘導尋問をしないようにと注意された。いいかえれば、答えを示唆する質問である。例えば先ほどの質問でいえば、ある期間についてあなたは働いていたか、と聞くのが適切であり、そして証人が「はい」と答えたら、「どこで働いていたか」と聞いて進めていく。

瀬長：私の質問は誘導尋問ではない。私は、カルテックス社で働いていたかと聞いただけである。彼が「はい」と答えれば、それで質問は続けられる。

裁判所：続けなさい。質問が翻訳されるまでは待つように証人に伝えなさい。

瀬長：カルテックス社でストライキがあって、仲間の従業員らが妨害行為をした。あなたはストライキがいつだったかを覚えているか。

証人：カルテックスのストライキ、カルテック社の労働争議が始まったのは昨年の十月十五日であり、十二月中旬には終わった。

瀬長：そのとき証人はストライキに参加したか。

裁判所：少し待ってほしい。私はストライキには関心がない。それは起訴罪状一の日付よりもかなり前のことである。起訴罪状一の日付、つまり七月二十日またはその頃に的を絞ってほしい。関心があるのはそこである。

瀬長：関係があるので、それを説明したい。

裁判所：どんな関係があるか。

瀬長：ストライキがあったので、後に証人を含めて裁判にかけられた。能山判事が言及したのはその裁判である。

裁判所：私はその裁判には関心がない。その裁判があったことは問題にしていない。七月二十日またはその頃に絞ってほしい。アリバイが関係するのはそこである。進めてほしい。

瀬長：私が説明したのは、関係があるということである。

裁判所：関係はない。無関係である。あなたにアリバイがあるのであれば、それは一九五四年七月二十日のことである。質問を続けなさい。
瀬長：先ほどの質問に関する裁定はどうなったか。
裁判所：質問を却下する。
瀬長：ストライキのとき、あなたは命がけでハンガーストライキに参加した者らの一人である。覚えているか。
裁判所：質問を却下する。それはアリバイには関係がない。七月二十日に絞るように。
瀬長：あなたはこのストライキに関して住居侵入と業務執行妨害の容疑で起訴されたか。
裁判所：それは関連性がなく重要ではないことを彼［瀬長］に伝えなさい。それは七月二十日またはその頃にアリバイがあることとは何の関係もない。先に進みなさい。
瀬長：なぜあなたは、それと関係がない、というのか。
裁判所：あなたはこの証人によってアリバイを示したいと言っていた。それは起訴された犯罪行為があったときに、あなたが別の場所にいたことを示すという意味である。そこに絞ってほしい。続けなさい。
瀬長：理解できない。
裁判所：あなたが法律家であれば理解できただろう。続けなさい。
瀬長：あなたはカルテックス事件に関して住居侵入と業務執行妨害の容疑で那覇の中央巡回裁判所の能山判事の面前で裁判を受けたか。
証人：はい。裁判を受けた。
瀬長：その裁判はいつから始まったか。
証人：裁判は今年の二月八日に始まり、八月二十日に終わった。
瀬長：その裁判であなたの特別代理人を誰かに依頼したか。
証人：はい。瀬長亀次郎に特別代理人を依頼した。

瀬長：あなたが名前を上げた瀬長亀次郎というのは誰か。
証人：瀬長亀次郎は沖縄人民党書記長であり、立法院議員でもある。
瀬長：彼はこの法廷にいるか。
証人：はい。
瀬長：どこにいるか。
証人：私が指し示している人である（瀬長を示す）。
瀬長：あなたが資格のある法律家を雇うのではなく、瀬長亀次郎に依頼した理由を裁判所に説明してもらえるか。
証人：労働者の権利を守り、同時に個人の権利を守るためである。カルテックス社の従業員の最低限の生活水準を守るために、私は那覇警察署の近くで命がけのハンガーストライキに参加した。
裁判所：私は彼が参加したストライキには興味がない。私が関心を寄せているのは瀬長がアリバイを証明するか否かである。証人の答えも、また質問も、関連性がなく、重要性もない。起訴罪状に対する答えを出すのではなく、あなたは政治的な演説を行い、証人にも政治的な演説をさせている。アリバイに集中してほしい。一九五四年七月二十日またはその頃の時間の問題に的を絞るように。先に進みなさい。
瀬長：あなたがその裁判の件で特別代理人瀬長と初めて相談したのはいつか。
証人：一九五四年二月六日であり、その日にカルテックス裁判について瀬長氏と相談した。
瀬長：この裁判は何回開かれたか。
証人：裁判が開かれたのは六回である。
瀬長：刑が言渡されたのはいつで、また、有罪の事実認定があったのはいつか。
証人：有罪とされたのは七月二十日であり、刑の言渡しは八月二十日である。

瀬長：特別代理人瀬長亀次郎は七月二十日にあなたと他の被告人らのための弁論を行ったか。
証人：はい。瀬長氏は七月二十日に法廷に来て、弁論を行った。
瀬長：その弁論について、あなたは特別代理人と話し合ったか。
証人：はい、話し合いをした。
瀬長：その話し合いはどこでしたか。何時頃だったか。
証人：七月二十日の午前七時から九時までである。
瀬長：七月二十日の午前の話し合いに関してその状況を裁判所に述べてもらえるか。
証人：私は七月二十日午前七時前に瀬長亀次郎の家に行った。戸が閉まっていたので外から声をかけると瀬長亀次郎氏が戸を開け、私は中の部屋に通され、そこで最終弁論について話し合った。
瀬長：どれくらいの時間、話し合ったか。
証人：だいたい一時間四十分である。七時頃に始まり九時前まで続いた。
瀬長：あなたは瀬長氏と一緒に裁判所に行ったか。
証人：私は彼よりも先に出た。
瀬長：その日、あなたが瀬長氏の家を出たのは何時か。
証人：午前九時頃である。
瀬長：あなたは瀬長氏がその日の何時頃に裁判所に到着したかを知っているか。
証人：彼が来たのは午前十時十五分過ぎ頃であると思う。（通訳）間違いがありました。彼は午前十時十五分前または十分前頃に来た。
瀬長：その日、裁判が終わってから、あなたは代理人瀬長と何か話し合ったか。
証人：話し合ったのは、次の期日は刑の言渡しだけであるから、特別代理人が来る必要はないというようなことだった。

瀬長：先ほどあなたは七月十日午前七時頃に瀬長氏の家の戸を叩いたと証言した。そのとき彼がどんな格好で出てきたかを裁判所に述べてもらえるか。

証人：私が瀬長氏の家の戸を叩くと彼が戸を開けた。そのとき彼はパジャマを着ていた。

瀬長：あなたは刑の言渡しの日に瀬長亀次郎と会ったか。

裁判所：それはアリバイとは関係がない。

瀬長：以上である。

裁判所：反対尋問を行うか。

検察官：裁判はいつ始まったか。

証人：十時である。十時ちょうどであったかは定かではない。

検察官：裁判が始まったとき何が最初に提出されたか。

証人：その日は最初に検察官が最終弁論と求刑を行い、それから瀬長亀次郎氏が弁論した。

検察官：検察官が使った時間はどれくらいか。

証人：検察官が弁論を終えるまでに約十五分かかったと思う。

検察官：弁護側は何分くらい使ったか。

証人：検察官より長い時間だった。

検察官：七月二十日は雨だったか、晴れていたか。

証人：雨は降っていなかった。

検察官：その日の朝、あなたは何時に起きたか。

証人：六時前頃である。

検察官：朝食は何時だったか。
証人：起きてから食べ始めた。時間は決まっていないので答えられない。
検察官：六時三十分頃か。
証人：六時三十分頃ではない。
検察官：六時十五分頃か。
証人：六時頃である。六時を大きく過ぎていない。数分である。
検察官：その後は何をしたか。
証人：食事をしてからすぐに家を出て瀬長氏に会いに行った。
検察官：一人で行ったのか。
証人：はい、一人である。
検察官：瀬長氏の家に歩いて行ったのか。
証人：バスに乗った。
検察官：そのバスは何か。
証人：首里バスである。
検察官：何時にバスに乗ったか。
証人：私は貧乏であり、時計を持たないので、何時だったかは分からない。
検察官：どのバス停でバスに乗ったか。
証人：首里の汀良区である。
検察官：そのバスにはよく乗るのか。
証人：はい、何回もある。

検察官：バスの運転手を覚えているか。
証人：いいえ。覚えていない。
検察官：その時々で運転手は変わるのか。
証人：はい。運転手は・・・。
検察官：首里バスには運転手が何人いるのか。
裁判所：私は証人がそれを知っているとは思わない。
検察官：彼は知らないと答えることができる。
裁判所：宜しい。答えさせなさい。
証人：知らない。
検察官：そのバスを降りたのはどこか。
証人：那覇高校の近くである。
検察官：あなたの家から瀬長氏の家に着くまでに、あなたは誰か知り合いに会ったか。
証人：会っていない。
検察官：瀬長氏は、その事件で、あなただけの特別代理人になったのか。
証人：違う。
検察官：そうすると他の被告人は、その事件について特別弁護人と話し合う必要はなかったという意味か。
証人：彼らは話し合う必要がなかった。なぜなら話し合いの後に私が彼らに報告をするからである。
検察官：それはこういう意味か。あなたが瀬長亀次郎氏と話し合い、彼があなた方の弁論の内容を述べ、あなたがそれを他の被告人らに報告する。
証人：そうである。それで間違いはない。

瀬長：検察官は細々と質問をしているが、それはこの人物が他の五名を代表して私に会いに来たからである。彼は代表だった。

検察官：弁護側が質問に口を差し挟んだのは、証人が明らかに失敗をして弁護側に不利益な答えをしたからである。論理的に異議があるならば、検察官が質問をしたときに、そうすべきである。質問は難しいものではなかった。特別弁護人は一人であなた方を弁護したのか。当然、この質問は彼が残りの被告人らを弁護したことを意味する。残りの被告人らは事件について他の者と話し合う必要がなかったということになる。

裁判所：瀬長氏の言いたいことは何か。

瀬長：それは本件にとって重要ではない。他に五名の被告人がおり、検察官もその五名を知っていると思う。私は「あなたが弁論の内容を他の被告人らに伝達したのか」という検察官の質問に対して異議を唱えている。この証人は弁論について伝達する必要はなかった。なぜならそれは法廷で弁護人が陳述するときに分かることだからである。

裁判所：検察官の追及の姿勢は悪くないと考える。なぜなら数人の被告人がおり、その彼らが代理人との相談の必要性を認めなかった理由を探っているからである。異議を却下する。続けなさい。

検察官：あなたは瀬長氏から弁論の内容を聞き、それを他の被告人らに伝達したと証言したが、それは間違いないか。

証人：はい。

検察官：では、あなたがそこに行ったのは、弁論内容を準備するためではなかったのではないか。

証人：私は他の被告人らに弁論内容を伝えたが、弁論内容を話し合ったとは言わなかった。

検察官：あなたは弁論について話し合うために会う約束をしたのではなかったか。

証人：そうである。

検察官：他の五名の被告人は弁論内容について意見を持っていなかったのか。彼らはあなたと一緒に瀬長の家に行かなかった。それは間違いないか。
証人：はい。
検察官：今はどこに住んでいるか。
証人：首里である。
検察官：首里警察署か。
証人：沖縄刑務所である。
検察官：あなたは人民党員か。
証人：はい。
検察官：あなたは人民党員として瀬長を助けねばならないと感じないか。
瀬長：異議あり。それは本件とは関わりがない。彼がそう欲するとしても、それは本件と何の関係もない。
裁判所：これは反対尋問であり、検察官はこの証人が真実を話さない理由を持ちうることを示そうとしている。
証人：いいえ。私は助けるべきだとは感じない。
検察官：瀬長氏が有罪判決を受けるか否かには関心がないという意味か。
証人：私はただ真実を述べている。
検察官：私の質問に対する答えとして、あなたが瀬長の有罪無罪に関心がないというのは本当か。
証人：瀬長氏が有罪か無罪かは関心がある。
検察官：あなたは瀬長の家から裁判所まで直行したか。
証人：はい。
検察官：歩いて行ったか。

証人：はい。
検察官：どれくらいの時間を要したか。道のりはどれくらいか。
証人：はっきりしないが、二十五分か三十分くらいである。
検察官：そうするとあなたは裁判所に午前九時二十五分か三十分に着いたことになる。
証人：はい。
検察官：そのとき誰かに会ったか。
証人：他の被告人らである。
検察官：彼らの名前を上げてくれるか。
証人：最初にあったのはテルヤ・カンメイ〔TERUYA, Kanmei〕である。
検察官：二月八日から七月二十日までの間にあなたは瀬長氏と何回会ったか。
裁判所：関連性と重要性の点はどう考えているか。
検察官：私が示そうとしているのは、最終日に弁論について話し合うために会う必要はなかったということである。
裁判所：そのまま進めなさい。
証人：数回である。
検察官：何回か。
証人：四回か五回である。
検察官：そのときに瀬長氏は事件についてあなたに詳しく聞いたか。
証人：何についてか。
検察官：カルテックス事件に関する質問である。

証人：瀬長はカルテックス事件に関する事実を詳しく私に聞いた。
検察官：あなたはロー・スクールに通ったか。
証人：いいえ。
検察官：法律を勉強したことがあるか。
証人：ない。しかし少し知っている。
検察官：少し知っているとは、どういう意味か。
証人：法律を少しかじったことがある。
検察官：裁判手続について詳しいか。弁論について話し合ったとき、何を話し合ったかを私たちに述べてもらえるか。
証人：公判の最後の日は大変重要なので、知っていることは全部瀬長氏に話した。
検察官：あなたは四、五回彼と会い、弁護について彼に説明できたと証言したのではないか。
証人：はい。
検察官：既に事実を話していたことをあなたは忘れたのか。
裁判所：十分間、休憩する。
（人民党の党員六名が入廷を許可された。）
検察官：もう一つ質問がある。あなたは時間の点について明確に証言したが、検察官の質問に対して、あなたは貧乏だから時計を持っていないと答え、時間を言えなかった。これはどう理解すればよいか。
証人：私は弁護側の質問に関連して知っていることと知らないことを述べただけある。私は知らないと述べた。
検察官：質問は以上である。
裁判所：証人は退席しなさい。次の証人は誰か。

瀬長：次の弁護側証人は上原康行の妻であるが、彼女については取り下げたい。
裁判所：分かった。では、その次の証人は誰か。
代理人：又吉の証人であるミヤギ・ブンシンを呼びたい。
裁判所：目的は何か。
代理人：被告人又吉の起訴罪状一についてアリバイを証言する。
裁判所：ミヤギ・ブンシンを呼びなさい。
ミヤギ・ブンシンが宣誓し、証言した。
代理人：あなたの名前は。
証人：ミヤギ・ブンシンである。
代理人：あなたの住所は。
証人：真和志市栄町＊班＊である。
代理人：あなたの職業は何か。
証人：小売業である。
代理人：その住所での生活はどれくらいになるか。
証人：一九五四年七月二十八日からである。今年である。その以前にもそこに住んでいたことがある。
代理人：あなたは転居前にどこにいたか。
証人：三原に住んでいた。
代理人：三原の家の番号は知っているか。
証人：三原区＊班＊号である。
代理人：三原に移る前はどこにいたか。

証人：栄町である。
代理人：あなたの現住所と三原に移る前の住所は同じで間違いないか。
証人：はい。
代理人：いつ三原に引っ越したのか。
証人：一九五四年二月である。
代理人：又吉一郎を知っているか。
証人：はい、知っている。
代理人：彼が現在していることは何か。
証人：豊見城村の村長である。
代理人：彼は今日の法廷にいるか。
証人：はい。（証人は又吉を指し示した。）
代理人：栄町に住んでいるときに又吉氏に会ったことがあるか。
証人：はい。彼と近所付き合いをしていた。
代理人：ときどき彼と話をすることがあったか。
証人：はい。
代理人：彼を知っている理由を説明してもらえるか。
証人：彼の家は私の家の向かいであり、仕事のことを話し合った。借金をしたこともあるので借金の話もした。
代理人：あなたが又吉から借金したのか。
証人：実際にお金を借りたのではなく、又吉の店の品物の代金であり、請求書のことである。
代理人：あなたはいつまで信用貸しで品物を買っていたのか。

証人：今年の二月迄である。
代理人：代金の支払いを求められたことはあるか。
証人：ある。彼の妻や又吉氏からも五、六回は要求された。
裁判所：アリバリの点に絞るように。私は食料品の請求書には興味がない。
代理人：あなたは代金を支払うと約束…。
裁判所：それがアリバイと何の関係があるのか。
代理人：これは七月二十日と関係がある。
裁判所：質問を繰り返しなさい。
代理人：あなたは代金支払いの約束をしたか。
証人：はい。
代理人：何日までに支払うと約束したか。
証人：七月二十日までに支払うと彼に伝えた。
代理人：あなたは栄町の又吉の家に代金を持って行ったのか。
証人：私が彼の家に行こうと考えていたとき、又吉氏が娘さんと一緒に三原の家に来たので、私は代金を払った。私が行ったのではない。
代理人：又吉氏が来た家というのは、先ほどの三原区＊班＊号の家か。
証人：はい。
代理人：その女の子は又吉氏とどんな関係があるか。
証人：彼女は彼の長女である。
代理人：彼女は何歳か。

証人：六歳か七歳である。
代理人：又吉があなたの家に来たとき、彼は何か言ったか。
証人：東京で勉強をしている親戚に送金していると言っていた。妻に集金を任せたが、うまくいかなかったので、彼（又吉）が来たのだ、とも言っていた。彼は私を厳しく咎めて支払いを求めた。
代理人：そうするとその日、彼はあなたの家にしばらく居たことになるか。
証人：はい。
代理人：長く居たのか。
証人：はっきりとした時間は分からないが、一時間か一時間半くらいだった。
代理人：あなたはその日に支払ったのか。
証人：払えなかったので、咎められた。
代理人：再び質問するが、七月二十日の何時に又吉氏はあなたの家に集金しに来たのか。
証人：記憶の限りでは朝の七時三十分か八時頃である。
代理人：では、一九五四年七月二十日の午前七時三十分か八時頃に又吉氏が三原にあるあなたの家に来たことは本当か。
証人：はい。
代理人：そして彼はあなたの家に一時間か一時間半いた。これは正しいか。
証人：はい。
代理人：以上である。
検察官：あなたはこれまでに又吉氏に数回の借金をしたということか。
証人：私は今年の二月迄に四千円ほどの借金があったが、金を借りたのではなく、未払いの代金があったということである。
検察官：あなたは又吉から色々と面倒をみてもらっているか。
証人：はい。又吉氏から色々と世話になっている。
検察官：では、又吉氏の境遇には大きな関心があるということか。
証人：いいえ。
検察官：あなたは又吉氏の有罪無罪には興味がないという趣旨か。
証人：私は興味がない。
検察官：あなたは、あなたの面倒をみてくれた人が刑務所に入ることになっても気にならないのか。
証人：もし彼が悪いことをしたのであれば、気にならない。
検察官：あなたは人民党の党員か。
証人：違う。
検察官：質問はこれで終わる。
裁判所：証人は退席しなさい。次の証人は誰か。
代理人：Ｂの予定だったが、弁護側は彼を取り下げたい。
裁判所：弁護側証人は他にいたか。
瀬長：弁護側は、瀬長が証人一名、島袋が証人一名を呼ぶ権利を放棄した。その理由を述べて記録に残しておきたい。
裁判所：裁判所としてはその理由を聞きたいとは思わない。弁護側証人は他にいないということでよいか。
代理人：私も理由を説明したい。
裁判所：必要ない。あなたが理由を話すことはできない。裁判所は最終弁論を聞くことにする。各被告人の持ち時間は十分間である。検察の最終弁論も十分間である。
瀬長：私は十分間では終わりそうにない。
裁判所：あなたの持ち時間はそれだけである。
瀬長：十分間では充分ではない。
裁判所：それで充分である。
瀬長：人間二名の裁判［the trial of two human lives］の最終弁論が十分間に制限されるならば、この裁判の本質を人民は知ることになるだろう。
裁判所：先ほど述べたとおりである［The ruling stands］。最終弁論はそれぞれ十分間である。あなたの最終弁論をしなさい。
瀬長：検察官の弁論が最初ではないのか。
裁判所：検察は最初に最終弁論［opening statement］をすることができる。彼が最初に話をしてもよい。そして弁護側が最終弁論を行うときは、検察は最後に弁論を行う権利がある。しかし、彼は最初の弁論を放棄した。
瀬長：他の者と相談してよいか。
裁判所：私はあなたに十分間の休憩を与えよう。しかし、あなた方の弁論は各々十分間に制限される。検察も十分間である。十分間の休憩とする。
裁判所：十分間が経過した。開廷する。又吉の代理人は最終弁論を行いなさい。
代理人：私たちは検察が最初に弁論をすることを求める。
裁判所：検察は最初の弁論を放棄した。
代理人：それはどういう意味か。
裁判所：この裁判所の手続では、最初に検察が最終弁論をすることができ、その次に弁護側が弁論を行えば、さらに検察は最後の弁論を行う権利がある。つまり手続上、最後に話をする権利が検察にある。

検察官：彼らの納得が得られるのであれば、簡単な弁論をしてもよい。

裁判所：その必要はない。この手続では検察は二回の弁論をする権利がある。検察は最初の弁論を放棄した。それは弁護側にとって有利である。検察官は最後に弁論を行いなさい。

代理人：弁護側の利益のために、ぜひ検察に最初の弁論をしてもらいたい。

裁判所：検察は最初の弁論を行うつもりがあるか。

検察官：彼らを黙らせたいので簡単に述べたい。本件訴追手続に関する限り、検察としては、検察側証人の証言によって瀬長亀次郎に対する起訴罪状一、二、三、及び四、並びに又吉一郎に対する起訴罪状一の全てが充分に証明されたと考える。したがって、これらの起訴罪状について裁判所が有罪を認定することを希望する。

裁判所：島袋、最終弁論を行いなさい。

代理人：これから私の依頼人である被告人又吉に代わって最終弁論を行う。この裁判は沖縄の全人民の大きな関心を引いているが、同時に私たちの祖国からも注視されている。なぜなら沖縄の人民は米占領軍の戦略支配下にある九年間、祖国から切り離されて窮乏生活を送っているからである。この瀬長と又吉の合同裁判から見て取れるように、県民は、日本の人民であり、日本の領土内で日本人として自由に生活する権利を有するが、今やその政治的自由と基本的人権を失いつつある。本件に関連する他の事件の被告人をみれば、既に失われているともいえる。このようにして本裁判は、特定の政党を非合法化し、政治的目的のために不当な圧力を加え、そうして七十万県民の植民地的地位を固めようとしている。本裁判に重要な政治的意味があったことは明白であり、それこそが米占領軍の政治的目的であった。これまで私たちは厳格な民主主義の原則に従い、正義と真理を闘いとろうとしてきた。しかし正義と真理に基づく弁護側の主張は、裁判所にも受け入れられなかった。これは支配する者と支配される者の階級差を明白に示す。

この裁判手続のことは沖縄の全人民に対して、さらに祖国の人民大衆に対して暴露された。私たちは充分な弁護側証拠を提出する機会を与えられなかっただけでなく、証拠の提出すらも許されなかった。これは米軍の側から強力な圧力と権力が加えられたことを示す。弁護側の最終弁論がたった十分間に制限されるような民主的裁判なるものは、今からでも取り消されねばならない。

裁判所：あなたの十分間は終了である。瀬長、あなたの最終弁論をしなさい。十分間を与える。

瀬長：最終弁論を始める。(15) 私は二時間四十分の最終弁論を準備したが、今、私の持ち時間は十分間に制限される。これは、この裁判が事件の立証に自信のない検察を代表する検察官オータの指揮の下で進められたことをはっきりと曝いている。最終弁論が十分間に制限される理由はそこにある。これが私の最初の主張である。

この裁判は明らかに政治的な裁判である。それは階級裁判であり、植民地裁判である。権力者たちが人民党との対決に乗り出したことは、次の理由から明白である。

十四日（十月）の夜、この裁判が始まるときのことであるが、警察官八名が上原康行宅に派遣され、カービン銃をもって家をとり囲み、家族に圧力を加えた。こうして集落全体に圧力が加えられた。これが集落の人々の怒りを買い、十六日に警察官らは撤退した。六名の（検察側）証人の証言は刑の減軽や金銭報酬の約束があったことを暴露している。彼らは釈放も約束された。彼らはリカー（酒）を供され、生活の安定を約束された。そうした証言は、確実に人々の目にさらされ、公に明かされる日が来るだろう。いかなる脅しも約束もなく、自発的な供述が行われるべきである。この裁判で、私たちがなぜ六名の（検察側）証人に対する反対尋問の権利を放棄したか、その理由を付け加えておきたい。もし私たちが反対尋問を行ったなら、これらの証人は私たちの目を見つめて必ず真実を述べたに違いない。しかし、それは彼らにとって偽証罪で起訴され、少なくとも六か月または三か月は獄中で過ごさねばならないことを意味する。そこでわれわれは、こちらの反対尋問が証人らに余分の負担をもたらすのであれば、それは必ずしも必要ではないと判断した。それに今朝の証人らが証言したように、われわれわれにはアリバイがあるからである。さらに自白は、前述の影響をうけ、長期の勾留後になされた。米国と沖縄の法執行機関が自白の録取に関与しただけでなく、マタヨシ・セイタクのような経済人も関わっていた。これは沖縄の人民だけでなく、日本の八千五百万人民を激怒させる。私が畠を連れて上原康行宅に行き、彼を泊めてやってほしいなどと依頼したという内容の起訴罪状一について、検察側証人は三度その証言を変えた。第一にそれは八月十日のことだとされた。次に八月二十日頃と変更された。[16] それは畠逮捕の五、六日前のことである。そして今度は七月二十日に変わった。しかしその七月二十日は、私はカルテックス事件の裁判で特別代理人をしていた。おそらく検察官への情報提供者は、この情報を持っていなかったのだろう。したがって検察側提出の証拠は極めて薄弱であることが暴露されたといわざるを得ない。被告人瀬長はこのような起訴罪状で裁かれようとしている。しかし、日本の平和と独立のための闘いは続くだろう。それが実現されるための唯一の道は、この島々の祖国復帰であり、われわれの土地を守る闘いである。われわれは土地を守るために闘い続けるだろう。この裁判が軍事民政府の弱点を世界の人民に曝いたことは私の確固とした信念であり、確信である。刑の減軽と刑務所からの釈放の約束、あるいは酒類を提供して証言者を誘惑するといった方法が明白に示すのは、民政府の弱さである。自白は約束と便宜供与によって得られた。したがって被告人は、起訴罪状一及びこれに基づく起訴罪状二、三、四は無罪であると考える。最終的判決は世界の働く人々によって行われるだろう。約二十三年前・・・。

裁判所：検察官、十分間である。

検察官：この裁判は一つの目的、つまり被告人瀬長亀次郎と又吉一郎が起訴状記載の事実主張について有罪であるか、無実であるかを決めるために開かれた。

この点を無視して弁護側は、検察側の立証後に法律上の争点に目もくれず、本件裁判を政治問題にすり替えようとした。彼らは裁判所を混乱させるためにあらゆる手段を駆使した。

しかし、弁護側が何をしようと、検察側提出の証拠によって合理的な疑いを超えて証明された事実、すなわち瀬長亀次郎が起訴罪状一、二、三及び四の各犯罪を行った事実を隠すことはできない。いいかえれば瀬長亀次郎が畠義基の民政府布令一二五号違反を幇助かつ教唆したことは、検察側証人上原康行、A、上原盛徳及び運天義雄の各証言から明らかである。

その上、瀬長亀次郎が民政府簡易裁判所で故意に虚偽の宣誓供述、すなわち「私は一九五四年にただの一度も上原康行の家を訪ねなかった。私は、畠の潜伏中に彼に会わなかった。」と述べた事実は、Aの裁判の記録と検察側証人の証言によって明らかに示された。

さらに、瀬長亀次郎が、不当にAに対し、那覇の民政府簡易裁判所で故意に虚偽の宣誓供述をすることを教唆した事実は、Aの証言によって明らかにされた。それによれば瀬長は偽証罪の刑の上限がたったの六か月であることから証言の変更を迫った。

そして瀬長亀次郎が、不当に上原康行に対し、那覇の民政府簡易裁判所で故意に虚偽の宣誓供述をすることを教唆した事実は、上原康行の証言によって明らかにされた。それによれば瀬長は、黙秘権があることを彼に銘記させ、すべてが警察のでっち上げであると述べた。

同様に、又吉一郎が畠義基の民政府布令一二五号違反を幇助した事実は、検察側証人によって明らかにされた。しかし、起訴罪状二については、検察は主張を立証する証拠を欠いていることを認める用意がある。

弁護側は、事件の争点に集中すべきであるとの裁判所の再三の警告にもかかわらず、意図的にこれを無視し、政治的演説を行い、根拠のない非難を浴びせた。こうした主張を行う中で、弁護側は多くの誤った情報を混ぜ込んでいた。検察官としては裁判所にその誤りを示したいところではあったが、しかし法廷で弁護側と政治闘争をすることは、いっそう裁判所の品位を傷つけることになると思われた。

しかしながら、弁護側の言及した多くのことを考えると、とりわけ検察官は被告人瀬長亀次郎について多少の言及をしないわけにはいかない。瀬長亀次郎は当法廷に立ち、私は日本人であると述べた。彼は人権と自由を守るために献身的に働いており、平和のために闘い、そして日本復帰が沖縄の人々の最大の関心であると述べた。

検察官としては、新日本国憲法の前文から数節を引用したい。

私たちは「恒久の平和を念願し、人間相互の関係を支配する崇高な理想を深く自覚するのであつて、平和を愛する諸国民の公正と信義に信頼して、われらの安全と生存を保持しようと決意した。われらは、平和を維持し、専制と隷従、圧迫と偏狭を地上から永遠に除去しようと努めている国際社会において、名誉ある地位を占めたいと思う。われらは、全世界の国民が、ひとしく恐怖と欠乏から免かれ、平和のうちに生存する権利を有することを確認する。」

「われらは、いづれの国家も、自国のことのみに専念して他国を無視してはならないのであつて、政治道徳の法則は、普遍的なものであり、この法則に従うことは、自国の主権を維持し、他国と対等関係に立たうとする各国の責務であると信ずる。」

「日本国民は、国家の名誉にかけ、全力をあげてこの崇高な理想と目的を達成することを誓う。」

これらの前文の文言は、真の日本の市民の思想と願望を明示している。現在の日本国民は米国及び他の自由を愛する世界中の国々と強固な協力関係にある。この点から瀬長亀次郎の思想と行動が、前文の文言で示された真の日本の市民の思想と願望から遠くかけ離れていることは明白である。

本件との関係で、どれほど豊見城村の人々の権利が損なわれ、どれほど彼らが圧迫と偏狭の下に置かれたかは明らかではないか。本日の法廷においてさえ、どれほど弁護側証人ミヤギと石原が、被告人の利己的な目的に仕えるために酷い目にあったかは明らかではないか。

被告人瀬長亀次郎は占領開始以来の米国政府の政策を攻撃してきた。どのような国であれ、また個人であれ、過ちをするが、その国や個人の欠点だけを取り上げて信用を落とそうとすることは、公平かつ中立の評価でない。私は瀬長亀次郎による演説の報告書をたくさん読んだが、彼は米国政府が琉球諸島の人々のためにした多くの良いことについて聴衆に一度も話そうとしたことがない。多くの琉球人が、事柄の一面のみを取り上げる彼の話に耳を傾け、沖縄の人々の利益のために彼が働いていると信じ込んでいるという事実があることは、まったく残念である。

裁判所：裁判所は被告人瀬長について起訴罪状一有罪、起訴罪状二有罪、起訴罪状三有罪、そして起訴罪状四有罪と認定する。裁判所は被告人又吉について起訴罪状一有罪、そして起訴罪状二無罪と認定する。

未決勾留日数：

瀬長亀次郎　：一九五四年十月六日から。

又吉一郎：二十九日。

犯罪歴：

瀬長亀次郎：警察局身分照会課［identification bureau］によれば、瀬長亀次郎は一九三三年十月十九日横浜地裁で治安維持法［一条一項後段及び同条二項］違反により懲役三年、未決勾留二百日算入の刑に処された。

又吉一郎：なし。

裁判所：本件は、被告人らが検察側証人の反対尋問を行うべきときにこれを拒否し、そして検察側立証の終了後、反対尋問をすることが許されていないときに、反対尋問ができないと問題にした当裁判所で初めての事件である。被告人らの時間の多くは政治的演説のために費やされた。また、被告人らは冒頭陳述と最終弁論のことでも騒ぎ立てた。それらは証拠にはならないので重要ではないとはいえ、被告人らはそこでも起訴罪状に対して防禦するというよりは政治的演説を行った。被告人瀬長は最終弁論で検察側証人の証言は任意性がないと述べたが、その点について検察側証人を尋問する機会があったのに、彼はこれを拒んだ。畠については反対尋問が認められたが、尋問時間が経過しても畠証言は弁護側を助けるものにはならなかった。

弁護側を支える積極的な証拠はほとんどない。被告人らの反論の大半は、証拠ではない供述の中に含まれていた。被告人両名は、反対尋問を受けない非宣誓陳述をするときに防禦のための十分な機会があった。しかし、そこでも彼らは起訴罪状について答弁するのではなく政治的演説を行った。被告人は居住の権利［the right to live］について語った。これは本件の争点ではなく、むしろ結果的にそれは有罪の承認を暗示する［it is an implied admission of guilt］。さらに当裁判所は、畠の沖縄在留の権利を取り消した命令の賢明さ［wisdom］については関心がない。裁判所が判断する必要があるのは、もっぱらその命令があったか否か、そして、もしあったのであれば、被告人らが畠による命令違反を教唆し、幇助したか否かである。

裁判所は被告人瀬長に対する起訴罪状の四つ全部について、また、被告人又吉に対する起訴罪状一について有罪とする充分な証拠があると考える。又吉の起訴罪状二はそうではない。

被告人らは起立しなさい。瀬長亀次郎、裁判所はあなたを懲役二年に処し、一九五四年十月六日を起算日とする。又吉一郎、裁判所はあなたを懲役一年に処し、一九五四年九月二十二日を起算日とする。

他に追加すべきことはあるか。裁判所を閉廷する。（一九五四年十月二十一日午後一時時四十五分閉廷。）

所見：被告人両名に対する起訴罪状一、並びに瀬長に対する起訴罪状三及び四は、犯罪行為があった場所の記載を欠いている。しかし、被告人両名は前もって起訴罪状の性質について充分に知らされており、彼らの防禦を準備することができた。さらに軍法会議における弁論の専門的なこと［the technicalties of court-martial pleading］は民政府裁判所では得られない。

検察側証人の反対尋問の時間になったとき、被告人瀬長と被告人又吉の代理人は、反対尋問を拒否した。その理由は、冒頭陳述をしたいからであると説明された。さらに島袋は「軍部から受けた不正な取り扱いについて述べること」を望んだ。彼らは検察側立証の終了後に冒頭陳述が認められることを告げられた。そして被告人らは冒頭陳述のための充分な時間を与えられたが、彼らはその時間を使って政治的演説をした。裁判所は然るべきときに反対尋問をしなければ、それはできないことを何度も弁護側に注意した。すると被告人瀬長と代理人は検察側証人を彼ら自身の証人として呼ぶ予定であると述べた。これに対しても裁判所は、その場合には誘導尋問を行うことも、証人の信用性を攻撃することも認められないことを注意した。結果的に彼らは反対尋問をすることができなかった。にもかかわらず彼らは頑固に言い張った。被告人又吉の代理人である島袋も民政府裁判所の訴訟手続について詳しくなかった。今年に限っても糸満で開かれた当裁判官による裁判（三月十九日、四月二日、九日及び二十二日）で、島袋は三名の被告人のうちの一名の代理人となり、最後の二回の公判期日には出席していた。[17]その上、瀬長の最終弁論で、瀬長は六名の検察側証人の反対尋問権を放棄したと述べ、その理由を次のように説明した。「もし私たちが反対尋問を行ったなら、これらの証人は私たちの目を見つめて必ず真実を述べたに違いない。しかしそれは、彼らにとって偽証罪で起訴され、六か月または三か月は獄中で過ごさねばならないことを意味する。そこでわれわれは、こちらの反対尋問が証人らに余分の負担をもたらすのであれば、それは必ずしも必要ではないと判断した。それにわれわれにはアリバイがあるからである。」と。

この裁判が辿った道筋は、弁護側が何の実質的な理由もなく、彼らの常套手段ともいうべき方法で、裁判手続を遅延させようと企んだことを示唆する。

三　証人らの釈放

瀬長・又吉裁判では、畠を含む六名の証人が、又吉とAのそれぞれの裁判における九月の証言を翻し、畠の「不法在留」に瀬長と又吉の関与がある旨を明言しました。そして瀬長に対し、懲役二年の実刑という重罰が言い渡されました。仮に日本刑法四五条の併合罪規定が適用されたとすれば、科しうるのは長くても懲役一年六月でした。初犯の又吉に対しても法定刑の長期懲役一年の実刑判決でした。

対照的に、畠を除く五名の証人らは、裁判が終わると釈放されました。Cについてはいち早く、「今朝（二十日）十一時ごろしゃく放された。家族から寄せられたしゃく放嘆願にいたく同情した太田検事の取計いによるもの」と報じられています（琉球新報十月二十日夕刊）。上原康行とAは、以下のPSD非公式メモに基づく一九五四年十月二十九日の再審決定（ACTION NO. 2077）により刑の執行が猶予され、PSD連絡文書「畠、瀬長及び又吉の裁判に関する情報」（一九五五年一月二十一日、本記録所収）によれば、十一月二日に釈放されました。

（一）公訴の取下げに関する裁判官メモ

一九五四年十月二十二日

上原盛徳と運天義雄は、一九五四年十月八日、予備審理のために米国民政府簡易裁判所に召喚され、簡易裁判所裁判官から、裁判まで勾留されることを命令された。被告人らは二、二、三一条及び二、二、一八条違反の起訴罪状で上級民政府裁判所に付された。このたび検察は、被告人らに関する事件を取り下げたいと提案している。したがって被告人らは釈放を命じられるが、事件に巻き込まれることのないように忠告される。さもなければ被告人らは裁判所に呼び戻され、前述の起訴罪状で審理されることがある。

同じことが、二、二、一八条違反の起訴罪状で上級民政府裁判所に付されたCに適用される。

［署名］簡易軍事裁判所裁判官、陸軍少佐R・M・ピーク

（二）行政法務部宛PSD非公式メモ

PSD Case No. C-238-54

BROWN / dd / Ext 44　一九五四年十月二十五日

非公式メモ　宛先　行政法務部　部長

一、沖縄群島中央司法地区簡易民政府裁判所において、それぞれ一九五四年九月十五日、または同年九月二十四日、二十七日、及び二十八日に開かれた上原康行（男、五十歳）とA（男、二十七歳）の裁判に関する記録を再審資料として提供する。

二、上原康行の事件については、懲役一年及び罰金一万円の刑の執行を猶予し、被告人を一九五四年九月十五日から一年間の保護観察に付すことを勧告する。

三、Aの事件については、起訴状記載の犯罪事実の犯行日に誤りがあったことから、幇助の起訴罪状に関する有罪の認定と懲役六月の刑を破棄することを勧告する。[18] また、偽証の起訴罪状に対する懲役六月の刑の執行を猶予し、被告人を一九五四年九月十五日から六月間の保護観察に付すことを勧告する。

四　瀬長亀次郎の仮釈放推薦に対する却下決定

瀬長と又吉の裁判結果は、一九五四年十月二十六日の再審決定（ACTION NO. 2077(1)）で承認されました。両名から再審嘆願がありましたが、その却下結果が十二月九日に琉球政府行政主席に対して通知されました。また、翌五五年七月七日、瀬長の恩赦嘆願が却下されています（ACTION NO. 2077(1)A）。後者の却下決定に関する琉球政府行政主席宛の通知文書には、医学的処置を要する瀬長亀次郎の釈放要求が妻フミからあったが、認められなかった、とあります（資料7）。嘆願書は残されていません。[19]

瀬長については、一九五五年十二月九日、琉球政府沖縄刑務所仮釈放審査委員会が、民政副長官及び公安部長に対し、同月十二日を仮釈放予定日として推薦し、そして公安部長代理のノードビー・C・ラーセンがこれを承認していました。以下に訳出します。しかし、最終的に民政副長官ジェームズ・E・モーア［James E. Moore］

がこれを認めませんでした（資料8）。

又吉は一九五五年七月十四日に釈放されますが、刑務所暴動事件の首謀者の一人として再び逮捕されました。[20]
瀬長の釈放は一九五六年四月九日でした。

処分結果票［DISPOSITION FORM］
FILE No. RCCA-PSD 013　　主題　瀬長亀次郎
宛先　民政官　発出　公安部　日付　一九五五年十二月十四日　第一コメント　LARSEN/dd/Ext44
一、瀬長亀次郎（男・四八歳）は、人民党の書記長であり、第十八選挙区選出の前立法院議員であるが、偽証及び司法手続逃亡者の不当教唆の罪で訴追され、有罪判決を受け、懲役二年の刑に処された。彼の刑期の起算日は一九五四年十月六日である。
二、瀬長は、一九五五年七月二十日、潰瘍の除去手術のためコザ中央病院に移送された。それ以降、彼は同病院で身体的に拘禁されていた。この件で琉球政府の負担する手術及び入院の費用は、すでに七万円を超過したと報告を受けた。
三、医師の助言に基づき、瀬長は腎臓疾患のため一九五五年十二月二十三日に二回目の手術を受ける予定である。手術後は長期の療養を要し、コザ中央病院に入院する。それは琉球政府に相応の追加経費を負担させることになる。
四、瀬長亀次郎の件は一九五五年十二月七日の仮釈放委員会の定例会で検討され、委員会は瀬長亀次郎の一九五五年十二月十二日からの仮釈放を全会一致で勧告した。仮釈放委員会の決定は、一九五五年三月七日施行の民政府布令一四三号「琉球仮釈放手続」の規定によるものである。委員会の勧告は、最終決定のために本部局に送られた。

五、医療費の超過負担と一層の残期刑中の長期入院が見込まれることから、本官は仮釈放委員会の決定が承認されるべきであると考える。

［署名］公安部・部長代理ノードビー・C・ラーセン

［余白に次の書き込みがある］モーア司令官が仮釈放を承認しない。

(1)畠「真相はこうだ」一一二頁以下。

(2)瀬長亀次郎『瀬長亀次郎回想録』(新日本出版社、一九九一年)一〇八頁。琉球新報社編『不屈 瀬長亀次郎日記 第一部 獄中』(琉球新報社、二〇〇七年)二二頁以下。

(3)起訴状受領の署名欄に瀬長のローマ字の署名がありますが、瀬長が起訴状の受取りに同意したのは十月十一日の裁判準備手続においてでした。

(4)一九四九年布令一号一、四、三、一条は起訴前勾留に関する規定ですが、「訴えが正式に審理され(after a formal hearing of the charges)、該訴えの下に於いて」正当な理由及び逃走のおそれを示す理由が示されなければ四十八時間を超えて被疑者を勾留できないとしていました。

(5)瀬長・前掲『瀬長亀次郎回想録』一一〇頁。

(6)「私の息子の審理で行われた証言」は、おそらく法廷速記者の誤訳です。九月十六日の又吉の予備審理におけるAの証言を指すと思われます。上原康行とAは同月二十日の又吉の第一回公判で、十六日のA証言を否定しました。さらに康行は、Aの裁判の第二回公判(二十七日)で彼自身の「供述調書」が警察の「でっち上げ」であると証言しました。

(7)Aは、九月十六日の又吉の予備審理で、八月十日頃(お盆の二、三日前)に瀬長や又吉らの関与があったと証言し、その夜に飲酒して自分を「裏切り者だ」と責めたとされます(九月二十日の又吉の公判記録参照)。この証言を誘導した者として、考えられるとすれば、それは捜査機関ですので、文脈上、「ではない」を補いました。

(8)畠の手記によれば、出域期日である七月十七日の夜、畠は、又吉一郎と屋慶名政永らとともに豊見城村長堂の又吉の実弟宅に行き、そして三日目(おそらく十九日)の夕方、真和志市寄宮に移ります。しかし、危険を察し、同市与儀の佐敷旅館に移り、さらに午前三時頃(四日目)、いったん寄宮(屋慶名宅)に戻り、そして午前五時頃、又吉に伴われて豊見城村我那覇に移動しました。そこでAに会い、その案内で同村田頭の上原宅に着きます。「そこには先に瀬長さんが来て待っていた」ということです(畠「真相はこうだ」一〇八頁以下)。

(9)Aの裁判の第三回期日(九月二十八日)では、「一時間四十分(通訳の所要時間も含め)の長弁論をぶって休憩五分の後、『有罪と認める』と瀬長弁論に反駁する検事の論告これ又四十分位」を要したということです(沖縄タイムス九月二十九日)。

(10)米国民政府布告一二号「琉球民裁判所制」五条二項D号は「脅迫、畏怖、暴行、長期拘禁に依って、又は拘留状に関する規定に反して得られた又は如何なる方法に於てでも違法に得られた証拠は受理されてはならず又事実の認定をなす為裁判所によって考慮されてはならない」と規定しました。

(11)一九四九年布令一号一、三、三条C号によれば、被告人は「防御を準備する為に裁判所に対し延期を願出ずること」ができましたが、「此の願いは、裁判所がその裁量に依って許可或いは拒絶すること」ができました。

(12)又吉の非宣誓供述の内容は沖縄新聞一九五四年十月十六日朝刊で詳しく報じられました(『那覇市史資料篇3巻4戦後新聞集成2』一九六頁)。

(13)世界人権宣言は、一九四八年十二月十日、第三回国連総会において採択されました。又吉が引用したのは同一三条一項です。

(14)瀬長の非宣誓供述の内容は、当日の夕刊二紙で概要が報じられました。また、①瀬長・前掲『民族の悲劇』一二七頁以下、②瀬長・前掲『瀬長亀次郎回想録』一一三頁以下、及び③琉球新報社編・前掲『不屈 瀬長亀次郎日記 第1部獄中』八二頁以下でも読むことができます。①②は抄録です。②は「『アメリカの民主主義』がどんなものであったかを暴露する立場から当時の裁判記録に添って明らかにしておきたい」(一一〇頁)と記されていますので、今回の訳出にあたり、その言葉遣い等を参考にしました。③はアメリカ国立公文書館所蔵の日本語の文書であり、公判廷で「記録したとみられる」ものです(那覇市若狭の不屈館では「米軍が公判記録(速記)として保存した」ものとして、その複写物を展示しています)。今回の訳文と③との間には若干の違いがありますが、分量的にも内容的にも、ほぼ同じです。

(15)瀬長の最終弁論は前掲『瀬長亀次郎回想録』一一八頁以下にほぼ全文が収録されています。

(16)瀬長のいう順序は、九月十六日の又吉の予備審理で「八月十日」とされ、同月二十日の又吉の裁判で「八月二十日」とされたという趣旨です。もともとは八月二十七日のAの供述調書で後者とされ、同月三十日の二通目の供述調書で前者とされました。

(17)糸満上級軍事裁判所の密貿易事件（PSD Case No. C-21-53）を指します。同事件の被告人の一名が、後に又吉一郎とともに沖縄刑務所暴動事件で、日本刑法一〇六条の騒擾罪の首魁として起訴された金城興太郎です。中央巡回裁判所一九五五年七月二十六日判決（琉球下級裁判所裁判例集二巻九二頁）は又吉を無罪、金城を懲役一年としましたが、琉球上訴裁判所一九五八年九月十六日判決で金城の一審判決も破棄差し戻され、一年後に無罪が確定しました（沖縄タイムス一九五九年九月十六日）。この騒擾罪事件の関連資料があることを琉球新報二〇一八年四月二十八日、沖縄タイムス二〇二〇年十一月十日が報じています。

(18)同じことは上原康行の「不法在留」幇助罪についてもいえますが、Aの有罪判決のみが破棄されています。なお、上原康行は、九月二十日の又吉の第一回公判で偽証罪の疑いにより逮捕されましたが、公訴は取り下げられたとみられます。ともかく、その又吉の裁判は、瀬長・又吉裁判で「無効」とされており、そもそもAの偽証罪の有罪判決の効力を認めうるかは疑問です。

(19)瀬長の恩赦嘆願に関する文書四枚は、PSD Case No. C-206-54 の記録中（二一－五枚目）に紛れ込んでいました。

(20)琉球新報社編・前掲『不屈 瀬長亀次郎日記 第1部 獄中』二四四頁。

第五章　瀬長逮捕抗議集会「共謀」事件

一　路上の現行犯逮捕

十月六日の夜、瀬長逮捕を知って人民党本部に集まった者らが会議を開き、翌七日午前にその抗議集会を行うことを決め、告知用のポスターを作り、そして街中に貼り出しました。

これらの行為が一九四九年布令一号二、二、一五条及び二、二、二一条に違反するとされ、記録上では二十九名の逮捕者が出ました。このうち十四名は、同日夜、ポスター掲示または所持の行為により、路上で現行犯逮捕されました。また、他の十四名はポスター制作またはこれに関与する行為をしたという理由により、人民党本部で現行犯逮捕またはその数日後までに令状逮捕されました。彼らは米国民政府裁判所に告発され、瀬長・又吉裁判の結果を待って処分が下されました。

残る一名（＊＊＊［C・A］）は、もっとも遅く十一月九日に二、二、一五条違反の疑いで逮捕され、同月十五日の予備審理で公訴棄却されました。逮捕から六日目の予備審理ですが、この間の経緯等は不明です。告発状もなく、「証拠なし（lack of evidence）」と記された予備審理手続の記録が一枚あるだけです（C-238-54, D-1535）。

路上で現行犯逮捕された十四名に対する告発状は、連続番号七〇四－七一〇の七件です。このうち七〇四を除く六件については二、二、一五条と二、二、二一条の「罪名」について各一通ずつが作成されています。資料9と10はその一例です。それらを比較すると二、二、一五条のものには日付がなく、全部が日本語で記入され、そして被疑者の受領署名・押印があります。これに対して二、二、二一条のものは、日付欄に十月八日とあり、被疑者氏名等がローマ字で記入され、目撃者（証人）と押収物（物証）が記入されています。他の五件の告発状も同じです。作成の順序があると思われますが、結果的には、二、二、二一条が見送られます。それぞれの条文は次のとおりです。

二、二、一五条　公の騒乱（public disturbance）を惹起するか又は暴行々為に導くと思料せられる行為（any act calculated to）を為す者は、断罪の上一万円以下の罰金又は一年以下の懲役又はその両刑に処する。

二、二、二一条　合衆国政府又は軍政府（米国民政府）に対して誹毀的（libelous）、挑発的（seditious）、敵対的（hostile）又は有害なる（detrimental）印刷物又は文書を発行し配布し（publishes or circulates）、又は発行或は配布せしめ又は発行又は配布の意図で所持する者は、断罪の上五万円以下の罰金又は五年以下の懲役又はその両刑に処する。

この二つの罪には共通点があります。これらは一九五五年の米国民政府布令一四四号二、二、一四条と二、二、一八条にそれぞれ引き継がれ、そして沖縄返還時に犯罪類型として不明確であることから、返還前の行為について無効とされました（一九七二年政令一八〇号）。つまり原則的には（いいかえれば日本国憲法との関係では）、犯罪性の肯定できない「罪」をしたとして二十九名が逮捕されたことになります。

さて、後者の二、二、二一条は重罪ですが、どのような文面のポスターが貼り出されたのでしょうか。連続番号七〇四の告発状の「犯罪事実」は、「上記被疑者両名は前記犯罪日時場所［十月六日二十四時、那覇市一区二十五組神里原］に於て瀬長亀次郎の逮捕について住民を煽動する目的で『全縣民に訴う　狂暴性を現したアメリカ軍と警察は不法に瀬長亀次郎を逮捕した　七日朝那覇署前に集合抗議しよう』外五種類の同要旨ポスター十四枚と糊缶一個とハケ一本を所持し居るを現認尋問した所、このポスターは人民党本部に於て党員十数名が作成中だがその内三十枚を市内要所に貼るためにきて半分位は貼り終ったと申立てたので現行犯人として逮捕したものである。」（原文どおり）というものです。「狂暴性を現したアメリカ軍」とある部分が、「合衆国政府又は米国民政府に対して誹毀的、挑発的、敵対的又は有害」と解されたというよりは、瀬長「不法」逮捕に対する「集合抗議」の呼びかけ自体が問題にされたのでしょう。次の文面は、たしかに語気強く人々の結集、奮起を呼びかけています。

「人民党書記長瀬長亀次郎不当逮捕さる　今こそ吾等縣民は祖国復帰の総勢力を結集して郷土を守るため起つ時

が来た 吾々の腕で吾等の代表瀬長を奪ひかへそう 七日午前九時那ハ署広場」(連続番号七〇八の二、二、二一条の告発状)。

「瀬長亀次郎不当逮捕さる 狂へる戦争屋共の正体は暴露された 今こそ全県民奮起せよ 七日朝那覇署前に集合断呼抗議せよ 人民党」(連続番号七〇八の二、二、一五条の告発状)。

「人民党」の作成名義のあるポスターも押収されたことが分かります。他にも二、二、一八条の告発状には「大湾喜三郎の指示に依り大衆煽動の目的を以って」「軍政府に対する挑発的ポスターを作成の上配布」した(連続番号七〇五)、「人民党発行の米国政体に対する敵対的有害なるポスターを貼る目的でポスター五枚を所持していた」(連続番号七〇九)、「人民党発行の米国政体に対する敵対的有害なるポスターを配布した」(連続番号七一〇)と記されているものがあります。なお、「配布」とあるのは、具体的には、ポスター数種を「人家の壁や電柱に二十三枚を貼りつけた」ということです(連続番号七一〇の二、二、一五条の告発状)。

他方で、「十月六日瀬長亀次郎逮捕さる、七日朝九時那覇署前に集り抗議しよう」(連続番号七〇八の二、二、一五条の告発状)といった穏当な文面のポスターもありました。しかし、何れにせよ、このような「不穏なる」ポスターを作成し、掲示し、または掲示目的で所持することは、二、二、一五条の「公の騒乱を惹起する」と「思料せられる」行為に該当すると判断されました。米国民政府が九月二十日の又吉裁判のときのように、これから始まる瀬長の裁判に大群衆が押し寄せることのないようにしたいと考えていたことが、後の公判記録に出てきます。なお、公の騒乱惹起は「公務妨害」と訳されることもあり、二、二、二四条の逮捕抵抗罪に該当する場合は除かれますが、公務の執行が妨げられるような場合は、行為者の多少を問わず、公の騒乱惹起の疑いで逮捕されることがありました。

人民党事件の裁判の二本柱は出入管理令三〇条の不法在留罪と二、二、一五条の公の騒乱惹起罪でした。この二本柱に二、二、三一条の共犯規定を組み合わせ、人民党が狙い撃ちされたといえます。本章で問われるのは、二、二、一五条の共謀罪です。最初に、路上で現行犯逮捕された十四名の裁判手続の記録を紹介します。十月八日、全員に対して保釈保証金が設定され、そして十月二十七日、公訴が取り下げられました。簡易軍事裁判所の受理人員番号（Docket Number）はＤ一四四六－一四五九です。

（一）CASE NO. C-238-54, D-1446, D-1447

琉球列島米国民政府／簡易軍事裁判所／中央司法地区／裁判手続の記録
開廷場所：那覇　開廷日：一九五四年十月八日、二十七日
主宰官：ＵＳＣＡＲ簡易軍事裁判所裁判官　レイモンド・Ｍ・ピーク少佐
起訴罪状（簡潔に）：二、二、一五条　公の騒乱惹起
被告人氏名（年齢・性別・住所）：＊＊＊［Ｈ・Ｔ］（二七・男・真和志市与儀区＊班＊）、＊＊＊［Ｋ・Ｔ］（二七・男・真和志市与儀区＊班＊）
通訳者：ミヤシロ　検察官：オータ　弁護人：なし
答弁（各起訴罪状に対する「有罪」または「無罪」の答弁）：（被告人らは有罪もしくは無罪の答弁、または黙秘の意味と効果を告げられ、理解している。）無罪。
検察側の証拠（必要があれば紙を追加せよ。証人の氏名住所を掲げ、証拠物を特定せよ。）：
被告人Ｋは、本件の取下げを求めた。被告人Ｈは、本件の取下げを求め、また、家族を扶養しており、私が刑務所に入れば家族が飢えると述べた。
被告人Ｋは、逮捕されたときは、もう一名の被告人と仕事をしており、ポスターに何が書いてあるかは知らなかったと述べた。
被告人Ｈもポスターの内容を知らなかったと述べた。Ｈは法廷でポスターを見せられ、私たちは文書を掲示す

るつもりはなく、ただポスター一枚を持っていただけであると述べた。彼は警察と裁判所を信用しており、ポスターに書いてあることは間違っていると主張した。彼は東陽バス社の運転手である。

事実認定（各起訴罪状に対する「有罪」または「無罪」の認定を示す。）：検察の申出により公訴取下げ。

刑（拘禁が懲役を伴うか否か、また、刑の起算日を記す。）：［空白］

［署名］裁判官、陸軍少佐レイモンド・M・ピーク

（二）CASE NO. C-238-54, D-1448, D-1449

琉球列島米国民政府／簡易軍事裁判所／中央司法地区／裁判手続の記録

開廷場所：那覇　開廷日：一九五四年十月八日、二十七日

主宰官：USCAR簡易軍事裁判所裁判官　レイモンド・M・ピーク少佐

起訴罪状（簡潔に）：二、二、一五条　公の騒乱惹起

被告人氏名（年齢・性別・住所）：＊＊＊＊［A・K］（二二・男・豊見城村渡橋名＊）、＊＊＊＊［N・S］（二九・男・那覇市楚辺＊区＊・＊）

通訳者：ミヤシロ　検察官：オータ　弁護人：なし

答弁（各起訴罪状に対する「有罪」または「無罪」の答弁）：（被告人らは有罪もしくは無罪の答弁、または黙秘の意味と効果を告げられ、理解している。）無罪。

検察側の証拠（必要があれば紙を追加せよ。証人の氏名住所を掲げ、証拠物を特定せよ。）：

被告人Nは、逮捕時には、掲示しようとしたポスターの内容を知らなかったと述べた。このようなことは二度としないと誓った。

被告人Aはポスターの掲示が悪いことであるとは知らず、逮捕されるとは夢にも思わなかったと述べた。

被告人両名は、上記の理由により本件の取下げを求めた。被告人両名は、現在はポスターの内容を知っており（各人が法廷でポスターを読んだ）、それは内容的に正しくないので掲示されるべきではなかったと述べた。検察官の申出により取り下げられた。

Aは琉球政府の労働局［Public Work Dept.］に雇用されている。Nはその臨時職員である。

事実認定（各起訴罪状に対する「有罪」または「無罪」の認定を示す。）：検察の申出により公訴取下げ。

刑（拘禁が懲役を伴うか否か、また、刑の起算日を記す。）：［空白］

［署名］裁判官、陸軍少佐レイモンド・M・ピーク

（三）CASE NO. C-238-54, D-1450

琉球列島米国民政府／簡易軍事裁判所／中央司法地区／裁判手続の記録

開廷場所：那覇　開廷日：一九五四年十月八日、二十七日

主宰官：USCAR簡易軍事裁判所裁判官　レイモンド・M・ピーク少佐

起訴罪状（簡潔に）：二、二、一五条　公の騒乱惹起

被告人氏名（年齢・性別・住所）：嘉数清永［KAKAZU, Seiei］（二六・男・那覇市＊区＊組）

通訳者：ミヤシロ　検察官：オータ　弁護人：なし

答弁（各起訴罪状に対する「有罪」または「無罪」の答弁）：（被告人は有罪もしくは無罪の答弁、または黙秘の意味と効果を告げられ、理解している。）無罪。

検察側の証拠（必要があれば紙を追加せよ。証人の氏名住所を掲げ、証拠物を特定せよ。）：

被告人は、私の行為が法律に違反するとは思っていなかったとして裁判所に本件の取下げを求めた。仮にポスター貼付が悪いことであると知っていたなら、警察車両一台と警察官らがいた場所で、ポスターを貼ることはし

ないで逃げ出したと思う。裁判所でポスターを読んだ後、これを貼るのは悪いことであると分かった。それ以前には読んでいなかった。私は無職であり、病気の療養中である。六十九歳の高齢の母親と暮らしている。検察が本件の取下げを求めた。

事実認定（各起訴罪状に対する「有罪」または「無罪」の認定を示す。）：検察の申出により公訴取下げ。

刑（拘禁が懲役を伴うか否か、また、刑の起算日を記す。）：［空白］

［署名］裁判官、陸軍少佐レイモンド・M・ピーク

（四）CASE NO. C-238-54, D-1451, D-1452

琉球列島米国民政府／簡易軍事裁判所／中央司法地区／裁判手続の記録

開廷場所：那覇　開廷日：一九五四年十月八日、二十七日

主宰官：USCAR簡易軍事裁判所裁判官　レイモンド・M・ピーク少佐

起訴罪状（簡潔に）：二、二、一五条　公の騒乱惹起

被告人氏名（年齢・性別・住所）：＊＊＊＊［M・S］（二七・男・小禄村具志区＊）、＊＊＊＊［T・S］（二六・男・同上）

通訳者：ミヤシロ　検察官：オータ　弁護人：なし

答弁（各起訴罪状に対する「有罪」または「無罪」の答弁）：［空白］

検察側の証拠（必要があれば紙を追加せよ。証人の氏名住所を掲げ、証拠物を特定せよ。）：

被告人Tと被告人Mは、起訴罪状の重大さと違法性を十分に認識していなかったとして裁判所に本件の取下げを求めた。被告人Mは次のように述べた。私は那覇港の運転手であり、人民党員ではない。見知らぬ人に会い、ポスター五枚を掲示するように手渡された。私は五十メートル進んだところで逮捕された。私はポスターの内容

を知らない。

被告人Tは次のように述べた。私は無職であり、家にいるが、人民党員ではない。家に帰る途中で見知らぬ人から文書を貼るように言われた。逮捕されるまでそれを読む時間もなかった。

被告人Mは、ポスターに書いてあるような方法で人々を集めようとすることは正しくないと述べた。

事実認定（各起訴罪状に対する「有罪」または「無罪」の認定を示す。）：検察の申出により公訴取下げ。

刑（拘禁が懲役を伴うか否か、また、刑の起算日を記す。）：［空白］

［署名］裁判官、陸軍少佐レイモンド・M・ピーク

（五）CASE NO. C-238-54, D-1453

琉球列島米国民政府／簡易軍事裁判所／中央司法地区／裁判所／裁判手続の記録

開廷場所：那覇　開廷日：一九五四年十月八日、二十七日

主宰官：USCAR簡易軍事裁判所裁判官レイモンド・M・ピーク少佐

起訴罪状（簡潔に）：二、二、一五条　公の騒乱惹起

被告人氏名（年齢・性別・住所）：＊＊＊＊［Y・K］（二七・男・那覇市楚辺＊区＊-＊）

通訳者：ミヤシロ　検察官：オータ　弁護人：なし

答弁（各起訴罪状に対する「有罪」または「無罪」の答弁）：［空白］

検察側の証拠（必要があれば紙を追加せよ。証人の氏名住所を掲げ、証拠物を特定せよ。）：

那覇地区警察署の津波古憲和巡査部長が宣誓し、証言した。

私は被告人全員を知っている。[1] 彼らは一九五四年十月六日の夜、つまり深夜の時間帯から五四年十月七日午前一時の間に逮捕された。全員が那覇市内で拘束された。全員の逮捕容疑は布令一号二、二、二一条と二、二、一五条

違反であり、現行犯逮捕である。被告人らは通りに面した家々の壁に告知文を貼り付けており、その内容は挑発的［seditious］であり、さらに騒乱をもたらす原因となるおそれがあった。ポスターの見本が証拠として裁判所に提出され、記録された。有能な通訳により英訳された。

裁判所は被告人全員に対して勾留十日を命令し、遅くともその日までに裁判期日が指定され、上級裁判所または簡易裁判所で裁判を受けることになるとした。

被告人全員に対して保釈金が二千五百円に設定され、裁判は後日、簡易裁判所または上級裁判所で開かれると説明された。

そして被告人らは、保釈されて自由になるとはいえ、裁判までは問題を起こすことのないように注意された。

事実認定（各起訴罪状に対する「有罪」または「無罪」の認定を示す。）：検察の申出により公訴取下げ。

刑（拘禁が懲役を伴うか否か、また、刑の起算日を記す。）：［空白］

［署名］ 裁判官、陸軍少佐レイモンド・M・ピーク

（六）CASE NO. C-238-54, D-1454, D-1455

琉球列島米国民政府／簡易軍事裁判所／中央司法地区／裁判手続の記録

開廷場所：那覇　開廷日：一九五四年十月八日、二十七日

主宰官：USCAR簡易軍事裁判所裁判官　レイモンド・M・ピーク少佐

起訴罪状（簡潔に）：二、二、一五条　公の騒乱惹起

被告人氏名（年齢・性別・住所）：＊＊＊＊＊［T・S］（三五・男・那覇市＊区＊組）、＊＊＊＊［A・J］（二九・男・那覇市＊区＊組）

通訳者：ミヤシロ　検察官：オータ　弁護人：なし

答弁（各起訴罪状に対する「有罪」または「無罪」の答弁）：（被告人らは有罪もしくは無罪の答弁、または黙秘の意味と効果を告げられ、理解している。）無罪。

検察側の証拠（必要があれば紙を追加せよ。証人の氏名住所を掲げ、証拠物を特定せよ。）：

津波古憲和が宣誓し、証言した。

私は那覇地区警察署の警察官であり、被告人二名を知っている。私が一九五四年十月六日二十四時那覇市一区二十五組付近の神里原通りで二名を逮捕した。その理由は、被告人らが、法廷に提出済みの不穏な［disrespectful］文書を所持していたからである。被告人らは布令一号二、二、一五条の公の騒乱惹起罪に違反した。その文書は、全県民に対して瀬長逮捕について訴えるものである。警察とアメリカ軍は専制的本性を現して瀬長を不法に逮捕した。七日朝、那覇地区警察署前広場に全員集合し、抗議しよう［という内容である］。その他の文書も証拠として裁判所に提出され、記録された（英語訳が貼付された）。被告人らは、すでに何枚かのポスターを掲示したと述べた。そのポスターは人民党本部から持って来たものであり、ポスターはそこで作成された。実際にT氏がこの情報を私に提供した。

弁護側証拠：被告人らは彼らの権利について助言され、次のことを述べる他は黙秘することを選択した。彼らはポスターの全部を読んでおらず、その犯罪行為の重大性を認識していなかった。法廷でポスターを読んで申し訳ないことをしたと思う。

検察側の申出により、もし被告人らが申し出るのであれば、本件は取り下げられることになった。

被告人両名は本件の取下げを求めた。

事実認定（各起訴罪状に対する「有罪」または「無罪」の認定を示す。）：公訴取下げ。

刑（拘禁が懲役を伴うか否か、また、刑の起算日を記す。）：［空白］

［署名］裁判官、陸軍少佐レイモンド・M・ピーク

（七）CASE NO. C-238-54, D-1456-1459

琉球列島米国民政府／簡易軍事裁判所／中央司法地区／裁判手続の記録

開廷場所：那覇　開廷日：一九五四年十月八日、二十七日

主宰官：USCAR簡易軍事裁判所裁判官　レイモンド・M・ピーク少佐

起訴罪状（簡潔に）：二、二、一五条　公の騒乱惹起

被告人氏名（年齢・性別・住所）：＊＊＊＊［S・I］（三七・男・那覇市楚辺区＊-＊）、＊＊＊＊［O・K］（三一・男・那覇市楚辺＊-＊）、＊＊＊＊［S・S］（二七・男・那覇市楚辺＊区＊-＊）、＊＊＊＊［G・Y］（二七・男・那覇市楚辺＊-＊）

通訳者：ミヤシロ　検察官：オータ　弁護人：なし

答弁（各起訴罪状に対する「有罪」または「無罪」の答弁）：［空白］

検察側の証拠（必要があれば紙を追加せよ。証人の氏名住所を掲げ、証拠物を特定せよ。）：

被告人S［S・I］は、悪いことであるとは知らずに犯罪を行ったとして取下げを求めた。

S［S・S］は、同じ理由により取下げを求めた。

OとGは、法律を知らなかったとして取下げを求めた。法律に違反して申し訳ないと詫び、このようなことは二度としない［と述べた］。

法廷でポスターが示され、被告人全員がこのようなポスターを掲示するのは悪いことであると認めた。彼らがポスターに書いてあることを読むのは初めてである。

Gは沖士として雇用されている。S［S・I］は無職。S［S・S］は大工。Oは大工。

事実認定（各起訴罪状に対する「有罪」または「無罪」の認定を示す。）：検察の申出により公訴取下げ。

刑（拘禁が懲役を伴うか否か、また、刑の起算日を記す。）：［空白］
［署名］裁判官、陸軍少佐レイモンド・M・ピーク

二　予備審理手続の記録

他方、十月六日の夜に人民党本部で現行犯逮捕、またはその後に令状逮捕された十四名は、同月八日から十三日までに開かれた三件の予備審理で上級軍事裁判所に付されました。告発状の「罪名」は、何れも二、二、一五条と二、二、二一条です。新垣重剛ほか四名に対する告発状（連続番号七一二）の「証拠品」欄には「ポスター三十枚、白紙三巻、黒汁八個（使用中）、黒汁一個（未使用）」とあり、これらが人民党本部で押収されたものということになります。その「犯罪内容」は、「上記の者は前記日時場所［那覇市十一区十二組、午前零時二十分」に於て人民党書記長瀬長亀次郎が逮捕されたに際し、大湾喜三郎の指示に依り大衆煽動の目的にて『アメリカ軍と警察は沖縄縣民の祖国復帰大勢の前で狂暴化し狼狽している。団結の力で瀬長を取り返そう明七日午前九時那覇署前に結集抗議しよう』等の合衆国政府に対して挑発的敵対的又は有害なる文書（ポスター）を作成し配布し以って那覇署前に於て騒乱を惹起しようと思料される行為をせるものなり。」（原文どおり）というものです。資料11は大湾喜三郎に対する告発状です。

十月九日に逮捕されたG・Sに対する告発状の「犯罪事実」は、「上記被疑者は、前記日時場所において、瀬長亀次郎の逮捕について、住民を煽動する目的で、対米不穏文書の作成を手伝ったものである。」（原文どおり）というものです。また、十月十三日に逮捕されたO・Kに対するそれは、「上記被疑者は上記日時場所に於いて、瀬長亀次郎逮捕について住民を煽動する目的で対米的不穏文書を作成、さらに該文書を楚辺区一帯に貼付したも

のである。」（原文どおり）というものです。

この十四名の上級軍事裁判所の受理人員番号はSD二六九－二八〇、二八二、及び二九三です。

（一）SD-269-280

琉球列島米国民政府／簡易軍事裁判所／中央司法地区／予備審理手続の記録
開廷場所：那覇　開廷日：一九五四年十月八日
主宰官：USCAR簡易軍事裁判所裁判官　レイモンド・M・ピーク少佐
起訴罪状（簡潔に）：挑発文書［Seditious literature］（二、二、二一条）、公の騒乱惹起（二、二、一五条）
被告人氏名（年齢・性別・住所）：新垣重剛ほか（裏面を見よ）
［裏面氏名等］新垣重剛［ARAKAKI, Zugo］（二七・男・那覇市三区＊組＊号）、＊＊＊＊［S・S］（二六・男・真和志市楚辺区＊班）、＊＊＊＊［K・K］（二一・男・那覇市松尾区＊-＊）、久手堅憲夫［KUDEKEN, Norio］（二一・男・首里市赤平区＊班＊番）、真栄田義晃［MAEDA, Giko］（二八・男・那覇市楚辺＊区＊-＊）、石原昌進［ISHIHARA, Shoshin］（二八・男・首里市汀良区＊-＊）、＊＊＊＊［Y・S］（三二・男・真和志市二中前＊班）、瀬名波栄［SENAHA, Sakae］（三六・男・那覇市松尾区＊-＊）、＊＊＊＊［K・K］（二三・男・真和志市寄宮区）、＊＊＊＊［K・T］（三三・男・那覇市11区＊組）、大嶺経達［OMINE, Keitatsu］（五五・男・那覇市四区＊組＊号）、大湾喜三郎［OWAN, Kisaburo］（四七・男・那覇市壺川＊-＊）
通訳者：［空白］　検察官：［空白］　弁護人：［空白］
答弁（各起訴罪状に対する「有罪」または「無罪」の答弁）：［空白］
検察側の証拠（必要があれば紙を追加せよ。証人の氏名住所を掲げ、証拠物を特定せよ。）：
那覇地区警察署の津波古憲和巡査部長が宣誓し、証言した。私は彼らの大半を知っており、何人かについてはよく知っている。六名は一九五四年十月六日の夜に逮捕され、残りの六名は逮捕状により逮捕された。合わせて十二名である。六日夜に逮捕された最初の六名は人民党本部でポスターを書いていたか、または、そのポスター作成中の党本部（同じ部屋）に居た者らである。被告人六名はポスター制作の行為をしていた。六名とは新垣重剛、S・S［SD-270］、K・K［SD-271］、久手堅憲夫、K・T［SD-278］、そして大湾喜三郎である。大湾喜三郎はポスターを書いてはいなかったが、党執行部の一団と一緒にいたので、彼がポスター制作を指揮していると見えた。しかし、この点の確信はない。私はポスターを実際に書いていた五名を逮捕した。また、大湾からポスターを作るように言われたと私に述べた他の二名もポスターを書いたという理由で逮捕されている。逮捕状により逮捕された六名は十月七日または翌八日に拘束された。彼らは法律違反により指名手配されていた。

（ポスター数枚が証拠として採用され、英訳され、記録に収められた。）

被告人全員が保釈なく、上級裁判所の裁判まで勾留される。

事実認定（各起訴罪状に対する「有罪」または「無罪」の認定を示す。）：上級裁判所に付す。

刑（拘禁が懲役を伴うか否か、また、刑の起算日を記す。）：［空白］

［署名］裁判官、陸軍R・M・ピーク少佐

（二）SD-282

琉球列島米国民政府／簡易軍事裁判所／中央司法地区／予備審理手続の記録

開廷場所：那覇　開廷日：一九五四年十月十一日

主宰官：USCAR簡易軍事裁判所裁判官　レイモンド・M・ピーク少佐

起訴罪状（簡潔に）：特別布告三二号二、二、一五条及び二、二、二一条違反

被告人氏名（年齢・性別・住所）：＊＊＊＊［G・S］（三八・男・那覇市楚辺＊班＊号）

通訳者：ヒガ　検察官：なし　弁護人：なし

答弁（各起訴罪状に対する「有罪」または「無罪」の答弁）：［空白］

検察側の証拠（必要があれば紙を追加せよ。証人の氏名住所を掲げ、証拠物を特定せよ。）：

那覇地区警察署の有銘興良［ARUME, Koryo］巡査が宣誓し、証言した。

私は被告人を知っている。私が被告人を逮捕した。被告人は、一九五四年十月六日の夜、人民党本部でアメリカに敵対するポスターを制作した、という理由により、被告人に対する逮捕状が発行されたので、同月九日午前六時十分頃、私が被告人を逮捕した。彼は、那覇市楚辺集落の彼の自宅で逮捕された。私が被告人に逮捕状を示した。

事実認定（各起訴罪状に対する「有罪」または「無罪」の認定を示す。）：上級裁判所に付す。

刑（拘禁が懲役を伴うか否か、また、刑の起算日を記す。）：［空白］

［署名］裁判官、陸軍R・M・ピーク少佐

（三）SD-293

琉球列島米国民政府／簡易軍事裁判所／中央司法地区／予備審理手続の記録

開廷場所：那覇　開廷日：一九五四年十月十三日

主宰官：USCAR簡易軍事裁判所裁判官　レイモンド・M・ピーク少佐

起訴罪状（簡潔に）：布令一号二、二、一五条及び二、二、二一条違反

被告人氏名（年齢・性別・住所）：＊＊＊［O・K］（五七・男・那覇市楚辺区＊・＊号）

通訳者：［空白］　検察官：［空白］　弁護人：［空白］

答弁（各起訴罪状に対する「有罪」または「無罪」の答弁）：［空白］

検察側の証拠（必要があれば紙を追加せよ。証人の氏名住所を掲げ、証拠物を特定せよ。）：
那覇地区警察署の津波古憲和巡査部長が宣誓し、証言した。
私は被告人を知っている。彼の逮捕前に一度彼を見たことがある。私が彼を逮捕したのは一九五四年十月十三日午前十一時頃であり、場所は真和志市安里一区七班の＊＊印刷店である。私は那覇の米国簡易裁判所（米国民政府裁判所）の発行した布令一号二、二、一五条及び二、二、二一条違反の逮捕状に基づき彼を逮捕した。同時に私は捜索令状を示して被告人宅を捜索した。私が彼にポスター制作に用いた道具類について尋ねたところ、彼は絵筆三本（中型）と大きな絵筆一本を示した（これらは証拠物として採用され、被告人の裁判のために那覇警察署で保管された）。被告人はポスターを制作したと私に述べたが、ポスターに関する詳しいことは述べなかった。一九五四年十月六日の夜、被告人は党本部でポスターを制作した。被告人が所持したものは、（人民）党本部で制作されたポスターであり、そこには次のように書いてあった。
「瀬長亀次郎が五四年十月六日午後四時に違法に［illegally］逮捕された。それゆえ五四年十月七日午前九時に那覇警察署前に集合し、彼の釈放を要求しよう。」
事実認定（各起訴罪状に対する「有罪」または「無罪」の認定を示す。）：上級裁判所に付す。
刑（拘禁が懲役を伴うか否か、また、刑の起算日を記す。）：［空白］
［署名］裁判官、陸軍レイモンド・M・ピーク少佐

三　公の騒乱惹起罪の裁判手続の記録

予備審理で上級軍事裁判所に付された十四名のうち七名については、二、二、二一条の起訴罪状が落とされ、十

月二十七日から十一月三日にかけて、簡易軍事裁判所で裁判が開かれました。四名の公訴が取り下げられ、三名が執行猶予付の懲役刑を言い渡されました。無罪答弁をしたか否かの違いです。後者の一名については、公判廷で警察官が「彼はポスターを書いてはいなかったが、その場におり、他の者らを見ていた」と証言し、また、証拠採用された被告人の供述調書に「私は党本部にいたが何もしなかった」と書いてあります。そのためと思われますが、一九五四年十二月二十一日の再審決定で、証拠なしの理由により、有罪認定と刑が破棄されました（SD-277）。

有罪認定の他の二名のうち一名の供述調書には「ポスターを作った」と書いてありました（SD-282）。しかし、もう一名を有罪とする証拠は、人民党本部で「被告人はポスターを所持していた」とする警察官の証言と「ポスターを書いている一名に近づき、真和志郵便局付近に掲示するためポスター数枚を受け取った」とする被告人の供述調書でした。これが「公の騒乱を惹起する」と「思料せられる」行為とされたことになります（SD-270）。

（1）**CASE NO. C-238-54, SD-270**

琉球列島米国民政府／簡易軍事裁判所／中央司法地区／裁判手続の記録

開廷場所：那覇　開廷日：一九五四年十月二十九日

主宰官：USCAR簡易軍事裁判所裁判官　レイモンド・M・ピーク少佐

起訴罪状（簡潔に）：二、二、一五条　公の騒乱惹起

被告人氏名（年齢・性別・住所）：＊＊＊［S・S］（二六・男・真和志市楚辺区＊班）

通訳者：ミヤシロ　検察官：オータ　弁護人：なし。

答弁（各起訴罪状に対する「有罪」または「無罪」の答弁）：（被告人は有罪と無罪の答弁または黙秘の意味と効果を説明され、理解している。）無罪。

検察側の証拠（必要があれば紙を追加せよ。証人の氏名住所を掲げ、証拠物を特定せよ。）：

那覇地区警察署の警察官津波古憲和が宣誓し、証言した。

私は被告人を知っている。一九五四年十月六日二十四時二十分頃、那覇市十一区十二組の人民党本部で彼を逮捕した。被告人はポスターを所持していた。そのポスターには次のように書かれていた。「全県民に訴える。私たちの祖父瀬長亀次郎が不当逮捕された。七日午前九時に那覇警察署付近に集まり、彼の即時釈放を要求しよう。全県民の抗議を結集しよう。」別のポスターには次のように書かれていた。「議員瀬長亀次郎が不当逮捕された。法律を守り、私たちの本当の暮らしを守るために民主主義の息吹に触れる全県民は、私たちと力を合わせよう。力を結集して不当逮捕に抗議し、即時釈放を要求しよう。」（以上のポスター二枚が法廷で証拠採用され、記録に収められた。）

那覇地区警察署の伊良波朝仁［IRAHA, Chojin］巡査部長が宣誓し、証言した。

私は被告人を知っている。私が瀬長亀次郎の不当逮捕に抗議する内容の文書類について彼に取り調べた。被告人が私に供述し、私がそれを録取した。私は取調べの前に被告人の権利について説明した。被告人に対する脅迫はなく、また、何も被告人と約束していない。被告人が署名し、拇印を押した。

被告人の供述調書が提出され、証拠採用された。被告人からの異議はなかった。供述調書が読み上げられた。その要旨は次のとおりである。

五四年十月六日午後九時頃、私は瀬長逮捕を知り、午後十時三十分頃、人民党本部に向かった。五、六名がそこでポスターを書いていた。午前零時の二、三分過ぎ頃、私は帰宅しようと考えた。ポスターを書いている一名に近づき、真和志郵便局付近に掲示するためポスター数枚を受け取った。私はそこを出る前に逮捕された。供述調書は那覇警察署で一九五四年十月七日に作成された。被告人は権利について知らされた。

弁護側証拠：被告人は権利について助言され、黙秘を選択した。

犯罪歴：交通違反一件。

事実認定（各起訴罪状に対する「有罪」または「無罪」の認定を示す。）：有罪。

刑（拘禁が懲役を伴うか否か、また、刑の起算日を記す。）：懲役四月。起算日一九五四年十月二十四日。但し素行良好を条件として執行猶予一年。

［署名］裁判官、陸軍レイモンド・M・ピーク少佐

（11）CASE NO. C-238-54, SD-278, SD-271, SD-272
琉球列島米国民政府／簡易軍事裁判所／中央司法地区／裁判手続の記録
開廷場所：那覇　開廷日：一九五四年十月二十七日
主宰官：USCAR簡易軍事裁判所裁判官　レイモンド・M・ピーク少佐
起訴罪状（簡潔に）：公の騒乱惹起　二、二、一五条
被告人氏名（年齢・性別・住所）：＊＊＊＊［K・T］（男・三三・那覇市十一区＊組）、＊＊＊＊［K・K］（男・二一・那覇市松尾区＊-＊）、久手堅憲夫（男・二一・首里市赤平区＊班）
通訳者：［空白］　検察官：［空白］　弁護人：［空白］
答弁（各起訴罪状に対する「有罪」または「無罪」の答弁）：［空白］
検察側の証拠（必要があれば紙を追加せよ。証人の氏名住所を掲げ、証拠物を特定せよ。）：
検察は、これらの被告人に対する公訴の取下げを求めた。
裁判所は、被告人らに対し、取り下げられる本件との関係でさらに問題を起こした場合には裁判所に召喚し、本件起訴罪状により起訴されると忠告した。
事実認定（各起訴罪状に対する「有罪」または「無罪」の認定を示す。）：公訴取下げ。

刑（拘禁が懲役を伴うか否か、また、刑の起算日を記す。）：［空白］
［署名］裁判官、陸軍R・M・ピーク少佐

（三）CASE NO. C-238-54, SD-277

琉球列島米国民政府／簡易軍事裁判所／中央司法地区／裁判手続の記録
開廷場所：那覇　開廷日：一九五四年十月二十七日
主宰官：USCAR簡易軍事裁判所裁判官　レイモンド・M・ピーク少佐
起訴罪状（簡潔に）：公の騒乱惹起（二、二、一五条）
被告人氏名（年齢・性別・住所）：＊＊＊［K・K］（二三・男・真和志村与儀＊区＊班）
通訳者：ミヤシロ　検察官：オータ　弁護人：なし。
答弁（各起訴罪状に対する「有罪」または「無罪」の答弁）：被告人は有罪と無罪の答弁または黙秘の意味と効果を説明され、理解している。無罪。
検察側の証拠（必要があれば紙を追加せよ。証人の氏名住所を掲げ、証拠物を特定せよ。）：
那覇地区警察署の警察官（刑事）上地直良が宣誓し、証言した。
私は被告人を知っている。一九五四年十月七日午後二時、私が真和志村与儀区＊班＊の被告人宅で彼を逮捕した。逮捕容疑は布令一号二、二、一五条の公の騒乱惹起罪違反である。逮捕状発付の理由の詳細は知らない。
那覇地区警察署の警察官津波古憲和が宣誓し、証言した。
私は被告人を知っている。一九五四年十月六日二十四時二十分頃、那覇市十一区十二組の人民党本部にK・K［SD-271］他数名を逮捕しに行ったとき、彼らはポスターを書いており、私はそのときに同本部で被告人を見た。彼はポスターを書いてはいなかったが、その場におり、他の者らを見ていた。前述のとおり、それは二十四時二十分頃であり、私はその現場で被告人を見た。私は被告人がその場におり、他の者らと同じことをしていたと考えたので彼の逮捕状を請求した。

那覇地区警察署の諸見長英警部補が宣誓し、証言した。

私が被告人を見るのは初めてである。私は被告人が書いて署名した供述調書を持っている。彼は法廷でこれを読むことに異議を唱えなかった。供述調書の要点は次のとおりである。「私は党本部にいたが何もしなかった。私はそこに二十時三十分頃に行き、一九五四年十月六日二十四時二十分頃に警察が他の者らを逮捕した後、そこを出た。」

弁護側証拠：被告人は権利について助言され、黙秘を選択した。

犯罪歴：なし。

事実認定（各起訴罪状に対する「有罪」または「無罪」の認定を示す。）：有罪。

刑（拘禁が懲役を伴うか否か、また、刑の起算日を記す。）：懲役三月。起算日一九五四年十月二十七日。但し素行良好を条件として執行猶予一年［再審決定で有罪破棄］。

［署名］裁判官、陸軍レイモンド・M・ピーク少佐

（四）CASE NO. C-238-54, SD-282

琉球列島米国民政府／簡易軍事裁判所／中央司法地区／裁判手続の記録

開廷場所：那覇　開廷日：一九五四年十月二十七日、十一月三日

主宰官：USCAR簡易軍事裁判所裁判官　レイモンド・M・ピーク少佐

起訴罪状（簡潔に）：二、二、一五条　公の騒乱惹起

被告人氏名（年齢・性別・住所）：＊＊＊＊［G・S］（三六・男・那覇市楚辺＊班＊号）

通訳者：ミヤシロ　検察官：オータ　弁護人：なし。

答弁（各起訴罪状に対する「有罪」または「無罪」の答弁）：（被告人は有罪と無罪の答弁または黙秘の意味と効果を説明され、理解している。）無罪。

検察側の証拠（必要があれば紙を追加せよ。証人の氏名住所を掲げ、証拠物を特定せよ。）：

被告人Gは、体調不良を理由に本件の公訴取下げを求め、次のように述べた。私に関する限り、ポスター作成は秩序を乱そうと意図したものではなく、それを書くことが違法であるとは思わない。私は本件公訴の棄却を希望する。しかし棄却の申出が認められないのであれば、公訴取下げを求める。これに対して検察は、上記の条件では公訴取下げの余地はないとした。被告人は、裁判の準備ができているかと尋ねられた。

島袋が被告人を弁護すると述べ、裁判所に一週間の公判延期を求めた。勾留中（一昨日の夕刻、五四年十月二十五日）に被告人は胃の調子が悪くなり、看守に痛みがあると伝えた。被告人は、彼が胃の痛みを訴えた看守を連れてくるように言われ、警察の留置場に行ったが、その看守を見つけることができなかった。

公判は一九五四年十一月三日午前九時まで延期されることになった。

被告人は、大湾らと一緒に上級裁判所で裁判を受けることを望んでいたが、考えが変わり、単独公判を選択した。島袋に彼の弁護を求める。

裁判までの保釈保証金が五千円に設定された。

被告人は、代理人島袋の撤回を申し出て、一九五四年十一月三日に裁判を受けることを希望した。

那覇地区警察署の警察官有銘興良が宣誓し、証言した。

私は被告人を知っている。私が一九五四年十月九日午前六時に被告人を逮捕した。逮捕容疑は布令一号二、二、一五条違反である。つまり被告人は、那覇の人民党本部で一九五四年十月六日の夜にポスターを書き、公衆に対して那覇警察署前に七日朝集合し、不当逮捕された瀬長の釈放を求めて抗議が行われる旨を告知しようとした。

逮捕状が発付された。那覇警察署の津波古巡査部長が二〇二、一五条の違反者を逮捕するため、一九五四年十月六日夜に人民党本部に行った。そこで被告人を見たので、逮捕状を請求した。被告人を取り調べたのは私ではない。

那覇警察署の津波古憲和巡査部長が宣誓し、証言した。

私は被告人を知っている。私が被告人の逮捕状を請求した。その理由は一九五四年十月六日夜、那覇市十二組の人民党本部で瀬長の不当逮捕に対して抗議する旨のポスターが制作されているとの情報を得たからである。私はこの場所に深夜十二時の約二十分後に行き、四名がポスターを書いているのを目撃し、彼らを逮捕した。この場所で私は被告人Gを見たので彼の名前を尋ねた。時間は遅かったが、それは人民党の本部でのことである。私は、他の者と同様に彼も犯行に加わっていると考え、逮捕状を請求した。被告人を取り調べたのは私ではない。私は人民党本部で多くの証拠品を発見した。紙類、ハケ、のり、インクである。そこは雑然としており、紙やポスターなどが床に散乱していた。

那覇警察署の伊良波朝仁巡査部長が宣誓し、証言した。

私は被告人を知っている。私が一九五四年十月十二日に被告人を取り調べ、被告人が調書を作成した。調書作成の前に私は彼の権利について充分に説明した。私は力を行使せず、脅迫もしていない。利益供与や減刑の約束もしていない。被告人は調書に署名し、拇印を押した。署名の前に被告人に対して調書を読み上げた。

（被告人の供述調書が証拠採用され、記録に収められた。被告人からの異議はなかった。）

供述調書の要点：一九五四年十月六日午後六時に人民党本部に行った。瀬長逮捕を知った。同日夜十時頃に戻った。約二十名がそこにいた。三、四名がポスターを作っていた。私はその一人からポスター一枚をもらい、ハケをとり、五四年十月七日午前九時に那覇警察署前に集まり、瀬長の不当逮捕に抗議しようという趣旨のポスターを作った。私は十枚ほど同じものを書いた。誰かに頼まれてポスターを書いたのではない。私は自分で書いた。警察が来て、皆が逮捕された。警察が私にどのポスターを書いたのかと尋ねたので、私はそのうちの五枚を示した。

このとき伊良波巡査部長が、その五枚とはこの法廷に提出されたものであると述べた。（証拠として受領され、記録の一部として収められた。）

そのポスターの一枚は次の内容である。「瀬長が不当に逮捕された。全県民は一九五四年十月七日朝、那覇警察署前に集まり、抗議しよう」。人民党の署名。

弁護側証拠：被告人は権利について助言され、黙秘を選択した。

検察による最終弁論は行われなかった。

最終弁論（弁護側）。告発状によれば、私は公の騒乱を惹起すると思料されるポスターを作成し、これを掲示する目的を有していたとある。しかしポスターの内容は、公の騒乱を引き起こすようなものではない。

犯罪歴：なし。

被告人は当地（沖縄）の警察を信用していないと述べた。被告人は裁判所を信用していると述べた。

事実認定（各起訴罪状に対する「有罪」または「無罪」の認定を示す。）：有罪。

刑（拘禁が懲役を伴うか否か、また、刑の起算日を記す。）：懲役六月。起算日一九五四年十一月三日。素行良好を条件として執行猶予一年。

［署名］裁判官、陸軍レイモンド・M・ピーク少佐

（五）CASE NO. C-238-54, SD-293

琉球列島米国民政府／簡易軍事裁判所／中央司法地区／裁判手続の記録

開廷場所：那覇　開廷日：一九五四年十月二十七日

主宰官：USCAR簡易軍事裁判所裁判官レイモンド・M・ピーク少佐

起訴罪状（簡潔に）：二、二、一五条　公の騒乱惹起

被告人氏名（年齢・性別・住所）：＊＊＊＊［O・K］（五七・男・那覇市楚辺区＊‐＊）
通訳者：ミヤシロ　検察官：オータ　弁護人：なし。
答弁（各起訴罪状に対する「有罪」または「無罪」の答弁）：［空白］
検察側の証拠（必要があれば紙を追加せよ。証人の氏名住所を掲げ、証拠物を特定せよ。）：
被告人は次のように述べた。ポスターを作っているとき、私はその重大さを認識していなかった。私は政治的な目的をもってポスターを作っていたが、公の騒乱を引き起こそうとは考えていなかった。現在はこれらのポスターを用意したのは間違っていたと思う。今後は、よく考えもしないでこういうことをしないつもりである。私は琉球政府にパンフレットや本などを収める印刷店に勤めており、妻のほか、息子と二人の孫がいる。このような違反に再び巻き込まれないようにしたい。本当にしない。
事実認定（各起訴罪状に対する「有罪」または「無罪」の認定を示す。）：検察の申出により公訴取下げ。
刑（拘禁が懲役を伴うか否か、また、刑の起算日を記す。）：［空白］
［署名］裁判官、陸軍レイモンド・M・ピーク少佐

四　共謀罪の裁判手続の記録

人民党本部でポスターを作るなどしたとして逮捕された十四名のうち、七名は二、二、一五条違反の疑いで裁判を受けました。残る七名のうち、大湾喜三郎ほか五名は、二、二、一五条違反の行為の共謀罪、つまり二、二、三一条違反の疑いで、改めて簡易軍事裁判所に起訴されました。

十月二十八日付起訴状に記載された犯罪事実は、「大湾喜三郎、真栄田義晃、瀬名波栄、大嶺経達、石原昌進

及び新垣重剛は、一九五四年十月六日またはその頃、二十一時三十分頃から二十四時〇分頃まで、那覇の人民党本部で、それ自体において公の騒乱を導き、惹起すると思料される一連の行為を進め、遂行することを不当に共謀した。すなわち瀬長亀次郎の逮捕と訴追の不法性［unlawful arrest and prosecution］を誤って主張し、訴えかけるポスターその他の印刷物を印刷、掲示またはその他の方法で公表し、もって抗議と瀬長釈放のために公衆をして那覇警察署前に大集合させようとした。」というものです。

検察側証人としてT・S（D-1454）とY・S（SD-275）の二名、また、弁護側証人として嘉数清永（D-1450）と久手堅憲夫（SD-272）の二名が出廷しました。被告人らは、瀬長の「不法逮捕」とポスターに書き込んだことには正当な理由があると主張します。しかし、ポスターを作ろう、と話し合ったこと自体は否定のしようもありません。弁護人は付きませんでした。

Y・S（SD-275）に対する公訴は、証言後の十一月十五日に取り下げられました。理由は不明ですが、同様に大湾喜三郎に対する公訴が十一月二十二日に取り下げられ（資料12）、人民党事件の裁判が終結しました。沖縄刑務所に収監された真栄田義晃ほか四名は「再裁判の請求」をしましたが、認められませんでした。

（一）裁判手続の記録

CASE NO. C-238-54, SD-273, 276, 279, 274, 269
琉球列島米国民政府／簡易軍事裁判所／中央司法地区／裁判手続の記録
開廷場所：那覇　開廷日：一九五四年十一月十日、十二日、十六日
主宰官：USCAR簡易軍事裁判所裁判官　レイモンド・M・ピーク少佐
起訴罪状（簡潔に）：共謀　二、二、三一条
被告人氏名（年齢・性別・住所）：真栄田義晃（ほか）（裏面を見よ）

［裏面氏名等］真栄田義晃（二七・男・那覇市楚辺＊区＊-＊）、瀬名波栄（三五・男・那覇市松尾区＊）、大嶺経達（五五・男・那覇市四区＊組＊）、石原昌進（二八・男・那覇市首里汀良区＊班＊）、新垣重剛（二七・男・那覇市三区＊組＊）

通訳者：ラルフ・ハラダ　検察官：ロナルド・M・オータ　弁護人：なし

答弁（各起訴罪状に対する「有罪」または「無罪」の答弁）：（被告人らは有罪と無罪の答弁または黙秘の意味と効果を説明され、理解している。）全員無罪。

検察側の証拠（必要があれば紙を追加せよ。証人の氏名住所を掲げ、証拠物を特定せよ。）：

被告人瀬名波が裁判手続に入る前に要求したいことがあると述べ、次のように要求した。私たちの裁判が今日まで延期されたのは、私たち被告人を代理する弁護士等を見つけるためであった。しかし努力の甲斐もなく、沖縄の弁護士らからは、代理人となることを控えたいと言われた。私たちは一名の弁護人を見つけることもできなかったので、日本に連絡をした結果、ちょうど二、三日前に日本自由法曹団から、同会の二名の会員を私たちの弁護人として沖縄に派遣する予定であるという旨の電報を受け取った。既に通貨の両替も認められた。それゆえ被告人らは、彼らの到着まで本裁判の延期を要求したいと述べた。

裁判所は、一九五四年十月二十九日の予備審理で、[2] 被告人らに対し、弁護人または特別代理人の選任の有無を含め、一九五四年十一月十日の公判に向けて準備するように助言したと述べ、次のように続けた。被告人らは充分な時間を与えられており、再延期は認められない。被告人らは一九五四年十一月十日、つまり今日、裁判を受ける。

被告人瀬名波が次のように述べた。先ほどの理由を繰り返すことになるが、私たちは沖縄の弁護士を選任する努力をした。しかし彼らからは引き受けたくないと言われたので、私たちはこの裁判で特別代理人になってくれる別の者を探す必要があった。たしかに裁判所から助言があり、大湾喜三郎が全力を尽くして私たちを弁護する代理人を探した。しかし、失敗に終わり、また、現実的に考えてこれは誰にでも務まることではないので、私たちは日本にこの件で連絡を入れた。先ほども述べたとおり、私たちは五、六日前に日本自由法曹団から私たちを弁護する会員二名を派遣する旨の連絡を受け取った。私たちのこうした状況を考慮した上で、彼らの到着までは、ぜひとも本件裁判の延期を裁判所にお願いしたい。

裁判所はこれ以上の期日延期を拒否した。検察官の準備が整い次第、裁判手続に入る。

真栄田は、裁判が今日まで延期され、その間に弁護人を見つけるように、と裁判所が述べたことは事実であると述べた。その上で被告人真栄田は、被告人瀬名波の発言の趣旨を説明したいとして次のように続けた。私たちは弁護人を見つけた。彼らが沖縄在住であれば何の問題もない。しかし、私たちの弁護人は日本に住んでおり、沖縄到着までに数日を要するので、私たちはその間の延期を求めている。

検察官オータが次のように述べた。あなた方は日本の弁護士会から二名の法律家が派遣されると述べるが、実際にはあなた方が考える以上に彼らがこの法廷に入るのは簡単ではない。外国人が沖縄で法律業務をするためには、外国投資委員会〔Foreign Investment Board〕を通さねばならず、また、沖縄入域のためには身分証明の手続を経る必要がある。この二個の審査手続を通過するか否かは申請者次第であるが、ともかく相当な時間を要し、場合によっては許可されないこともある。裁判所としては、被告人らの希望する弁護人の選任を認めたいであろうが、しかし裁判所の認めうることには限界がある。

（島袋が被告人らにメモ〔notes〕を手渡し、法廷外に出るように命令された。）裁判所は、常に被告人の希望通りの弁護人を地球上のどこからでも連れてくることを認めるものではない。

被告人新垣は、この裁判における彼の特別代理人を島袋に依頼したいと申請した。

裁判所は、被告人新垣に対し、島袋は被告人らにメモを手渡したので法廷外に出るように命じられたと伝えた。

被告人新垣が次のように述べた。私は以前から私の特別代理人を島袋に依頼すると決めていた。思うに、被告人には弁護人依頼権がある。ぜひとも裁判所は、島袋を代理人にするという私の申請を受け入れてほしい。

裁判所は、この二回目の申請を前述の理由、すなわち島袋が退廷命令を受けたことから拒否した。(3)

照屋清仁が宣誓し、証言した。私は那覇警察署の署員である。私は五名の被告人らを知っており、中でも私が逮捕した一名はよく知っている。それは真栄田である。彼の逮捕理由は、私が彼の逮捕状を持っていたからである。逮捕状記載のとおり、彼は布令一号二、二、二一条違反で告発された。逮捕命令は津波古巡査部長の請求によるものである。真栄田の逮捕後、彼を取り調べたのは私ではない。私が彼を逮捕したのは警察署前である。(主尋問は以上であった。)

真栄田による反対尋問。

十月六日の夜、私が逮捕される前・・・(検察が異議を唱え、認められた。)この証人については、後で私の証人として呼ぶことにする。

検察側の再主尋問。

[証人] 瀬名波も私が逮捕した。瀬名波逮捕の理由は、真栄田と同じであり、それは一九五四年十月七日の朝である。瀬名波の逮捕状を請求したのも津波古巡査部長である。被告人瀬名波を取り調べたのは私ではない。私が逮捕したのは、この二名である。

瀬名波による反対尋問。

[証人] 私が瀬名波と真栄田を逮捕したのは一九五四年十月七日である。十月六日の夜のことは覚えている。私は、ピーク裁判官の発付した逮捕状を執行した。

首里地区警察署の有銘興良巡査が宣誓し、証言した。私は被告人らを知っている。私が被告人大嶺を逮捕した(証人は被告人大嶺を指し示した)。逮捕の理由は二、二、二一条違反の逮捕状である。一九五四年十月八日午後二時頃に逮捕した。十月六日の夜、私は人民党本部には行っていない。私がしたのは大嶺の逮捕であり、他には何もしていない。(主尋問は以上であった。)

大嶺による反対尋問。

［証人］逮捕状を請求したのは津波古巡査部長であり、その理由は人民党本部で作成された文書とポスターである。津波古巡査部長によれば、被告人大嶺は人民党本部にいた。（反対尋問は以上であった。）

那覇地区警察署の津波古憲和巡査部長が宣誓し、証言した。私は本件裁判の被告人らを知っている。彼らの名前は石原、新垣、大嶺、瀬名波及び真栄田である。私は一名を除いて全員を間接的に逮捕した。新垣は私自身が逮捕した。被告人らが逮捕されたのは、一九五四年十月六日午後六時頃に人民党の指導者である瀬長亀次郎が逮捕されたからであり、彼らはこれを不当［unjust］であると主張した。彼らによれば、瀬長の逮捕は軍部と地方警察の結託によるファシスト的策略であり、それゆえ彼らは一般大衆の力を示して彼を取り返そうと主張した。彼らはこうした内容をポスターに印刷し、誰でも見ることのできる場所に掲示して一般大衆に見せようとした。私は、これは二、二、一五条に加えて二、二、二一条にも違反すると考えたので、新垣についてはその犯行中に逮捕し、他の者らについても逮捕させることにした。私は新垣の逮捕時に人民党本部で次の証拠物を発見した。それはポスター、インク、紙類、印刷されたポスター、日本製の絵筆またはハケ、のり、及びポスター用紙である。証拠品は那覇警察署で保管されている。証拠品を法廷に提出するので見てもらいたい。

津波古巡査部長が様々な内容のポスター三十枚を提出した。その一枚には次の内容が記されている。私たちの代表者である瀬長が不当に逮捕された。私たちの土地を守り、平和を守り、そして日本復帰を実現するために、あらゆる手段を使って瀬長を取り返そう。七日午前九時に那覇地区警察署前の広場に行こう。

津波古巡査部長は証拠として絵筆七本、ポスター三十枚、未使用紙三巻、インク缶（大）二個、インク缶（小）八個、及びのり缶二個を提出し、裁判所に採用された。検察官の申出により、この旨が記録された。

さらに津波古証人は次のように述べた。私は人民党［の事務所］で大嶺を除く被告人全員を見た。大嶺については、そこにいたことを認識していた。私が人民党本部に行ったとき、大嶺を除く被告人全員は、ポスターを印刷している者の近くで一緒に座り、議論をしていた。被告人らがポスターの印刷に関係していることは見て取れた。現場の状況を説明したい。私が新垣を逮捕したのは一九五四年十月七日午前零時二十分頃であり、逮捕場所は人民党書記長瀬長亀次郎の住居に隣接する人民党本部である。被告人らは全員が人民党の事務局員［staff members］であり、近くに座る彼らの指示により、人々が就寝中の深夜に、ポスターの印刷作業が行われていたことは、誰が見ても分かることであった。人民党本部の緊張感は高まっていた。事務局員らは、彼らの指導者である瀬長が不当に逮捕されたと書き込み、人々に団結と瀬長釈放を訴えるポスターの印刷を命令していた。ポスター印刷の良い見本［その目的］は、又吉裁判時のほとんど暴動のような騒ぎ［the near riot］である。本件の被告人らを取り調べたのは私ではない。私の捜査では、ポスターを制作したのが誰であるかは特定できなかった。

弁護側の反対尋問（真栄田）。

［証人］新垣は別にして、午前零時二十分以前に六名が現行犯逮捕された。零時二十分以後に十四名が逮捕されたので合計二十名である。ポスターを印刷していたのではないが、その付近にいたのは真栄田、石原、瀬名波、Y［SD-275］、G［SD-282］、K［SD-277］及び大湾喜三郎であり、私が覚えているのはこの七名である。

被告人真栄田が、証人［原文では「被告人」］に対し、現行犯逮捕されなかった者の名前をあげてもらいたいと質問した。（検察が異議を唱え、裁判所が異議を認めた。）

瀬名波による反対尋問。

［証人］零時二十分以前に逮捕された六名については思い出せないが、私が逮捕したのは実際にポスターを貼っていた者である。実際にポスターを印刷していたのは五名であり、その名前は新垣重剛、S・S［SD-270］、K・K［SD-271］、久手堅憲夫［SD-272］及びK・T［SD-278］である。

瀬名波が本件とは関係のない幾つかの質問を行い、証人は答える必要がないと告げられた。

石原による反対尋問。

［証人］私が人民党本部に行ったとき、そこにいたのは約十二名である。部屋が狭いので、彼らは相互に顔が見える近さにいた。石原は窓際に座っていた。私はあなたのことをはっきりと覚えている。あなたは私に話しかけてきたが、そのときは独りでいた。しかし、私はその後に起きたことについては思い出せない。

被告人石原が、逮捕されたのは全部で何名かと尋ねた。（検察が異議を唱え、異議が認められた。）

証人が次のように述べた。逮捕時に五名が印刷していたポスターのうちの何枚かは掲示されたと考えられる。しかし、これより前にポスターを書いていた者は特定できていない。ここに提出されたポスターは人民党本部で制作され、警察によって没収されたものである。

新垣による反対尋問。

［証人］その場所で全員（ポスター印刷の五名）が逮捕された。あなた方は布令一号二、二、二一条及び二、二、一五条違反の疑いで逮捕された。

大嶺による反対尋問。

証人は、人民党本部に到着する前、（情報では）そこに何名の者がいるということだったのか、と質問された。（裁判所が、答える必要はないと証人に伝えた。）

裁判所は一九五四年十一月十日午後零時二十分に休廷した。

裁判所は一九五四年十一月十日午後一時三十分に再開した。被告人全員が在廷し、検察官が手続進行の用意を整えた。通訳者が宣誓下にあることを注意された。

T・S［D-1454］が宣誓し、証言した。

先日、私は警察で取調べを受けた。それは瀬長亀次郎に関するポスターを作ったことに関する取調べである。亀次郎に関するポスターが作成されているとき、私は人民党本部にいた。それは一九五四年十月六日である。私が人民党本部に行ったのは午後八時三十分頃であった。そのとき十名が人民党本部にいた。彼らは話し合い、そして議論していた。私は彼らが議論している場所には行かなかったので、話し合いの内容は分からない。人民党本部に到着後、会議が始まったのは午後九時三十分頃からである。この会議が開かれたのは瀬長亀次郎が一九五四年十月六日に逮捕されたからである。会議開催を最初に提案したのは真栄田義晃である。彼が議長であり、こう言った。瀬長亀次郎が逮捕されたが、一般大衆はその本当の理由を知らないので、彼の逮捕を周知させるポスターの制作について話し合おう、と。会議が始まったとき大体二十名から三十名がそこにいた。その中に大湾喜三郎、瀬名波栄、大嶺経達、Y・S［SD-275］、石原昌進、新垣重剛、そして真栄田がいた。真栄田は法廷にいる（証人は被告人を指し示して同定した）。（証人は瀬名波、石原、新垣、そして最後に大嶺を指し示して同定した。）瀬長逮捕に関するポスターの印刷については、被告人全員がそのポスター制作の計画に賛成した。この会議では、計画の実行方法については誰からも提案がなかった。会議の終了後に必要な道具等が揃えられた。

検察官［の質問］。

ここに数点の証拠物がある。あなたは、これらについて見覚えがあるか。

［証人］はい。これらはポスターを作成するために使われたものである。議長はポスターの作成方法については何の提案もしなかった。私が人民党本部にいたとき、石原がポスターの印刷を始めた。私は彼が作ったポスターを見ていない。また、私は新垣と大嶺がポスターを作成するのを見た。そのとき私は、その近く立ち、彼らがのりを温めたり、ポスターを印刷したりするのを見ていた。私は二名が制作したポスターを見たが、誰がどのポスターを作ったかは思い出せない。ともかく私はポスター制作の作業を見ていた。そのポスターには瀬長亀次郎が十月六日午後六時に逮捕されたこと、そして明朝九時に那覇警察署前に集合し、抗議することが書かれていた。どのポスターも瀬長の不当逮捕を指摘していた。私が見た限りでは赤いインクを使ってポスターを作った者はいない。検察官が示したポスターは、見覚えがあるが、誰がそれを作ったかは分からない。ポスターの作成中に他の三名［大湾、瀬名波、Y［SD-275］］は見ていない。（質問は以上であった。）

真栄田による反対尋問。

〔証人〕私の記憶では、人民党本部でこれ以前にポスター用の道具類を見たことはない。会議では、誰が何をするかについての計画はなく、何名の賛成があれば計画が決定されるのかも決められていなかった。あの会議の議長として、あなたは誰の提案も抑え込むことをしなかった。会議のとき、メンバーたちは次のように座っていた。（法廷を会議場所とみなした。）

オオミネ　オオワン　ヤケナ　指名不詳　アラカキ　入口
セナハ
イシハラ
マエダ
アラカキ

　会議のとき、島袋が来たことを記憶しているが、彼のことはよく覚えていない。私たち全員がポスター制作を手伝うことに賛成した。そこにはポスターを作る者たちとそうではない者たちがいた。

瀬名波による反対尋問。

〔証人〕会議の参加者は大体二十名または三十名であった。全員が人民党本部に集まって来た人たちである。ラジオを聴いていた私は、ニュースを耳にしたのでA・J〔D-1455〕と一緒に本部に向かった。ポスター印刷の方法については、誰からも発言がなかった。ポスター印刷を命令した者はいなかった。

大嶺による反対尋問。

〔証人〕私は、あなたの年齢を考慮し、年長者だからポスターを作らなくてもよいと言われていたかどうかは、聞いていないので分からない。

新垣による反対尋問。

〔証人〕私は、あなたが湯を沸かし、お茶をいれているのを見た。

石原による反対尋問。

〔証人〕一般人に開かれた会議で、参加者全員が、誰からも命令されることなくポスター制作に同意した。参加者の全員一致の決定で、瀬長が不当に逮捕されたことをポスターに書き込むことになった。先ほども述べたように、私の記憶する限り、会議の参加者は二十名から三十名である。会議のとき、私は窓際に座っていた。那覇警察署に集合する人々を統制する必要があることについては、人民党本部の会議に集った者全員の間で了解があった。私は会議が終わるまでそこにいた。(質問は以上であった。)

Y・S〔SD-275〕が宣誓し、証言した。

十月六日午後九時頃、私は会議に参加した。人民党本部に着いたのは午後八時三十分から午後九時頃だった。二十名から三十名が人民党本部に集まっていた。会議が開かれたのは私の到着後のことであり、二十分ほどで終わった。最初に会議を提案したのは真栄田であり、彼が議長をすると言った。真栄田は、議長としての役割もあって次のように提案した。ポスター制作の時間が少ないので、できる限り多くのポスターを全員で作ることにしよう、と。他の発言については覚えていない。私はポスターを書かなかったので、その内容は知らないが、会議でも内容の点については言及がなかった。会議の前に話し合われたことについては、私は知らない。議長は、全員の合意でポスターを作ることになったと説明した。たまたま次の日がアメリカ人の新聞週間で、日刊紙は発行されないため、瀬長逮捕を人々に知らせる方法としてポスターを作る必要があった。メンバーたちは議長の発言に賛同し、反対意見は出なかった。私は座っていたが、ポスター制作については全員の同意があると私も思った。私の知る範囲では、会議の出席者は大嶺、石原、新垣重剛、そして議長の真栄田であるが、他にもたくさんいた。会議の終わる頃には大嶺と石原がポスターを書き始めた。ポスター制作の行為の具体的なことについては会議で合意はなかったが、その制作中に彼らは人民党の名義でポスターを作るようになった。出席者の大半、少なくとも半分は党員であり、残りの半分は、私の知る限り、党員ではなかった。そのとき私は人民党の事務局員をしていた。他の事務局員らもそこにいた。ここに着席している五名の被告人は人民党の事務局員である(証人はこれを繰り返すことを求められた。そして彼の知る限り、新垣は事務局員であると述べた。）

検察官は、人民党本部で作成されたポスターを証人に示し、これらについて見覚えがあるかと尋ねた。証人は、ポスターについては、はっきりと思い出せないと述べ、次のように続けた。私はポスターが作られるのを見ていた。私は石原が作ったポスターを見たが、そのポスターがどれであるかは思い出せない。石原がポスターに小さな文字を書き入れ、大嶺が大きな文字を書き入れていた。私が見ていたのは数分間であり、もう少し時間があれば、彼らの書いた内容が分かったと思う。ポスターの文言は記憶にないが、ポスターを見れば思い出せるかもしれない。（検察官が再びポスターを証人に示し、その中で特定できるものがあれば特定を試みてほしいと要求した。）石原は午後十一時頃か、もう少し遅くまでポスターを書いていた。それよりも前に書かれたポスターは、掲示するために持ち出された。その文面を読み上げる。瀬長が逮捕された（五四年十月六日午後六時）。民主主義の怒りに駆られる人々よ、力を合わせて瀬長を直ちに取り返そう。私たちの暮らしを守り、祖国復帰を勝ち取るために力を合わせて大きな抗議の声を上げよう。一九五四年十月七日、明日午前九時、那覇地区警察署前に全員集合し、瀬長を解放しよう。（質問は以上であった。）

真栄田による反対尋問。

［証人］人民党本部にいた全員が会議に参加した。会議で出された意見はたくさんあった。全員に意見を述べる平等な機会があった。ポスターの道具類、インク、絵筆等々は人民党本部にあったが、用紙は不足することもあった。

瀬名波による反対尋問。

［証人］人民党本部の事務局員というのは、私の理解では、本部に集合した者らの中で権限を持つ人たちのことである。私に言えることは、彼らが集合した者らの指導者であることである。

大嶺による反対尋問。

［証人］あなたはポスターに大きな文字を書き込んだ。

新垣による反対尋問。

［証人］私は、あなたが会議にいたことをはっきりと覚えているが、あなたが何をしていたかはあまり覚えていない。先ほども述べたように、私は誰が事務局員であり、誰がそうでないかを選り分けようとしているのではない。本部に集まった者らの中で指導的な立場にあるのは事務局員らであると私が思った、と述べているだけである。あなたは影響力のある人物の一人であるが、私は、あなたが中央委員会の構成員であるとは言っていない。

石原による反対尋問。

［証人］真栄田は会議の議長だった。先ほども述べたように、真栄田は自分から議長を引き受けると述べ、その場の全員が賛成した。ポスターを掲示することも全員が合意した。私はこの計画を頭に入れ、それに添って動いた。私は、どのような内容のポスターが書かれているのか、そのときは知らなかった。だから私は計画に添って動いた。私は、あなたがポスター印刷を誰かに命じたか否かは知らない。議長の真栄田は各自でポスターを書くことを提案したと思う。ポスターを書いた人たちは、人民党本部で午後九時頃に会議があることを知っていた。会議は約十五分後に終わった。事務局員について言えば、私の考えでは、その権限と特権があるから事務局員であり、私は会議で彼らが指導的な人物として行動し、話すのを見聞きした。逮捕のとき、私はあなたが窓際に座っていたことを覚えている。

検察側の立証が終わる。

裁判所は一九五四年十一月十二日午前九時まで休廷する。

被告人らは、金曜日午前の審理に遅れが出るといけないので、召喚を求める証人は誰であるかを警察に知らせておくように助言された。

［第二回公判期日］

裁判所は一九五四年十一月十二日午前十時三十五分に再開された。全員が在廷している。通訳者が宣誓し、検察側と被告側の準備が整った。

弁護側の証拠：

新垣重剛による主尋問。

嘉数清永［D-1450］が宣誓し、証言した。

一九五四年十月六日の夜、私は九時から十時頃まで人民党本部にいた。私は新垣重剛を知っている。彼はこの法廷にいる（証人は新垣重剛を指し示す）。彼は十月六日の夜、人民党本部の入口の内側のところに立っていた。私は、その夜の会議のことは知らない。私はお茶をいれ始めたが、新垣に交代してもらった。それから私は帰宅したので、その後のことは分からない。

大嶺による反対尋問はなかった。

十分間の中断の申出があり、証人に対する質問計画が練り直された（午前十時五十六分）。

石原による主尋問。

［証人］一九五四年十月六日の夜九時から十時頃にかけて人民党本部にいたのは約三十名である。私は灯油を買うのに十分間ほどを要したが、その後は人民党本部に戻った。私は石鹸を借りた。新垣はお茶のやかんを持っていた。人民党本部にいた三十名は、それぞれ色々なことをしていた。部屋の外にも、中にも人がいたが、彼らが何をしていたかは分からない。

真栄田による主尋問。

証人は、証言台から退くように要求された。

検察側からの異議はなく、反対尋問もなかった。証人は退席した。

次の証人として久手堅憲夫［SD-272］が呼ばれた。いかなる証言も自己に不利益なものとして扱われうることを注意された上で、彼は宣誓し、証言した。

証人に対する石原の主尋問。

［証人］私の住所は那覇市赤平区＊班＊号である。一九五四年十月六日夜、午後六時頃、私は家にいた。午後九時頃に石原の家に行くとラジオの特別ニュース放送があった。何かにつけ私は石原の家に行くことが多かった。私は石原の家を出て、瀬長の家に向かった。一人で行ったが、瀬長の家で石原に会った。人民党本部に着いたのは午後十時頃である。そこには約二十名がいた。私は党員ではない。夜が更けるにつれ、人が増えるということではなかった。彼らは民主的な話し合いをしてからポスターの印刷をしていた。誰が最初にポスターを書いたかは分からない。そのポスターの内容は知っているが、それを誰が書いたかは知らない。私の知る限り、人民党がポスターについて何かを言及したということはなかった。警察が人民党本部に来たとき、あなたは私の隣にいて窓の枠木に腰掛けていた。那覇署から来た警察官が私たちの近くにいたが、その他に誰がいたかは思い出せない。ある目的をもって特別なことが話し合われたということではなく、沖縄のことなどに関する一般的な話があっただけである。私が人民党本部に行ったのは、瀬長についてラジオで聴いたからである。誰かに頼まれて行ったのではない。ポスターの印刷はしていない。あなたと私は座って話をしていた。私が会議に参加したのは、それが民主的だったからである。その会議で最後に話し合われたことについては知らない。ポスターの内容は知っている。その一つは「那覇警察署前に七日朝に集合し、瀬長亀次郎の不法逮捕に抗議せよ。」である。私は、ポスターが作られたのは静かに集会をするためであり、暴動を起こすためではなかったと考える。これは私自身の見解というより、会議で決まったことである。（質問は以上であった。）

証人に対する瀬名波の主尋問。

［証人］私にはよく分からないことであるが、党員ではない者が人民党の会議に参加できるとは思わない。私たちが逮捕されたとき、約十名の警察官がいた。警察官の全員が事務所に入ってきたのではない。何名かはライ

フル銃やカービン銃を持って外にいた。私は楚辺交番の前で逮捕された。

証人に対する真栄田の主尋問。

〔証人〕私は新垣重剛を知っている。彼は今、法廷にいる。彼は、私と一緒に同時に逮捕されたので、彼のことは分かる。新垣は、石原の隣にいる人で、濃い色のコートを着ている。

証人に対する新垣の主尋問。

〔証人〕私は窓際にいたので、あなたがお茶をいれているのを見た。

証人に対する検察の反対尋問。

〔証人〕民主的という言葉を使ったのは、参加者全員が各自のしたいことについて話し合ったからである。会議では議長の真栄田がその言葉を通常の意味で最初に使った。私が人民党本部に着いたのは午後〔原文では「午前」〕十時頃である。私が本部に着いたとき、会議は終盤だったが、そのときも真栄田議長がごく普通の作業の話をしていた。その点はリーダーによるところが大きい。ポスターで不法逮捕という言葉〔the word unlawfully arrested〕が使われている理由は知らない。私が石原に会ったのはバス停であり、午後九時頃だった。バス停は石原の家から約七十メートルのところにある。首里中学校の近くといったほうが正確である。そこで少しバスを待っていた。人民党本部に着いたのは午後十時頃である。途中で石原と別れ、親戚に会いに行った。石原と一緒に人民党本部に行ったのではない。つまり彼と同時に到着したのではない。私が途中で何分くらい立ち止まっていたかは分からない。（質問は以上であった。）

一九五四年十一月〔原文では「十月」〕十二日午後一時三十分まで休廷。

一九五四年十一月〔原文では「十月」〕十二日午後一時三十四分再開。全員出席。

真栄田が瀬長亀次郎を証人申請した。検察官は、瀬長が被告人らの力になれるかは見通せない〔と述べた〕。真栄田は、今日の議論の主な争点は不法という言葉〔the word of unlawful〕であるから瀬長を呼びたいと述べた。被告側としては、瀬長の主張は正しかったとする見解を現在も支持している。その理由は次のとおりである。瀬長が逮捕されたのは、彼が畠を匿い、幇助したとされたからである。しかし、瀬長に不利益な証言と証拠の全ては供述であるにすぎない。証人らの証言の他に根拠はない。しかもその証言は裁判中に何度も変更された。したがって証人の信用性は疑問であるといえる。次の証言がそれである。上原康行の最初の裁判で、畠義基は彼の家で逮捕されたのだが…。

検察官が立ち上がり、次の質問を行った。

問：それはあなたの意見か、それとも被告人全員の意見か。

答：はい［Yes］。

康行は無学であるが、その事実があるにもかかわらず、彼を弁護する特別代理人が拒否された。裁判で彼は、瀬長が畠を家に連れて来たと証言したが、一九五四年九月二十日［原文では「二十四日」］の又吉の最初の裁判では、これと違う証言をした。彼によれば最初の証言は、警察によって用意された供述調書に従って行われた。上原康行だけではなく、彼の息子であるA他七名の証人全員が、瀬長は上原康行の家に来なかったと証言していた。彼の息子であるAは、二十日［原文では「二十四日」］に偽証罪で告発され、直ちに留置された。しかし一九五四年九月二十七日のAの裁判で、検察官の召喚した証人の人数は覚えていないが、検察は、瀬長が上原の家に行ったという旨の明確な証言を得ることができなかった。逮捕される前の私たちは、こうしたことを知らされていた。私たちが瀬長逮捕の不法性について話し合ったのは、こうした経緯があったからである。さらに一九五四年十月四日の出来事がある。これは私たちが最近になって聞いたことであるが、上原康行と息子のAは警察学校に連れて行かれ、そこで上原盛徳と大宜味村のタイラ・セイエイ［Taira, Seiei］に会うことを許され、彼らから将来の生活を約束され、そして次のように言われたという。もし一、二年の拘禁刑に処されてしまえば、あなた方の将来は破壊されてしまう、と。十一日の夜、Aは酔った状態で刑務所に戻されたと聞いている。その後、証人らは又吉と瀬長の裁判で再び証言を変更した。以上の理由で私たちは証人の信用性を疑問にしている。

検察官が次のように述べた。本件裁判の冒頭でも述べたが、被告人真栄田の話し方は、まるで瀬長が話すような演説調である。本件で瀬長が提出できるものが何もないことは明らかであり、彼を証人として呼んでも弁護側には何の利益もなく、瀬長に偽証罪の刑がさらに科されることもありうる。

十分間の休廷が認められ、議論が行われた。

被告人瀬名波が次のように述べた。この裁判で私たちが訴追されているのは、瀬長の不法逮捕の主張は間違っているという前提からである。しかし、私たちの逮捕の前に瀬長が不法に逮捕されたか否かの点は、この統一公判でまだ明らかにされていない。これは、ポスターを書いた者らが、瀬長は不法に逮捕されたと書いた理由に関わる。それゆえ私たちは、この裁判に瀬長を呼んで、彼の逮捕が不法であるか否かを明らかにしたほうがよいと考える。以上の理由で私たちは、楚辺の刑務所で服役中の瀬長にこの旨を伝え、もし彼の同意が得られるならば私たちのために証言してもらいたいと考える。

検察は、そのような交渉には応じられないと反対した。本件が起きたとき、すでに瀬長は留置されていたので、本件との直接的な関係はない。

石原が証人として瀬長を必要とすると述べ、新垣は瀬長が出廷を望むならば証人として呼びたいと述べた。大嶺、瀬名波及び真栄田も瀬長を呼びたいと述べた。

瀬長亀次郎が宣誓し、証言した。

石原による質問。

［証人］私は沖縄刑務所の女区舎房に収監されている。私は最近まで（軍事）裁判を受けていた。裁判を受けた理由は、退島命令を受けた畠が一九五四年七月十七日に命令を拒否したからである。

検察：質問に対して簡潔に答えるようにお願いする。弁護側が質問していないことについて長々と回答する必要はない。

瀬長が続けた。畠義基を匿い、彼の潜伏を幇助したことについては、偽証の件もあり、アメリカの上級軍事裁判所で二年の拘禁刑に処され、現在は服役中である。裁判で・・・（検察が質問に異議を唱え、認められた）。あなたは裁判に備える機会を与えられたか。裁判で傍聴人はいたか。（検察が質問に異議を唱え、認められた。）

石原は、検察の頻繁な異議申立てについて明確な説明を求めた。

検察は、その裁判のことは本件に何の関係もないと説明した。被告人らは二一、二二、三一条で裁判を受けている。被告人らが立証を試みているのは、瀬長が間違って逮捕されたこと、つまり瀬長が公正に逮捕されなかったことである。

石原は、検察の指摘する理由に同意した。しかし、今日、彼らが裁判を受けているのは、ポスターに「不法逮捕」と書いた事実があるからであって、この証人が呼ばれたのは、瀬長の裁判が民主的に行われたか否かを明らかにするためである。

検察が次のように述べた。私は被告人石原の述べることが理解できない。彼は検察に同意すると述べるが、瀬長逮捕後の裁判手続に関する質問を続けようとする。私は被告人石原が何をしようとしているのか、理解することができない。

被告人石原が次のように述べた。先ほど私は十月六日までのことについて述べた。十月七日に私も逮捕された。そして私は沖縄刑務所に入れられた。しかしそのとき・・・（検察官によって制止された）。被告人石原が発言を止めた。

新垣は、瀬長に対する質問を誰かが行うことを求めた。

瀬長に対する大嶺の質問。

［証人］その言葉（unlawful）は不明確なので、裁判手続がどうであったかを明らかにせねばならない。というのもポスターの内容は、瀬長の裁判のためのものであったからである。

検察官が次のように述べた。私は、大嶺が私と同じ辞書を使用するものと信じる。逮捕と裁判は、異なる意味の言葉である。ポスターに書き込まれた不法逮捕という文言の効果［Wording of posters limit to working of unlawful arrest］は、主要な争点ではない。

被告人瀬名波が瀬長に対して質問を行う。そして瀬長を質問する権利を失う。

瀬長に対する真栄田の質問。

［証人］不法という言葉は、彼らが有罪であるか否かの鍵である。（検察官が演説は不要であると述べた）。真栄田は被告人の一人であり、私を質問している人物であると瀬長が述べた。私は先日、軍裁判所で裁判を受けた。

検察官は、証人が弁護側証人であるからといって、その証言内容に関する専門家になるわけではないと述べた。

検察官は、瀬長の裁判は本件裁判と無関係であると述べた。

瀬長氏が沖縄刑務所に戻った。

十分間の休憩が認められた。

次の弁護側証人である津波古憲和に対する瀬名波の質問。

那覇警察署の警察官である津波古憲和が宣誓し、証言した。

私は一九五四年十月七日午前零時二十分頃に人民党本部に行った。一九五四年十月七日に人民党本部に行ったとき、窓は全開だった。私がそこに行ったのは、そこで犯罪が行われていると聞いたからである。その情報というのは、不適切な内容の文書が書かれているというものである。一九五四年十月六日の夜零時頃、この情報を得た。人民党本部に行った警察官の人数は把握していない。彼らを統率したのは私である。その夜は多くの警察官がその近辺に配置された。人民党本部の外に待機していた人数は分からない。人民党本部で逮捕されたのは五名であると認識している。情報を得てから人民党本部に行くまでは二十分間である。同行した警察者のうち何名かは知っている。彼らが武器を携行した理由は知らない。私が武器を携行するように指示したのではない。しかし、犯人を逮捕するためには、犯人からの攻撃があることも多いので、そのため上司から武器携行の命令があったと考えられる。（質問は以上であった。）

検察は、証人の反対尋問に関心を示さなかった。証人は退席した。

証人は以上であった。

ここで弁護側の立証が終わる。

弁護側の証拠：

被告人らは彼らの権利について助言を受け、次の供述を選択した。

石原は非宣誓供述を行う。

新垣は非宣誓供述を行う。

大嶺は非宣誓供述を行う。

瀬名波は非宣誓供述を行う。

真栄田は非宣誓供述を行う。

石原が次のように供述した。私はこの裁判の被告人の一人である。一九五四年十月六日の夕方、私は家で休んでいた。そのとき私の弟がやって来て、瀬長が逮捕されたと言った。近所の連絡網［group listening system of neighbor's house］を通して、この知らせに接し、私は非常に驚いたので瀬長の家に向かった。いつも私がバスに乗るバス停は家から七、八十メートルのところにある。久手堅が来て、瀬長逮捕のことを聞いたと言った。私は彼に瀬長の家に行くところだと伝えた。私たちは一緒に行くことにし、バスに乗った。久手堅は途中の栄町で降りた。私はそのままバスに乗って瀬長の家に行った。その時間は、はっきりしない。というのも私は早く党本部に行こうとして急いでいたので時間に気を留めていなかったからである。供述調書に時間が出てくるのは、それについては諸見［警部補］の指示に従ったからである。私が党本部に着いたとき、すでにたくさんの人たちがいた。党本部の外にも、たくさんの人たちがいた。集まった人たちは瀬長の逮捕について話し合っているようだった。真栄田が「人民党員だけでなく、私たちの知らない人たちもいる」と言った。真栄田が会議の司会をすると提案した。集まった人たちは彼の提案に賛成し、そして会議が始まった。私は会議の初めから終わりまでいたのではない。私が知っているのは、瀬長逮捕に関する話があったことと、翌日の予備審理について議論していたことである。その翌日がたまたま新聞週間の日であり、全ての新聞が発行されないので、その場の全員が、事件のことを人々に知らせたほうがよいという考えに賛同した。会議ではポスターを作ることが同意され、そして人々が裁判所に行き、どのように裁判が進行するかを見られるようにしようと話し合われた。また、ポスターを街中に掲示することも同意された。これが私の知っていることである。また、那覇警察署に集合した人たちが裁判を整然と見守るように厳しく注意し、統制することは、人民党員の役割であるという指示もあった。話し合いは輪になって行われたが、その輪の近くに立っていた人もいた。輪の外で立っていたのが何名かは分からない。全部で四十名くらいの人たちがいたはずである。会議後にポスター作りが始まった。ポスターは個人的に次から次に作成され、確認された。私もポスターを何枚か作ったが、最初に書き始めたのが私であるかどうかは分からない。私はポスターをずっと書いていたのではない。私は窓辺にいて、近くには久手堅がおり、他にも知らない者が二、三名いた。津波古巡査部長が警察官らを連れてやって来て、話し合いをしているところに近づいて来た。五、六名の警察官が同行していた。そしてポスターを書いている最中の四、五名が拘束され、逮捕された。遅れて大湾氏が犯罪の実行者の一人として逮捕された。私は話し合いに参加していたが、翌日に逮捕状で逮捕された。私は人民党の事務局員であるから、いずれにせよ訴追されたのだろう。もちろん私は人民党の正式な推薦候補として選挙の候補者になったことはないが、自分の意見をいつでも発言できるという特権を持っていた。私は民主的な生活と平和を守り、市民の暮らしを守ろうとしてきたことについて誇りを持っている。この裁判は、人民党を非合法化するために行われるものであると認識している。私は、十月六日の私の行動が何人をも扇動するものではなく、正当に行われたものであり、そして人々から批判されるようなことは何もしていないことを確信している。最後に、私は裁判所が公正な裁判を行うことを願う。

一九五四年十一月十二日午後五時三十分休廷。

［第三回公判期日］

被告人新垣が非宣誓供述を行った。

一九五四年十一月十五日午前九時十五分開廷。全員出席。検察と弁護側の用意が整い、通訳者が宣誓を行った。

一九五四年十月六日午後七時頃、私はラジオで瀬長が逮捕されたと聴いた。私は家族と夕食をとり、それから瀬長の逮捕に疑問を感じたので、楚辺にある人民党本部の事務所に向かった。到着するとすでに十四、五名が集まっていた。私はお茶を沸かそうとした。しかし灯油がなかったので外に出て買ってこようとしたところ、嘉数清永が代わりに行ってくれた。その間に私はやかんを洗った。嘉数が灯油をもって戻ってくると私はお茶を沸かしはじめ、そして給仕をした。夜も遅くなってきたので、私は帰ろうとしたが、集まった人たちが瀬長の不法逮捕に関するポスターを作っていたので、そこに残って彼らを助けた。真夜中になり、私は、ポスターを作っていた四、五名の人たちと一緒に逮捕された。私は事務所でポスター作りを手助けしたり、雑用をこなしたりしたが、人民党員の中で指導的立場にあったのではない。今述べたことは真実である。裁判所の公正な判断を願っている。

被告人大嶺が非宣誓供述を行った。

私は午後六時頃に仕事を終え、家に帰り、瀬長逮捕について伝え聞いた妻から、そのことを聞いた。夕食を済ませ、人民党本部に向かった。途中で新垣重剛の家に立ち寄り、彼の家族に瀬長逮捕を知らせた。午後七時頃に党本部に着いたとき、真栄田の他に二、三名がいた。真栄田以外の者が誰かは分からなかった。私は瀬長逮捕とその後の状況について真栄田と話し合った。午後九時頃、その他の者たちが集まってくると、真栄田がその場の全員に対して会議をしようと呼びかけた。会議は二十分から三十分ほど続いた。会議でポスターを書くことが同意され、私も残りものの絵筆二本をとって書こうとした。しかし絵筆の状態が悪く、書くのは簡単ではなく、二、三枚を書き終わったとき、若い者からもう書く必要はないといわれ、彼らが作業を続けた。私は、［起訴罪状に対して］防御を固めようとは思わない。これが事実である。会議の中で、那覇警察署前に集合することについても話し合われ、そして集まった人々が静かに整然として騒ぎ出すことなく、その日の裁判の進行を見守るように私たちが注視することになった。これは人々が騒ぎ出せば人民党にとって都合の悪いことになるという状況分析に基づく。私は午後十一時三十分頃まで党本部にいたが、もう話し合うことはないと考え、誰かの書いたポスター四枚を持ち出し、私の家の近くの通りに掲示した。私は若い者たちのためにこれをした。最後に私は公平な判断を裁判所にお願いしたい。

（五分間の休憩が認められた。）

瀬名波が非宣誓供述を行った。

十月六日から私の逮捕された翌七日にかけての私の行動について証言をするので、裁判所はよく聞いてほしい。一九五四年十月六日の夕方まで私はひまだった。私は何もすることがなかった。午後五時頃に栄町に住む友達を訪ねるために家を出た。しばらくの間、私たちは酒を飲んだ。もう一人の知人が遅れてやって来て、午後八時頃まで話し込んだ。私の友達の知人の話では、彼の妹が厨房の補助役として金城会社に雇われたが、五月から給与の支払いがなく、父親の体調も良くないということだった。私は、彼に向かって、午前八時三十分頃に私の家に来て話をしようと言った。私は彼らを労働局事務所［Labor Office］に連れて行き、相談をしようと思った。午後八時半頃、私は友達の家を出た。それから那覇市四区の大嶺経達を訪ねた。彼も家人も不在だったので、バスに乗って帰ろうと思い、栄町のバス停に向かった。バスの中で私は瀬長が逮捕されたことを聞いた。私は大変なことになったと思い、瀬長婦人が心配しているだろうから、那覇高校前でバスを降りることにして楚辺にある瀬長の家に行った。そのとき午後九時頃だった。私は瀬長婦人に会い、夫の逮捕に関する状況について話を聞き、彼女を慰めようとした。瀬長宅の裏にある人民党本部にはたくさんの人たちが集まっているようだった。私は瀬長宅の台所から窓を通って本部の事務所の中に入った。大湾氏を含め、その窓の付近に数名がいた。会議が終わる頃だった。私はその集団に加わり、瀬長逮捕に至る様々な事情について話し合った。ポスターを作っている者がいることも分かった。私は瀬長の予備審理が翌日に開かれると聞いた。又吉の裁判のときのように、不安に思うたくさんの人たちが集まるだろうと考えた。私たちは、集まった人たちが平穏を保ち、野次を飛ばしたりして騒ぎ出さないように、また、乱暴をして捕まる人の出ないようにしなければならないと話し合った。かなり夜が遅くなっていたので、党員ではない二、三名が帰ろうとしていた。津波古巡査部長が十四、五名の警察官を連れて本部前に集まっていた。警官二名が事務所に入ってきて、ポスターを作っている者を逮捕した。警官の照屋が大湾喜三郎を拘束するため、他の四、五名の警官と一緒に来た。その後、私たちは家に帰った。次の日、約束をしていた知人が私の家に来たので、一緒に天妃小学校の敷地内にある労働局事務所に行き、事務員と相談をした。その帰路、那覇警察署前でバスを降り、松尾方面に向かったところ三十名から四十名の人たちが琉貿ストアの裏の空き地に集まっていた。二、三名の知り合いがいたので、彼らの近くに行った。彼らは瀬長の予備審理がその日にあるのかどうかを知らなかった。しばらくすると那覇警察署から六、七名の警察官がやって来て、私はY・S［SD-275］と一緒にそこで逮捕された。知ってのとおり、私は石川警察署で勾留され、十月二十八日に那覇警察署に移された。十月六日からその翌日にかけての私の行動は以上のとおりである。

真栄田が非宣誓供述を行った。

一九五四年十月六日から、警察が人民党本部に到着した翌七日午前零時二十分までの私の行動について説明する。六日、楚辺の私の家に帰る途中、パトロールの車両二台が刑務所の前で私の横を通り過ぎた。車は楚辺交番前で停車した。その道向かいに瀬長の家がある。私服を着た約十五名の男たちが車から降り、瀬長の家の入口から急ぎ足で中に入っていった。私は彼らの後を追った。刑事らが瀬長の家を取り囲み、家の中にも入っていた。

逮捕状が瀬長に示されるのを見た。それから彼が連行された。私が人民党本部に行くと、窓と入口が開いていた。誰もいなかったので私は誰かが現れるのを待った。最初に現れたのは近くに住む人で、瀬長逮捕のことを聞きつけたからだった。楚辺に住む人民党の支持者らが集まってきた。私は彼らに瀬長が逮捕状を示されて逮捕されたことを見たと伝え、その理由について話した。私は早くみんなに来て欲しいと思っていた。最初は二、三名の集まりの人たちが来たが、次第に瀬長逮捕を聞きつけた四、五名が集まって来るようになった。私たちは集合して瀬長逮捕について話し合った。そのとき午後九時三十分か十時だったが、約四十名が集まっていた。私たちは議論を始めたが、会議を開くほうがよいと考えた。私は瀬長逮捕の状況を知っているので、皆の同意を得て私が議長をすることになった。そこにいた者の中には私の知らない人も多くいた。最初に持ち上がったのは、次の日が新聞週間の週末であるため新聞が発行されないので、アメリカ人らは瀬長逮捕の好機であると考えたのだろうということだった。私たちは、一般大衆は瀬長の逮捕を知らないから、ポスターを作って一般大衆に状況を知らせるべきであると話し合った。自然とそういう話になり、みんなが賛成した。その次に私は議長としてポスターに何を書くかと聞いた。誰も具体的な意見を出さなかったので、私が次のような内容はどうだろうかと提案した。「六日午後六時頃、瀬長が不法に逮捕された。それゆえ明朝九時に那覇警察署前に集まり、裁判の進行を見守り、この逮捕に抗議しよう」。全員の意見が一致し、私たちはこういう内容で書くことにした。ポスターを準備する時間的な余裕はあまりなかったので、各自で作業に取りかかった。書き終わると、それぞれの家の近くに貼りに行った。みんなでこうしようと決めた。最後に話し合ったのは、ポスターが書かれて多くの人たちが集まれば、単独行動をするべきではなく、群衆を扇動する行為を誰にもさせてはならないということだった。この会議の参加者は、明日も来て、集合した者らを統率する役割を担うことにした。私は「扇動者［agitator］」の意味を聞かれた。私は具体例を上げて説明した。私は、人々を統制するため、明朝、彼らに琉貿ストアの裏に集まるように伝えた。全員がこうした方法に賛同した。そして会議は終わった。会議の時間は二十分から三十分だった。全員分の絵筆はなかったので、遠くに住む者から最初に書くことした。ポスターを書いた者からそれを掲示しに行った。津波古巡査部長が警官十四、五名を連れて党本部に来たのは十二時二十分頃だった。そのときポスターを印刷している者らが逮捕された。私もそこにいたが、私は次の日に那覇警察署前で逮捕された。私は、人民党員であろうとなかろうと誰の意見も制することなく自由に発言してもらった。議長として、たいへん公平な会議ができたと自負している。以上が私の証言である。

一九五四年十一月十五日午後零時五分休廷。

一九五四年十一月十五日午後一時再開。

最終弁論。各被告人の持ち時間は通訳を除き正味十分間とする。

検察が最初の陳述を放棄した。

弁護側の最終弁論。

被告人石原が次のように述べた。検察側証人のY・S〔SD-275〕が証言したように、その日の会議は民主的であり、人民党員も党員でない者も参加していた。これも証言にあったことだが、ポスターの作成は会議の決定に従って行われたのであり、議長または本件被告人の誰かの命令によって行われたのではない。もちろん私たちが強制されていたのではないことも証言のとおりである。さらにいえば、どのポスターにも人民党の署名〔signature〕はない。作成名義の表示〔the manifestation of such wording〕は各自に委ねられていた。これだけをとってみてもポスターの作成が自発的なものであり、各自の考えに従ったものであることを証明している。また、他の証人らもはっきりと証言したように、会議は暴動や混乱をもたらそうとして行われたものではない。この点は弁護側証人だけでなく、検察側証人も明確に事実を証言した。津波古巡査部長の証言によれば、私たち五名の被告人は暴力行為を引き起こす共謀をしたということであるが、私たち被告人の中で私は窓際に座っており、被告人新垣はポスターを書いており、大嶺に至っては屋内にいなかった。この事実こそが、明白に、私たち五名が共謀し、ポスターを作成したという津波古巡査部長の証言を疑問に付す。それは新垣重剛のように、よく動き回って働いてくれた者を被告人に含めてはじめて裁判に持ち込めた。ここから、なぜ津波古巡査部長があのような証言をしたか、そして他の全ての証人らの証言が津波古巡査部長の証言を完全に掘り崩したことを明らかにする。私自身については、津波古巡査部長は私が最初はポスターを作っていた者らの中にいたと証言した。しかし他の証人らは反対のことを証言した。ポスターは会議に従って個人的に作成されたのであり、人民党の署名はどのポスターにも書かれていなかった。これだけでも私たちが党の利益のために行動して共謀をしたのではないことは明白である。私に対する起訴罪状は証人らの証言によって掘り崩された。結論として私は、私に対する起訴罪状について無罪であることを明言する。

被告人新垣は、十月六日の夜、人民党本部事務所での彼の行動については、証人嘉数清永が証言したとおりであると述べ、次のように続けた。私は給仕として振る舞い、お茶をいれただけである。検察側証人のT・S［D-1454］と久手堅憲夫［弁護側証人］も述べたように、私は給仕をしていた。先ほどの証言でも述べたが、私は普段からのりを準備するなど、ポスター制作を手伝っており、党本部で雑用をしてきた。私は決して人民党員の指導者ではない。お茶をいれてから私は家に帰ろうとしたが、他の者らがポスターを作っていたので、その場に残り、手伝いをしただけである。三十三名が逮捕され、そのうち七名が布令一号二、二、三一条で起訴されたが、私に関する起訴罪状は何の現実性もない。私は無罪である。そのように適正に宣告されるべきであると思う。以上で弁論を終わる。

被告人大嶺が、最初に共謀について述べた。起訴罪状については、私たち五名が共謀し、この事件を起こしたとされている。しかし、私が瀬長逮捕について聞いたのは午後六時三十分頃であり、人民党本部に着いたのは午後七時三十分頃である。仮に会議が午後九時三十分頃に開始されたのであれば、何かを相談するための時間は一時間四十分から五十分だけである。この限られた時間で、こんなに多くの者らが本部に集合できると誰が考えるだろう。さらに集合した者らの約半数は、名前も住所も知らない非党員である。これは検察側証人が明言したことである。集合した者らは全員が瀬長のことを心配していたのであり、彼らが人民党の名の下に集合したのではないことは証明されたと考える。さらにその夜の会議における大半の議論は、自由に参加した個々人によって行われたという証言もあった。したがって私は、この事実から、私たちは共謀していないと強調したい。次に、間違った内容を書いたという検察の主張に対しては、現在まで私たちは日本復帰運動に関わり続けており、この事件は、もともと畠が日本復帰に関与しており、好ましからざる人物であるという理由で退島命令を受けたことから始まる。畠義基を匿い、幇助したとして瀬長が逮捕されたが、私は現在でも裁判所の判断に疑問をもっている。瀬長の裁判で、裁判所は彼の最終弁論の時間をわずか十分間に制限した。彼の再審請求は却下された。畠、上原康行、彼の息子、及び他の証人らの証言は二回も三回も変更され、瀬長の有罪を示す物的証拠は何もなかった。これらの点から私は人民党書記長（瀬長）の行為の潔白を信じている。したがって私たちは何も間違ったことを書いていない。さらに言えば私たちがポスターを作ったのは、その翌日が新聞週間の日であり、人々が瀬長逮捕のことを知らされないからである。ポスター作成は全員一致で決まったことである。これは明らかにされたことである。

被告人瀬名波が次のように述べた。私の弁論時間が十分間に制限されるのは大変遺憾である。しかし私は、この限られた時間で私の無実を証明してみようと思う。最初に、私が逮捕状を受け取ったときにまず感じたことを津波古巡査部長の証言から引き出すことができる。つまり彼はこう述べた。彼が人民党本部に到着したとき、彼によれば党の指導者である私たち被告人は、ポスターを作っている者らの近くに座り、彼らに指示を出していたように見えた、と。さらに津波古巡査部長は、瀬長が逮捕された夜、彼らは遅くまで居残って明らかにポスターを作成しており、何らかの悪事を企てていたと証言した。いったい私たちがそのような悪党や謀反人に見えるだろうか。私たちが今まで述べてきたように、その夜の会議のとき、警察官らは銃を持って踏み込んできた。証人らの証言から明らかなように、私たちは暴力行為を共謀し、引き起こそうとして集まったのではない。私たちが瀬長の逮捕は不法であると書いた理由に疑わしいところはない。瀬長逮捕の十月六日までに行われた裁判を見れば、この点は明らかである。つまり上原康行、彼の息子、及び他の証人らの証言は、幾つかの異なる裁判で行われたが、九月二十七日、上原康行とAの二名は、瀬長が家に来ることはなく、又吉が来ることもなかったと証言した。起訴罪状を証明する検察側の物的証拠は何もなかった。それゆえ九月二十七日に裁判が終わり、「せめて偽証罪については」無罪の判断が適正に下されていたら、その後に瀬長が逮捕されることもなかった。したがって、私たちが瀬長の逮捕は不当であると考え、ポスターにそう書いたのは適切であると思う。間違ったことを主張したという点に関する限り、そのような告発はまったく不合理である。このような当局の抑圧的な告発は、人々に大きな不安と疑念の感情を引き起こす。以上の理由で、間違ったことを主張したというのは事実に反し、実際のところこれは検察が意図的に考え出した策略である。以上の理由で私は、暴力行為の誘発や断固たる言葉遣いの点も含め、共謀の被疑事実は削除されるべきであると考える。その夜の会議には人民党員だけでなく、非党員や支持者たちが集まってきたのであり、それは党の行為ではなかった。私たちは、裁判を受ける最後の者とされたことについても疑いを抱いている。以上に述べた理由から、結論として私は、私たちだけではなく、以前に裁判を受けた者、起訴猶予または公訴取下げの者についても、無罪が宣告されるべきであると強く述べておきたい。

被告人真栄田が次のように述べた。私が述べるべきことは、すでに他の被告人らが述べた。しかし私は興味深い一つの事実を付け加えて最終弁論の結論としたい。つまり、瀬長の逮捕は不法であると指摘されていたことである。ここまでの公判では起訴罪状に対する充分な証拠は提出されていない。理由は以下のとおりである。私たちは証人の申請を制限され、十月六日までに関する証言を得ただけであるが、瀬名波が述べたように、六日までは、瀬長逮捕は不法であるとする充分な理由があった。しかし、この裁判で重要な点は、証人上原康行とAが十月六日以降の瀬長の裁判で、瀬長が彼らの家に来たと証言したことである。この点こそが、間違ったことを私たちは述べていないという理由である。私たちにとって、そのような証言の信用性を疑問に付すのは決定的に必要である。当然であるが、彼らの証言の信用性を証明する証拠の提出は失敗に終わった。そして私たちは、その証言を疑うべき事実を知らされた。それは検察官オータの目の前で上原康行とAが生活の保障を約束されたことである。もちろん私たちはこれを証明する証拠を持たない。しかし私たちは、瀬長がこれに関する重要証拠をつかんでいると聞かされていた。だから私たちは瀬長を証言台に呼び、瀬長の証言によって、十月六日以降の瀬長の裁判における上原康行とAの証言の信用性がないことを証明しようとした。しかし私たちは、それは本件と無関係であると指摘された。そのため私たちは有利な証言を得ることができなかった。その証言（康行とA）を疑問に付すことは許されないというのであれば、検察側の証言の信用性も差し引いて考えるべきである。検察側に有利な証言の多くは十月六日以降の証拠だからである。したがって私たちは、なぜ私たちが間違った主張をしたとされねばならないのか、その理由を知ることができない。

検察側の最終弁論。

被告人らは、瀬長逮捕の不法性を主張している。彼らは、彼らの考えを支える事実を示すための十分な機会が与えられなかったと強調する。また、彼らの会議は民主的に行われ、誰も何も強制されていないと主張する。被告人らは全員が違法行為をしていないと主張した。しかし被告人らの有罪または無罪の公正な判断をするために、どのような罪で彼らが訴追されているかを理解せねばならない。要するに被告人らは、それ自体において公の騒乱を惹起すると思料される一連の行為を考案するために共謀したとして本日の法廷で審理されているということである。民主主義国の人々は法律に従い行動し、彼らの公の代表者に問題の処理を委ねる。これは周知の事実である。力ずくで集合し、ある種の行為が警察や裁判所によって行われるべきであると要求することは適当ではない。そのような大衆行動は公の騒乱を惹起する。法律を遵守する社会では、しばしば見られることであるが、裁判所は一九五四年九月二十日［原文では「十月一日」］の又吉裁判に集合した群衆が裁判所を取り囲んだことについて司法的告知［judicial notice］をすることができる。共謀罪の起訴罪状で立証すべきことについては、軍法会

議提要［Manual Courts Martial］三〇五頁の一六〇条に明確に示されている。(4)

裁判官の意見。

被告人らは二、二、三一条の共謀罪、すなわちそれ自体において公の騒乱を惹起すると思料される一連の行為を考案するために共謀したとして訴追されている。十月六日の夜、多くの人民党員や非党員が、同党書記長瀬長の逮捕をうけて、同党本部にいた。被告人真栄田は、瀬長が彼の自宅で刑事らに逮捕状を示されたとき、その現場におり、瀬長逮捕については詳しいことから、組織された会議［an organized meeting］を行うため、彼（真栄田）が議長に指名されるべきことを提案した。そして他の四名の被告人を含む、その場の全員の賛成により、真栄田が議長に選ばれた。これが共謀（組織された会議）への第一段階であった。翌朝に瀬長の予備審理が予定されていたことから、これを那覇及びその近郊の人々に知らせるための計画を進行させる必要があった。というのも翌日は新聞週間にあたり、新聞が発行されないからである。それゆえポスターを印刷し、それをあらゆる人々の目にとまり、読むことのできる場所に掲示することが決定された。これが共謀への第二段階であった。次の仕事は、ポスターに何を書くかであり、それは全県民が午前九時に那覇警察署前に集合し、瀬長の違法逮捕に抗議することであると決定された。これが第三段階、すなわち瀬長の違法逮捕である。この文言が混乱と疑念を人々の心に引き起こし、人々をして翌朝に集合させたのであり、そして一九五四年九月二十日［原文では「十月一日」］の又吉裁判のときのように、疑いなく公の騒乱が惹起されうることになったのである。第四段階は実際の行為であり、ポスターを制作し、その文言をポスター上に書き込み、そしてこれをまき散らすことである。共謀罪成立への第五段階は、市中のあちこちにポスターが掲示されたことである。

検察による求刑。

検察の求刑意見は次のとおりである。真栄田は自ら発議して共謀を率先開始していることが示された。検察としては、行為の正・不正について疑問を抱く者がいる場合、彼らがどのように行為するかを左右するのは、真栄田のような者の動機付けであることから、彼に懲役一年を求刑する。他の被告人らは懲役一年とし、素行良好の場合、その内六月の執行猶予を求刑する。執行猶予期間は一年である。逮捕日である一九五四年九月七日から刑期を起算する。

犯罪歴：石原：中央巡回裁判所一九五四年八月三十日、威力業務妨害及び立入、罰金八百円。新垣重剛：なし。大嶺経達：なし。瀬名波栄：なし。真栄田義晃：那覇治安裁判所一九五一年五月十八日、道路交通法違反、罰金百円。

事実認定（各起訴罪状に対する「有罪」または「無罪」の認定を示す。）：全員有罪。

刑（拘禁が懲役を伴うか否か、また、刑の起算日を記す。）：真栄田懲役一年、起算日一九五四年十月七日。瀬名波、大嶺、石原及び新垣拘禁一年、但し内六月執行猶予一年、起算日十月七日。

［署名］裁判官、陸軍R・M・ピーク少佐

（二）再裁判請求書

一九五四年十二月十三日

主題：再裁判の請求

宛先：行政主席比嘉秀平

差出人：瀬名波栄、石原昌進、真栄田義晃、大嶺経達、新垣重剛（沖縄刑務所第二房舎）。

私たちは、琉球列島民政副長官オグデン准将宛の別紙記載の理由により、再裁判を請求する。

［別紙］再裁判の請求［REQUEST OF RETRIAL］

一九五四年十二月十三日

宛先：琉球列島民政副長官オグデン陸軍准将
差出人：瀬名波栄、石原昌進、真栄田義晃、大嶺経達、新垣重剛（沖縄刑務所第二独居房舎）。

私たち五名は逮捕され、琉球列島軍政府布令一号二、二、三一条で起訴された。すなわち十月七日午前に民衆を集合させ、沖縄人民党書記長瀬長亀次郎氏の不当逮捕に抗議させ、もって公の騒乱を招来するとみなされうる行為をさせるために、ポスターを掲示することを共謀したという理由である。十一月十五日、私たちは簡易軍事裁判所で懲役一年の刑に処され、真栄田義晃を除く全員がその後半六月分の執行を一年間猶予された。

しかし私たちは、別紙記載の理由により、私たちの再裁判を請求する。

［別紙］理由の申立書

一、政府と裁判所に反対する抗議集会は公の騒乱を招来する行為である、という検察官の主張は乱暴である。

二、被告人らの供述では、「一九五四年十月六日の夜に開かれた会議で、どのような挑発があるかもしれないので、決して騒乱を引き起こさないように対策することが決められた」と強調されていた。にもかかわらず検察官オータは、会議に参加していたT・S［D-1454］が、検察側証人として出廷し、そのようなことは証言しなかったと述べた。しかしT・Sは、検察側証人であるが、「会議では集会を統制することが決定された」と明確に述べていた。この事実から、検察官オータの主張が乱暴で、根拠のないことは明らかである。

三、裁判官ピークは、私たちを有罪と認定する理由の一つとして、瀬長逮捕が不当であると大衆に訴えることは、公の騒乱を招来する行為であると述べた。しかし人民党が、抗議集会の開催を全県民に対して訴えたのは、瀬長逮捕を不当であると考える十分な理由があったからである。それゆえ、これを騒乱の行為であると非難することは、前述の検察官オータの主張と同様に乱暴である。

四、さらに裁判官ピークは、瀬長逮捕の不当性を訴え、集会を呼びかければ、一九五四年九月二十日の又吉裁判時に起きたような騒乱を招くと結論づけた。しかし又吉裁判時の騒乱は、軍事裁判が民主主義的な方法で民衆に対して公開されず、琉球警察が民衆を暴動者のように扱ったから起きたのであった。それゆえ、その責任は軍裁判所と警察にある。私たちは抗議集会の統制方法について話し合い、どんなに警察に挑発されようとも、又吉裁判時のような騒乱が起きないように対策を練った。又吉裁判時の集会と私たちが計画した抗議集会は、まったく異なるものである。両者を同一視する裁判官の判断は、人民党を弾圧する政治的筋書きに基づく非民主的な裁判の見本であり、恣意的な判断である。ここに被告人らが再裁判を要求する理由がある。

五、証言から、私たち五名の他に二、三十名が（十月六日の）夜の会議（検察官の主張によれば共謀）に参加したことが明らかである、という事実があるにもかかわらず、なぜ共謀者が私たち五名に限定されたのだろうか。検察官が提出する証拠は、私たちを有罪にする充分なものではない。真栄田が議長を務めたことを除けば、会議において私たちが特に重要な役割を担ったと結論づける証言も証拠もなかった。私たちが他の参加者らと違ったのは、私たちが人民党の中でより指導的な立場にあり、そのため社会的にも多少は知られていたという点だけである。したがって、他の者らは社会的活動の制限や刑の執行猶予で済んだのに、私たちだけが実刑を科されたという事実は、現在は人民党を非合法化できないために、人民党の主導的な役割や活動を弾圧する目的で、人民党の指導者らを投獄したという見解に根拠を与えるのである。

以上のとおり、私たちに下された判断は、根拠のない推論と憶測に基づく。「憶測で刑罰を科し得ない」ことは不可侵の確立した法原則である。上述の理由により、社会的活動を制限されたり、執行猶予刑を言い渡されたりした者を含め、私たち三十四人の犠牲者らは、公の騒乱を招くような行為はしなかったのであり、それゆえ私たちは無罪であると主張する。ここに私たち被告人は、真実と正義の下にある公平な裁判の再度の開催を要求する。

（1）十月六日の夜、路上で現行犯逮捕された十四名の被告人全員を指すものと思われます。
（2）琉球新報十月三十日夕刊によれば、二十九日の予備審理とあるのは、同日午後一時に米国民政府裁判所で被告人らとの間で公判期日が取り決められたことを指しています。同日、被告人らは保釈されました。
（3）この裁判でも一九四九年布令一号一、三、三条b号後段の指定代理人の規定が活かされていません。なお、一九五四年十一月二十六日、同布令改正四三号により、弁護人選任権に関する同条前段が改正され、特別代理人の選任権が廃止されました。改正前の規定によれば被告人は「裁判前に弁護士と諮ること及び裁判に於て、防御する為に自らの選択にかかる弁護士又はその他の代理人（a lawyer or other representative）を持つこと」ができました。それゆえ島袋嘉順や瀬長亀次郎が代理人になることができました。しかし改正により「又はその他の代理人」が削除されました。この点は自由人権協会の弁護士海野晋吉も問題にしています（座談会「沖縄をめぐる法律問題」法律時報二十七巻三号（一九五五年）五九頁）。なお、沖縄の弁護士が「瀬長と話し合った」ため米軍からお目玉を食らった、という逸話を瀬長亀次郎が『下里恵良追想集』（同編集刊行委員会、一九八〇年）に寄せています。
（4）軍法会議提要（Manual for Court-Marshal, U. S., 1951, Executive Order No. 10214）一六〇条によれば共謀罪の証明の対象は「合意のあったこと」「合意の対象が犯罪行為であること」「共謀の対象をもたらすための行為があること」の三点です。例えば被害者を犯行現場に連れ出すような行為のあることが第三条件です。したがって、それに当たるのは、ここではポスターの作成の行為です。公の騒乱（集会）を惹起すると思料される行為（ポスターの掲示）について話し合い、そのための準備行為もしている、というのが検察官の言い分です。なお、一九四九年布令一号一、三、一条は、米国民政府裁判所の訴訟手続が「一般に一九四九年の合衆国の合衆国陸軍軍法会議提要に示された訴訟手続法に従う」旨を規定しましたが、一九五一年に軍法会議提要の改訂がありました。

第六章　その他の関連事件

一　広瀬産業団交事件

告発状に記載された「犯罪内容」は次のとおりです。「一九五四年一月二十九日午前十時頃、本事務所はキノシタ氏（広瀬産業の被用者である）から電話を受けた。彼は、知花採石場（Chibana Quarry）の事務所に氏名不詳の沖縄人がいると述べた。その男が何者であり、どこから来て、何をしているのかは何も聞き出せないと述べた。その男に退去を要求したが、拒否されたという。その男は、禁止区域内にいたとして本官に拘束されたが、やはり何も述べなかった。彼の氏名が浜田であることが分かり、那覇出入管理事務所に照会したところ上記住所が判明した。浜田は那覇労働協議会に雇われていると述べた」。「本官」とあるのはジェームズ・M・シャブル（James M. Schable）三等軍曹を指し、被疑者浜田富誠は、彼によって胡差地区警察署に引き渡されました。「罪名」は禁止区域立入（Off Limits）です。一九四九年布令一号二、二、八条は「権限ある管理者又は占拠者から正当に許可されずして制限区域と指定された場所又は地域に立入り又はその内に於て発見された者、又は占領軍の又はその一員に割当てられた家屋、倉庫其の他の構内に侵入する者は、断罪の上二千五百円以下の罰金又は三月以下の懲役又はその両刑に処する」旨を規定しました。

浜田は、この事件を次のように回想しています。一九五三年の琉大事件で退学処分を受け、『世論週報』の発行を手伝うことになったが、その「五号では労働基準法と労働組合法」を取り上げたところ、「飛ぶように売れ」「それで停刊処分が出たんで、その後は沖縄で労働組合の協議会があったんで、そこの職場の方で仕事をせんかっていう話になって」「それで軍事基地での賃金未払いがあって、そこで相談を受けたんで、軍事基地内に出入りしとったら、顔パスで入れるようになっとったら、無許可で軍事基地内に入っとったっちゅうことで逮捕されて」、本件判決後、「早く沖縄から出ないと瀬長さんに迷惑がかかると思って、二週間後には沖縄を出た」と（大学人九条の会沖縄ブックレット編集員会編『琉大事件とは何だったのか』二〇一〇年、一七二頁）。

以下は予備審理手続と裁判手続の記録です。浜田は、予備審理で例外的に上級軍事裁判所に付されましたが、「本件で問われたのが基地立入罪である以上、裁判は簡易軍事裁判所に移管される」（行政法務部宛二月十日付公安部非公式メモ）と判断されました。なお、告発状の作成日時は一月二十九日午後二時三十分ですが、裁判手続の記録では事件日が一月三十日とされており、判然としません。

（一）予備審理手続の記録

琉球列島米国民政府／民政簡易軍事裁判所／胡差司法地区／予備審理手続の記録
開廷場所：胡差［KOZA］　開廷日：一九五四年二月一日
主宰官：USCAR簡易軍事裁判所裁判官　シリル・E・モリソン
起訴罪状（簡潔に）：基地立入［Trespass］　刑法典二、二、八条
被告人氏名（年齢・性別・住所）：浜田富誠［HAMADA, Tomisei］（二四・男・那覇市楚辺区＊号＊＊方）
通訳者：マエシロ［Maeshiro］　検察官：なし　弁護人：なし
答弁（各起訴罪状に対する「有罪」または「無罪」の答弁）：無罪。
検察側の証拠（必要があれば紙を追加せよ。証人の氏名住所を掲げ、証拠物を特定せよ。）：
広瀬産業に雇われているキノシタ・ナゴヨシ［KINOSHITA, Nagoyoshi］。
私は被告人を知っている。私は、さきほど彼の名前が浜田であることを聞いた。以前から彼の顔は分かっていたが、名前は知らなかった。一九五四年一月三十日午前九時三十分頃、私は自分の事務所で仕事をしていた。二十五、六名の被用者が事務所に入ってきて、建設部の副長カワジ氏［Mr. Kawaji］と話を始めた。一九五四年一

月三十日がFEC一四〇号の契約期限であるため、雇止めを受け入れてもらう必要があった。契約はアスファルト製造工場の稼働を目的としたものであった。交渉は順調に進んでいるようではなかった。被用者らは怒りだした。この集団を率いていた一人が、ここにいるこの男（被告人を指しながら）である。カワジ氏は、どこの建設現場から来たのかと彼らに尋ねた。建設現場は二つあって、被告人はもう一つの建設現場、つまりFEC二四五号から来たという声が聞こえた。カワジ氏は、被告人に対し、あなたには関係のない交渉であり、あなたがどこかの労働組合から来た者であることは分かっていると伝えた。カワジ氏は、守衛がいるのに、どうやってこの区域に入って来たのかと被告人に尋ね、同時に、被告人は不法侵入者であると思うと述べた。それゆえカワジ氏は、警備警察に電話した。私たちは労働組合に関する情報は何でもCIC［Counter Intelligence Corps／対敵諜報部隊］に報告するように指示されていたので、警備警察にはCICの到着を待つようにと伝えた。CICの取り調べが終わったのは正午頃であった。被告人はずっと黙り込んでいた。

これが起きた場所は知花採石場の本部事務所である。私が見たのは、知花採石場の近くにある広瀬産業の事務所で起きた事件である。そのとき被告人は、知花採石場の広瀬事務所に滞在する権利をもっていなかった。私にこれが分かる理由は、FEC一四〇やFEC二四五の建設現場で働く被用者らのほぼ全員に対し、バッジが与えられていたからである。臨時雇いの者にはバッジは与えられていなかった。便所や食堂で働く者にも与えられていない。守衛は、おそらく被告人が臨時雇いの者か、便所や食堂で働く者であると考え、立入りの許可を与えたのだろう。私が最初に被告人の方を見たのは、カワジ氏から、被告人が他の労働組合から来た者であると聞かされたときである。被告人は、このとき臨時雇いの者ではなかったから、彼には広瀬事務所の中にいる権利がなかった。私は、この事件があったとき、カワジ氏から、被告人が臨時雇いの者ではないことを聞いた。私のいう臨時雇いとは、契約が満了すると仕事が終わるという理解の下で働く者のことである。この事件が起きたとき、私の知る限り、つまりカワジ氏から聞いた範囲では、被告人は便所や食堂で働く者ではなかった。事件のあったときは、被告人がカンパン［compound］に住んでいる者であるかどうかは知らなかった。もし被告人がカンパンにいる者であったなら、彼は不法侵入者ということになるだろう。来訪者は、中に入る許可をもらうために、メイン・ゲートの守衛に話をすることになっている。

私の記憶では、この事件は一九五四年一月二十九日の金曜日に起きた。本部事務所が知花から牧港に移動したのが、この日であったことを思い出した。さきほど一月三十日土曜日と言ったのは私の間違いである。

陸軍第八一〇五部隊［8105th Army Unit］の捜査官ビル・W・スチュワート［BILL W. STEWART］伍長。

私は被告人を認識している。彼の名前は浜田である。一九五四年一月二十九日午前十時頃、私はキノシタ氏から電話を受けた。彼は、知花採石場の広瀬産業事務所に氏名不詳の沖縄人がいると言った。私とシャブル三等軍曹が知花採石場にある広瀬事務所に行くと、キノシタ氏が私たちにその男（被告人を指しながら）を指し示し、彼が電話で話した男であると言った。キノシタ氏からは、CIC が来るまで、被告人に話しかけるのは待ってもらいたいと言われた。私たちは CIC が到着するのを待った。彼の名前やその他の詳細を聞き出したのは CIC である。私が最初に見たとき、被告人は事務所の中で突っ立っていた。被告人は事務所の中で被用者らと話をしていた。私たちは彼を警備事務所に連行し、シャブル三等軍曹が彼を取り調べた。

裁判所により、一九五四年二月一日から十日間の勾留状が発付された。保釈保証金は五千円とされた。

事実認定（各起訴罪状に対する「有罪」または「無罪」の認定を示す。）：上級軍事裁判所に付す。

刑（拘禁が懲役を伴うか否か、また、刑の起算日を記す。）：［空白］

［署名］裁判官シリル・E・モリソン

（一一）裁判手続の記録

CASE NO. C-35-54, D-133

琉球列島米国民政府／民政簡易軍事裁判所／胡差司法地区／裁判手続の記録
開廷場所：胡差　開廷日：一九五四年二月十七日
主宰官：USCAR簡易軍事裁判所裁判官　エリオット・O・ショードイン
起訴罪状（簡潔に）：基地立入［Trespassing - off limits］（二、二、八条）
被告人氏名（年齢・性別・住所）：浜田富誠（二四・男・那覇市楚辺区＊号）
通訳者：マエシロ　検察官：なし　弁護人：瀬長亀次郎
答弁（各起訴罪状に対する「有罪」または「無罪」の答弁）：無罪。
検察側の証拠（必要があれば紙を追加せよ。証人の氏名住所を掲げ、証拠物を特定せよ。）：
被告人に対し、基地立入の起訴罪状が読み上げられ、彼は、彼の権利について助言を受けた。彼の弁護人は瀬長亀次郎である。被告人は無罪の答弁をした。
米軍犯罪捜査部［CID］の捜査官ビル・W・スチュワート伍長が宣誓し、証言した。
一九五四年一月三十日午前十時、私は広瀬産業の被用者であるキノシタ氏から電話を受け、事務所に氏名不詳の沖縄人がおり、その者が氏名の他、どこから来て、なぜ来たかを黙秘しているという説明があった。シャブル三等軍曹と私が知花にある広瀬事務所に行くと、キノシタ氏が私たちにその男を指し示した。彼は事務所の中で突っ立っており、解雇されようとしている者らと関係を有しているように見えた。その男（浜田）は日本語で彼らと会話していた。私の通訳者が彼の氏名、来所理由及び勤務先を尋ねたが、彼は何も述べなかった。彼は広瀬産業の被用者ではない。その場所は、メイン・ゲートに標示されているとおり、許可のない者は立入が禁止されている。この区域は地区工作隊の持ち場である。私たちは被告人を桑江事務所に連行し、そこで出入管理事務所に照会したところ、彼が奄美大島出身であり、那覇労働組合に雇われていることが分かった。その後、私たちは、彼を基地立入の容疑で琉球政府側に引き渡した。

弁護側による反対尋問。
問：あなたは、彼がその区域内にいる理由を尋ねたか。
答：はい。通訳者にその質問をさせた。
問：どのようにして彼の名前を聞き出し、出入管理課に照会したのか。
答：シャブル三等軍曹が被告人から聞き出した。
問：あなたはCICに電話をしたか。
答：いいえ。キノシタ氏と警備士官のラング［Lung］大尉がCICに電話をかけた。
キノシタ氏が宣誓し、証言した。
一九五四年一月三十日午前九時三十分頃、広瀬産業事務所で約二十名の被用者が副長のカワジ氏と雇止め［termination leave］について話し合いをしていた。広瀬社は二つの事業契約を結んでおり、その一つであるFEC一四〇は一九五四年一月三十一日に完了するため、幾人かの被用者に休みを取らせる必要があった。私はカワジに出欠をとらせ、全員の出身地を尋ねさせた。この男を除く他の全員が答えた。彼は広瀬社の被用者ではなく、名前を聞かれても答えず、私が、そこにいる理由を聞いたが、彼は黙ったままだった。このような場合にはCICに報告するようにと言われていたので、私はこれを報告した。正午頃、CICが彼を尋問し、そして彼が名前を言ったのだと思う。
広瀬産業のプロジェクト副主任であるカワジ氏が宣誓し、証言した。
一九五四年一月三十日午前九時頃、私は当社の十七、八名の被用者と雇止めについて話し合いをしていた。私は、それぞれのプロジェクトの代表者一名と話をする予定だったが、そこにはプロジェクト数よりも多くの人数がいた。被告人は正式な代表者ではなく、私が名前を尋ねると、彼は、それには答えず、那覇から来たと述べた。私は、彼に出て行くように伝えたが、彼は労働者らと話を続け、出て行かなかった。そのため私は警備事務所に報告をしてほしいとキノシタ氏に伝えた。そのとき被告人は出て行くと言ったが、今度は私たちが彼を留まらせた。彼は、どのようにしてここに来たかを述べようとしなかった。ゲートの検問では、彼がこの区域内に入ったことを発見できなかった。

弁護側による反対尋問。

問：彼は退去を拒んだのか。

答：彼は退去しないとは言わなかったが、被用者らと話を続け、そこに留まっていた。

問：警備事務所の代表者が到着するまで、どのようにしてあなたは彼を拘束したか。

答：彼は、これが終われば出て行くと述べたが、私が彼を引き留めた。彼はおとなしく居残っていた。

問：あなたは、彼の体のどの部位をつかんだのか。

答：覚えていない。

問：どのようにして彼はゲートを通過し、禁止区域に入ったのか。

答：私が守衛係に確認したところ、どのように彼が入ったのかについては、誰も知らなかった。

弁護側の証拠：

被告人は宣誓供述を選択した。

私は、その会社区域にメイン・ゲートを通って入った。そこには被用者らと守衛らがおり、私が入って行くのを見ていた。そこには何人もの臨時雇いの者と来訪者［visitors］がおり、彼らはその区域に入ることを認められていた。

裁判所の質問：あなたは入構許可証をもらおうとしたか。

答：いいえ。

弁護側の最終弁論。

彼は何の細工も用いず、その区域に歩いて入った。また、多くの来訪者が立入りを許されていた。それゆえ彼は無罪であると考える。

被告人に犯罪歴はない。

弁護側から提出された酌量事由。

彼が禁止区域内にいたとして有罪であるとしても、この者は若く、有能である。彼は、被用者らを助けようとした。これが彼の動機であるから、彼には軽い刑を言い渡すべきであると考える。

事実認定（各起訴罪状に対する「有罪」または「無罪」の認定を示す。）：有罪。

刑（拘禁が懲役を伴うか否か、また、刑の起算日を記す。）：懲役三月、起算日一九五四年二月十七日。但し最も早期に利用可能な移動手段による奄美大島自費帰還と素行良好を条件として同日から執行猶予一年。

［署名］裁判官、陸軍少佐エリオット・Ｏ・ショードイン

二　「組合ニュース」無許可発行事件

告発状に記載された「犯罪内容」は、「上記の者は一九五四年七月二十一日午后二時頃、那ハ市楚辺＊区＊班＊号＊＊方において氏名不詳外一名と共に琉球政府の正当な許可書なくして回状を日本式謄写版で印刷してゐたものである。」（原文どおり）というものです。一九四九年布令一号（一九五三年改正三六号）二、二、四一条は「豫め、琉球政府の許可を得ずして新聞雑誌、書籍、小冊子又は廻状（newspaper, magazine, book, pamphlet or circular）を発行又は印刷するものはすべて、断罪の上、五千円以下の罰金又は六ヶ月以下の懲役若しくはその両刑に処する」旨を規定しました。

琉球新報七月二十二日は「有力な手掛り掴む／潜行人民党員逮捕近し」と報じました。しかし同日夕刊では「肝心な被疑者が固く口をつぐんで黙秘一点張りだけに相当もてあまし気味のようだ」「早速軍へ報告、スキューズ保安部長、警察局長、隊長を交えて捜査会議を開き軍判事発行の捜索令示のもとに人民党書記長瀬長亀次郎氏方の家宅捜索を行ったがなんの手掛りもなかったという」と訂正しました。沖縄タイムス七月二十二日夕刊は「ゲキ文押える／現行犯で一名逮捕、一名逃走」の見出しで「ガリ版印刷のビラには、全縣民に訴うという見出しで、人民党幹部の畠、林両名を不当な抑圧から救い出すべきだとの文章や、組合ニュースのビラなどがある」云々と報じ、「那覇市内に貼られた畠、林両氏の顔写真」を見る人々の写真を添えました。翌二十三日の続報記事は、彼らの出域拒否との関係について、「両氏がくもがくれした翌十八日、『縣民に訴う』というビラが深夜の那覇市内にバラまかれたが、その発刊先もつきとめられず、二十一日ひる『組合ニュース』の不法出版物をガリ版刷りしている現行犯として」党員一名が逮捕されたと説明しました。

本件裁判の結果を報じた琉球新報七月三十一日は「全沖労組合と関連する注目の公判だけに当日は傍聴席も超満員の人だかり。人民党書記長瀬長、大湾両氏らの顔もみえ被告の弁論に三十分余も熱弁をふるっていた」と伝えました。

CASE NO. C-203-54, D-1024

琉球列島米国民政府／民政簡易軍事裁判所／那覇司法地区／裁判手続の記録

開廷場所：那覇　開廷日：一九五四年七月二十三、三十日

主宰官：USCAR簡易軍事裁判所裁判官レイモンド・M・ピーク

起訴罪状（簡潔に）：無許可発行［Publishing without permit］二、二、四一条

被告人氏名（年齢・性別・住所）：＊＊＊［M・S］（二一・男・那覇市楚辺＊区＊班＊号）

通訳者：ヒガ　検察官：なし　弁護人：瀬長亀次郎　大湾喜三郎

答弁（各起訴罪状に対する「有罪」または「無罪」の答弁）：無罪。被告人は有罪もしくは無罪の答弁、または黙秘の意味と効果を告げられ、理解している。

検察側の証拠（必要があれば紙を追加せよ。証人の氏名住所を掲げ、証拠物を特定せよ。）：

那覇地区警察署の警察官前村智秀［MAEMURA, Chisyu］が宣誓し、証言した。

私は被告人を知っている。一九五四年七月二十一日午後二時頃、巡査部長比嘉［Higa］と警察官三名（私を含む）が那覇市楚辺＊区＊班の＊＊氏宅に向かった。すぐ近くまで来ると部屋の中で被告人M氏が印刷しているのが見えた。私は那覇署刑事課に電話し、被告人Mが印刷許可を受けているかを長田氏に尋ねた。M氏は小冊子や新聞の印刷許可を受けていないという回答だったので、私は現場に戻り被告人を無許可発行の容疑で逮捕した。私は印刷機、鉄筆、綴じ機、たくさんの文書、紙、本があるのを見た。私が部屋の中に入ったとき被告人は印刷機を使い、何かしらの団体の会報のようなもの［some kind of news of an Association］を印刷していた。その組織または団体の名称は示されていなかった。私は被告人に対して印刷許可を有するかを尋ねなかったが、現場を出る前に比嘉巡査部長が被告人に発行許可を得ているかと尋ね、被告人が否定した。私は、比嘉巡査部長がこの質問を被告人に対して行ったこと、そして被告人が許可を得ていないと答えたことを聞いた。私が一九五四年七月二十一日午後二時三十分頃に被告人を逮捕した。私は林［林義己］と畠［畠義基］に関する質問は何もしなかった。

那覇警察署の長田盛秀［NAGATA, Seisyu］刑事課長［Police Detective］が宣誓し、証言した。

私は、一九五四年七月二十一日午後二時三十分頃、開南交番の前村から電話を受けた。前村氏が被告人宅に行き、被告人が小さな小冊子を発行するのを目撃した。私は警察本部に電話し、それから琉球政府に電話した。私が聞いたのは、被告人が発行許可を有しないこと、無許可であることであった。私は前村に対し、そこに行って被告人を逮捕するように伝えた。私は四名の警察官を逮捕の応援に送った。警察本部と琉球政府に電話し、被告人が発行許可を得ているかを確認するために約十分間を要した。

弁護側の証拠：被告人は彼の権利について助言を受け、非宣誓供述を選択した。

Mが次のように証言した。

たしかに私は違法に発行したが、規則違反の認識はなかった。一九五三年十一月に労働組合［The Laborer's Association］が結成された（これが私の発行理由である）。私は組合、つまり世界中の労働組合の会報を印刷しても構わないと考えていた。組合には発行の権限があると思っていた。もし私のしたことが布令［特別布告］三二号に反しているのであれば、店の商品や映画の案内文の発行も、すべて規則違反になる。私が書いたのは新聞ではない。私たちが労働組合で何をせねばならなかったかを述べたい。組合員らの各々に手紙を書くことは非常に困難であるから、私は小冊子を印刷した。私のしたことが布令［特別布告］三二号に反するのであれば、年賀状や結婚式の招待状を送る人々も間違ったことをしていることになる。アメリカ人は、彼らが民主的であると言うが、もしそうであるならば、この種の小冊子の発行権限を与えるべきである。もしユースカーがこの種の小冊子を禁止するのであれば、彼らは民主的ではないと言わねばならない。私は許可を得ようと試みたが、得られなかった。私が書いたものは新聞または小冊子とはいえない。ただのニュースレターである。

弁護側の最終弁論：瀬長氏が、被告人Mの特別弁護人として最終弁論を行うと述べた。

民主主義の民主的象徴の下で私たちが言論の自由と発行の自由を持たないのであれば残念である。私は、これから三つのことをあなた方に述べる。第一に私は沖縄の政治体制について述べたい。第二に発行の自由について、第三に発行に関する規制についてである。沖縄には約一万名の労働者がおり、Mはその一人である。Mは労働者の一人であり、組合のニュースを印刷したが、そこに書かれている見解はMだけのものではなく、沖縄中の労働者にあらゆるニュースを伝えるためのものである。沖縄が米軍に占領されて九年になる。日本では日本人は労働党を組織する権限を有し、そして集会の自由やストライキの権限を有する。しかし沖縄では私たちが発行を試みても制限や禁止が付きまとう。日本では出版の自由、言論の自由、そして労働者を組織する自由が法律によって認められている。その自由が立法府にもある。しかし沖縄では私たちは言論の自由を欲しても、考えていることを素直に表明することすらできない。発行は制限され、場合によっては禁止される。労働組合を組織する権限は制限されている。もし私たちが労働組合を組織しようと考え、指導者を求めれば、彼は共産主義者であると呼ばれる。私たちは沖縄の労働者の暮らしを改善し、より楽にするために労働組合を必要としているが、それができない。

（裁判官は、このような議論は事件に関係しないとして制止した。）

M氏は労働組合の組合員の一人であるから、個人的に他の組合員らに話しかけるようにして小さなニュースレターを発行した。単純に言えば、M氏は違法な発行を理由に逮捕された。発行の自由と言論の自由は同じであり、民主主義の制度の下では出版［press］の自由と言論の自由は同じである。もし私たちが言論と出版の自由を失うならば、この民主主義とは死者の亡骸であるといえる。民主主義を定義すれば、それは政治体制の悪い点について発言できることである。もし私たちが政府の悪い点について話し合えなくなるようであれば、その政府は廃止され、自治政府ができることになるだろう。

（裁判官は、このような議論は事件に関係しないとして制止した。）

私がこのような話をするのは、布令一号によって出版の自由が禁止され、現在も布令三二号［改正三六号］が依然として無許可発行を禁止するからである。Mは言論の自由と出版の自由を有する。M氏は労働組合の組合員であるから、彼は逮捕されるべきではない。被告人の行為は、国際法の権利章典で保障されている。現在、被告人は布令［特別布告］三二号二、二、四一条の違法出版の疑いで起訴され、他方でアメリカ合衆国は、その力を有するがゆえに、沖縄の人民を支配する。しかし沖縄の人民は、人民大衆［common people］に支配されると考える。

（裁判官は、この議論を制止し、同じような発言を続けるのであれば法廷侮辱罪として拘束されると代理人に忠告した。）

大湾が次のように述べた。

労働者であれば労働組合を組織したいと考える。M氏が発行したのはニュースレターであるから何ら問題はない。平和を求める弁護人として、私は布令一号が被告人を起訴することができないと考える。被告人は無罪である。

犯罪歴：なし。

事実認定（各起訴罪状に対する「有罪」または「無罪」の認定を示す。）：有罪。

刑（拘禁が懲役を伴うか否か、また、刑の起算日を記す。）：罰金五千円及び懲役三十日。起算日一九五四年七月二十三日。罰金未納の場合は懲役六月。印刷機器没収。

［署名］裁判官、陸軍少佐レイモンド・M・ピーク

三　出入管理令違反事件

告発状に記載された「犯罪事実」は、「上記の者は一九四八年冬頃、日本大阪依り沖縄久場崎に引揚げた者で本籍が日本にある為出入国管理令の適用を受ける者であるが今日迄在留登録証明書の交付を受けず不法に在留した。」（原文どおり）というものです。

裁判記録には令状逮捕とあります。令状執行は、上原康行の息子Aが有罪判決を受けた九月二十七日の翌日です。又吉裁判が行き詰まったときです。琉球新報九月二十九日は「尾を引く畠氏事件／人民党員に又逮捕状」の見出しで、「二十八日那覇署は軍の命により」「出入国管理令違反で逮捕状を執行した」「犯罪事実は外人登録を怠り不法滞在した疑いとなっているが、畠事件に端を発した人民党員摘発事件にからみなり行きが注目される」と報じました。九月三十日に予備審理が開かれ（裁判官レイモンド・M・ピーク）、保釈もなく、「裁判に付す（勾留）

［Hold for trial (confinement)］」とされました。瀬長・又吉裁判の判決前日、名目的な刑が言い渡されました。

なお、被告人となった真喜屋武は一九四八年に米軍警察に拉致されたことがあり、石原昌家『戦後沖縄の社会史』（ひるぎ社、一九九五年）が、その話を聞き取っています。

CASE NO. C-278-54, D-1416
琉球列島米国民政府／簡易軍事裁判所／中央司法地区／裁判手続の記録
開廷場所：那覇　開廷日：一九五四年十月二十日
主宰官：USCAR簡易軍事裁判所裁判官レイモンド・M・ピーク少佐
起訴罪状（簡潔に）：在留許可証明書未取得［Failure to obtain Residence Certificate］（民政府布令一二五号五章一八条）
被告人氏名（年齢・性別・住所）：真喜屋武［MAKIYA, Takeshi］（二八・男・那覇市十区＊組）
通訳者：ヒガ　検察官：SFCダニエル・J・ネビル　弁護人：なし
答弁（各起訴罪状に対する「有罪」または「無罪」の答弁）：無罪。被告人は有罪もしくは無罪の答弁、または黙秘の意味と効果を告げられ、理解している。
検察側の証拠（必要があれば紙を追加せよ。証人の氏名住所を掲げ、証拠物を特定せよ。）：
那覇地区警察署の警察官津波古憲和が宣誓し、証言した。
私は被告人をよく知っている。私が一九五四年九月二十八日午後八時五十分頃に逮捕した。彼が逮捕されたのは那覇市十一区四組のタイヘイラク［レストラン］前路上である。私は民政府布令一二五号五章一八条の在留許可証明書未取得罪の容疑で米国民政府裁判所裁判官の発付した逮捕状を所持していた。
琉球政府出入管理課の捜査担当官杉原吉彦［SUGIHARA, Yoshihiko］が宣誓し、証言した。
私は何度も被告人の氏名を聞いたので彼をよく知っている。被告人は我々の事務所で登録を済ませていない。

事務所に来て登録する者は、記録が保管されているので把握できている。出入管理課に被告人に関するファイル・カードはない。私は記録を保管しており、先週にファイルを探したが、被告人の氏名を探せなかった。

（証拠として文書が提出された。裁判後に検察官に返却される。）

この文書は、真喜屋の家族の登録簿［Family Registration］の写しである。これは戸籍と呼ばれている。この文書によれば、被告人は日本国民である。

被告人は現在日本国民であるから、我々の事務所で登録されるべきである。（文書（戸籍）の英訳が本記録の一部として収録された。）

弁護側の証拠：被告人は彼の権利について助言され、宣誓供述を選択した。

被告人が宣誓し、証言した。

私の本籍［permanent address］は日本にある。しかし、以前の本籍は沖縄にあった。私の父も祖父も沖縄人である。私が十二、三歳のとき、私の家族は日本の大阪に引っ越した。戦後、（一九四七年頃）私たちは日本から沖縄に移された。私たちは適正な旅券を持ってこちらに来た。一九五三年に家族の登録に関する法律［the law on family register］が発布された。そのため外人全員が登録しなければならなくなった［民政府布令九三号琉球列島出入管理令による外人登録（Alien registration）を指す］。私の家族の住所は那覇市にある。私は、私が登録義務のあることを知らなかった。私の母が私たちの戸籍を沖縄に持ってきた。（在廷する真喜屋夫人が瀬長も大湾も戸籍の心配をしていると述べた。）私は人民党の常任書記［clerk］である。私の給与は毎月五百円から千円である。私の母が必要なお金を支援してくれる。私の裁判が持ち上がったとき、私は瀬長に代理人を依頼するつもりだったが、彼は刑務所にいると思う。はっきりは分からない。大湾が刑務所にいることは知っている。そのため彼も私を弁護できない。瀬長が私の戸籍を私に持ってきてくれた。彼がそれをどこで入手したかは分からない。私は人民党の演説をしたことがある。

最終弁論－検察：被告人は在留許可証明書未取得で有罪である。彼は人民党の事務職員であるというが、彼の生計手段については関心がない。被告人は何度も反アメリカ的な演説［speeches in anti-American talk］をした。被告人が代理人として考えていた二名、つまり瀬長と大湾は人民党で最有力の二名である。

検察は、被告人を懲役六月と強制送還刑に処したいと考える、被告人の母親と連絡をとり、もし被告人が今後は演説をしたり、人民党の活動に参加したりすることを止め、そして母親に金銭的に依存しないのであれば、刑の執行猶予を提案したい。可能であれば母親の管理に委ね、釈放することを勧める。

最終弁論－弁護側：私は入管法違反で起訴されているが、無罪であると考える。

犯罪歴：一九五二年四月十日選挙法違反、石川治安裁判所、罰金三百円。

事実認定（各起訴罪状に対する「有罪」または「無罪」の認定を示す。）：有罪。

刑（拘禁が懲役を伴うか否か、また、刑の起算日を記す。）：懲役六月、起算日一九五四年十月二十日、及び強制送還。

但し素行良好を条件として執行猶予一年。

［署名］裁判官、陸軍少佐レイモンド・M・ピーク

四　国場幸太郎拉致事件

一九五五年八月十三日に国場幸太郎がCICに逮捕され、取調べと称して十五日正午頃までの間に拷問された事件については、彼自身の著書『沖縄の歩み』（岩波現代文庫、二〇一九年）で詳述されています。彼が指摘するように、一九五五年三月十六日発布（同年四月十日施行）の米国民政府布令一四四号一、四、一条は令状逮捕を原則としましたが、ただし「この規定は合衆国軍隊要員が重罪を犯している者、犯そうとしている者又は犯した者

を逮捕することを禁ずるものではない」と規定しました。「重罪」とは、同布令二、一、六条によれば「死刑又は一年を超える懲役をもって罰せられるすべての罪」です。

告発状に記載された「犯罪事実」は、「証人前原穂積［MAEHARA, Hozumi］の証言によれば、国場は、琉球政府の許可を受けていない新聞を発行した責任がある」というものです。CIC第五二六分遣隊のC・A・パーソネットが、証拠品とされた『民族の自由と独立のために』の写し二部とともに那覇地区警察署に国場を引き渡しました。「犯罪日時」欄には「五四年二月十八日」「五五年三月五日」とあり、後者は同紙七号の発行日に当たります。また「罪名」欄には「違法新聞発行」「二、二、三五条」とあります。布令一四四号同条は「あらかじめ、琉球政府の許可を得ずして新聞、雑誌、書籍、小冊子又は廻状を発行又は印刷する者は、断罪の上、五千円以下の罰金若しくは六箇月以下の懲役又はその両刑に処することができる」旨を規定しました。これは軽罪です。

前章で問題になった挑発文書罪（一九四九年布令一号二、二、二一条）は、法定刑の長期が五年の重罪でした。これを引き継いだ布令一四四号二、二、一八条も同様です。たしかに以下の予備審理手続の記録には同罪への言及が見られます。家宅捜索をしたところ、「合衆国政府に対して有害なる」文書が発見されたということです。しかし、厳密に言えば、布令一四四号の同罪によって発行・配布等が禁止されたのは、「合衆国政府又は民政府に対して誹毀的又は煽動的（seditious）印刷物又は文書」でした。一九四九年布令一号二、二、二一条の行為の客体は「誹毀的、挑発的（seditious）、敵対的又は有害なる」印刷物又は文書でした。つまり、布令一四四号の煽動文書罪の処罰範囲は、多少とも狭まっていました。

告発状の作成日時は八月十五日午後四時です。国場は「夕方になって、那覇の軍事裁判所（アメリカ民政府裁判所）に連れていかれ、英文の起訴状を手渡されました」と書いています（前掲書二五五頁）。前述のとおり、告発状には煽動文書罪のことは記されていませんので、二、二、三五条違反であれば立証可能であると考えられたのでしょう。国場逮捕の目的は沖縄における共産党に関する情報収集であったと考えられます。予備審理における煽動文書罪への言及は、無令状逮捕を取り繕う趣旨なのかもしれません。
なお、告発状の写しが、加藤哲郎ほか編・前掲『戦後初期沖縄解放運動資料集』第二巻に「金澤資料31」として国場報告書「今度の拉致事件における私の誤りについて」と一緒に掲載されています。また、同書には『民族の自由と独立のために』七号も収録されています。

CASE NO. C-221-55 (PH), D-1083
琉球列島米国民政府／簡易軍事裁判所／中央司法地区／予備審理手続の記録
開廷場所：那覇　開廷日：一九五五年八月十五、十六日
主宰官：USCAR簡易裁判所裁判官　フォレスト・A・トームズ［FORREST A. THOMS］少佐
起訴罪状（簡潔に）：違法新聞発行［Illegally publishing newspaper］　二、二、三五条
被告人氏名（年齢・性別・住所）：国場幸太郎［KOKUBA, Kotaro］（男・真和志、安里＊区＊班）
通訳者：ヒガ　検察官：［空白］　弁護人：なし
答弁（各起訴罪状に対する「有罪」または「無罪」の答弁）：［空白］
検察側の証拠（必要があれば紙を追加せよ。証人の氏名住所を掲げ、証拠物を特定せよ。）：
CIC第五二六分遣隊のチェスター・A・パーソネット［Chester A. Personetto］大尉が宣誓し、証言した。
被告人は、琉球政府の許可を受けないで新聞及び／又は文書を発行したとして私から取調べを受けた。私が同行し、居室を捜索した。私たちは捜索令状を所持していた。その居室にはたくさんの文書があった。この文書類を訳出したところ、被告人が合衆国政府に対して有害なる言及をしていることが分かった。また、その居室には新聞『民族の自由と独立のために』の写し二部があり、これは被告人が発行許可を受けていないものであった。これまでのところ私たちが有する証人は一名だけである。

この続きは一九五五年八月十六日に行われる。被告人は那覇署の留置場に留置される。

一九五五年八月十六日に法廷に出席した検察は、公訴の取下げを申し出た。

事実認定（各起訴罪状に対する「有罪」または「無罪」の認定を示す。）：公訴取下げ。検察の申出による。

刑（拘禁が懲役を伴うか否か、また、刑の起算日を記す。）：［空白］

［署名］砲兵隊少佐、裁判官フォレスト・A・トームズ

解題

一　沖縄人民党と米国民政府

沖縄は一九四五年にアメリカに占領され、戦時国際法と対日平和条約三条に基づくとされて一九七二年まで支配されました。それは国際法上はともに認められないとする見解がありましたが、軍事上の利益が優先され、法的な形式を備えて力による支配が追認されました。人民党事件は、そのアメリカの沖縄統治機関である琉球列島米国民政府（USCAR）が、一九五四年に沖縄人民党を刑法的に弾圧した政治事件です。同党は、労働者の権利と連帯を擁護し、米軍用地接収に抗議するなど、米琉協力を拒み、沖縄の日本への即時復帰を主張して支持者を増やしつつありました。そのため米国民政府は同党をアメリカの反共民主主義に対する脅威とみなし、防共法による非合法化を試みるなど、その政治勢力を弱めたいと考えていました。

そこで米国民政府は、一九五四年七月十五日、奄美大島出身の全沖縄労働組合事務局長の畠義基と人民党中央委員の林義巳の二名の在留許可を取り消し、琉球列島からの出域を強制しました。二人は命令に従わずに潜行しましたが、八月二十七日に畠が逮捕され、また、その「不法在留」を助けたとして、豊見城村長に当選した同党中央委員又吉一郎と立法院議員の同党書記長瀬長亀次郎らが逮捕されました。さらにこれに抗議する人々が次々に逮捕されるなどして十一月九日までに少なくとも四十七名が逮捕されました。そのうち二十二名が有罪判決を受け、又吉と瀬長を含む十四名が実刑に処されました(1)。十一月二十二日に立法院議員の同党員大湾喜三郎の公訴が取り下げられ、刑事裁判は集結します。最後に瀬長が出所するのは逮捕から一年半後の一九五六年四月九日でした。

この人民党事件について、沖縄人民党史編集刊行委員会『沖縄人民党の歴史』（一九八五年）は、「人民党がとった方針には、戦術的な誤りがふくまれていた」と記します。出域命令という「敵のしかけた挑発」に対して「姿を消すという方法」をとるのではなく、「大衆にこの命令のねらいを公然と暴露し、アメリカ軍が強制退去という措置をとるばあいでも、それが県民大衆の公然としたたたかいの包囲のもとにせざるをえないような闘争戦術を組むべきであった」と。本件裁判記録を読めば、この反省が出てくる理由は理解できます。後に国場幸太郎が「畠さんも林君も僕らが匿っていました」と述べますが、[2] そのあらゆる手助けの行為が検挙の対象でした。そのように人民党は追い詰められました。しかしそれは、畠を自宅に匿った上原康行が、彼は何も罪を犯していないのだから私も有罪ではないと述べて有罪と認定されたように、罪なき者に罪を被せる刑罰権力が非常に抗しがたい力でその不正を正当化したからでした。ここに現代に通ずる刑法の根本問題があり、本件記録を読み直す理由があります。

裁判の誤りは正されねばなりません。しかし現在までその機会は失われてきました。その原因を探る必要があります。伊佐千尋『逆転』(新潮社、一九七七年)を解説する岡本恵徳が次のように述べています。「沖縄の人たちにとって、ある意味では生殺与奪の権を握られていながら、それが実際にはどのようなかたちで現実のものとなるのか、うかがい知ることのできないヴェールに覆われた領域でのできごとであるうえに、それに関与することはほとんど不可能であったから、一層興味をかきたてられたにちがいないのである。しかし、どのように興味や関心を抱こうと、裁判という事柄の性格上、さらには、その裁判が米国民政府の管轄する沖縄の人の手の届かぬ世界で行われるものであるために、その模様が内側から明らかにされることはなかった。多分、米軍にかかわる犯罪によって、自らが法廷で裁かれるという経験をもつか、でなければ万分の一の偶然で裁判そのものにかかわるときしか、その裁判の内側に入ることはできないであろう。その意味では、米軍統治下の沖縄の、米国側の裁判の内幕を具体的に知ることは絶望的な状態であったといえる」と。[3] つまり、被告人自身を除けば、ほとんど裁判(の誤り)自体が認識されてきませんでした。施政権返還後も、この状態が延々と続いたことには、それなりの理由があります。

二　裁判記録の来歴と意義

ここに訳出する人民党事件の裁判記録は、琉球大学附属図書館の保管する戦後資料群の中にありました。この資料群は、琉球大学戦後資料収集委員会が、秘密文書を除く沖縄統治関係文書を米国民政府から借り受け、一九七一年から三か年計画で複写した約六十万枚の複写文書とその他の収集資料からなります。その複写文書の四割弱程度が裁判記録でした。[4] いわゆるUSCAR文書は、現在ではアメリカ国立公文書館（NARA）から収集した約三百四十万枚の文書の多くを沖縄県公文書館で閲覧複写できます。これらは沖縄返還時に次のように四分類されました。①米国公文書館の永久保存資料、②沖縄の米国機関で一時的に継続利用される永久保存資料、③返還協定に基づき日本政府または琉球政府に対して移管または複写の用に供される資料、④返還時またはそれ以前に陸軍規則または一般行政規則に従い破棄される資料。このうち沖縄の住民とその他の非米国人に関する裁判記録（USCAR Court case files, 1947-1971）は③に分類され、量的には七十八フィート（約二十三・八メートル）に及ぶと記されています。[5] それは複写後に那覇地方検察庁に移管されました。[6]

たしかに琉大図書館には、同程度の分量の冊子体の裁判記録が保管されています。これは一九七七年度と翌七八年度に製本されたもので、全部で九百三十五冊の各々の背表紙に表題が与えられています。例えば『USCAR SUPERIOR COURT　SENAGA KAMEJIRO et al. - ILLEGAL POSSESSION OF GENERATORS AND OTHER 9 CASES』です。この中に表題の発電機事件のほか九件、すなわちPSD Case No. C-420-49からC-434-49のうち、C-422-49からC-424-49の三件を除く全十件の裁判記録が綴じられています。内訳は上級軍事裁判所の記録三件、簡易軍事裁判所の記録五件、その他二件です。裁判の日付は一九四九年五月から一九五〇年一月にわたります。頁数の表示はありませんが、一件毎に文書枚数が数えられており、各文書の表面右下端に連番が打たれています（複写資料ですので、裏面を複写した紙にはこれがありません）。総枚数は一七九枚です。館内の配架場所に行き、これを手に取ることはできますが、そのためには九百三十五冊の中からこれを探し出す必要がありました。(7)

阿波根昌鴻『米軍と農民』（岩波新書、一九七三年）一一三頁以下に、一九五五年六月十四日、「コザ警察署」で伊江島真謝区の土地を奪われた男三十二名が「即決軍事裁判」を受け、懲役三月執行猶予一年の有罪判決を受けたとあります。「あなたたちは立入禁止区域内に入ったために裁判されるのである」と裁判官が述べたと記されていますので、罪名は布令一四四号二、二、八条の基地立入罪（Trespassing or Off Limits）でしょう。もし被告人氏名が分かれば、この事件の記録が見つかるかもしれません。しかし、それらしき表題の冊子は見当たりませんから、一九五五年の裁判記録を収録するものを見つけて一冊ずつ調べていくほかありません。しかし、同年の裁判記録がまとまって配架されているとは限りません。したがって辿りつくことは困難でした。

そもそも戦後資料収集調査委員会の収集した資料群については、琉球大学附属図書館編『琉球大学沖縄戦後資料目録』（一九八一年）がありますが、裁判記録については、原則非公開の資料とされたため、目録からも除かれています。つまり所蔵情報が公開されていません。個人情報保護の観点から慎重に取り扱われてきたと評価できます。前述の『逆転』は、一九六四年の傷害致死事件に関する米国民政府刑事裁判所の陪審裁判を取り上げたノンフィクションですが、傷害罪の限度で有罪判決を受けた被告人四名のうち一名の実名使用について民法上違法と判断されました（最高裁一九九四年二月八日判決）。結局のところ、一般的には、この裁判記録を利用するための手掛かりが与えられていないという状態でした。

しかし、後述する理由により、対日平和条約発効前の沖縄の住民側の裁判所（米軍法令による各群島別の裁判所、民裁判所／Civilian Court、そして琉球民裁判所／Ryukyuan Court、さらに一九六七年立法一二二号による裁判所というように制度変遷があり、琉球政府裁判所／GRI Courtとも呼ばれましたが、以下では沖縄の民裁判所と総称します）の刑事判決資料については、県公文書館で一部閲覧することができます。[8] したがって、米軍側の刑事裁判所（法令上の名称は特定軍事法廷、民事特定軍事法廷、軍政府裁判所、民政府裁判所、米国民政府刑事裁判所と変遷しましたが、以下では沖縄の軍裁判所と総称します）の記録についても、少なくとも同様の取り扱いをすることができるはずです。そのためには、まず、沖縄の軍裁判所の裁判記録の内容を整理し、その利用方法を検討できるようにする必要がありました。

幸運にも私は、戦後資料収集委員会の収集複写作業に関わっておられた琉大名誉教授の垣花豊順先生から、複写前と同様の保管状態にしてあると教えられて複写資料の一部を譲り受けていました。二十数年前のことになります。それは約百枚のB4用紙の入った封筒九乃至十一個ずつをビニール紐で束ね上げた計十数束の書類でした。その一部を取り出してみるとそれは一九四九年の記録でしたが、個々の事件は瑣末な外出禁止違反や基地立入、あるいは食糧品や煙草等の軍窃盗の事案が多く、雑然としており、沖縄の住民がぞんざいに取り扱われたことはうかがえるものの、実に興味深い資料である、としか当時の私には理解できませんでした。しかし、二〇一二年の普天間封鎖や二〇一四年以降の辺野古座り込みに対して基地ゲート前に基地境界線がオフリミッツ・ラインとして引かれ、日米地位協定刑事特別法二条の罪の規定の力を見せつけられました。そして同罪が米国支配下の二、二、八条の罪のように執行され、さらに、それが日本国の裁判所で追認されるに及ぶのを見て（那覇地裁二〇一八年三月十四日判決）、米国支配下の刑法とは何であったのかを調査する必要性を痛感しました。

そこで琉大図書館の了解と協力を得て、手元の資料と図書館の製本資料を照合させてもらうことから始め、裁判記録についてはその全容を可視化するために個々の事件目録を作成していくことにしました。[9] 手元の資料は、一九四七年から一九四九年のボックス十二個分の裁判記録と米軍法令その他の文書でした。図書館の製本資料は、一九九八年度に九百七冊分がマイクロフィルム化され、同時にその冊子表題目録が作成され、各表題に対して目録上の順序通りに一－九〇六の通し番号が付されていました（七一一のみ（一）（二）の二冊）。照合の結果、両者は重複しており、また、図書館の資料も、ほぼ順序よくボックス、フォルダー順に製本されていることが分かりました。一冊はおよそフォルダー二個分です。しかし各フォルダーが文書約百枚単位であるのに対し、製本資料は事件単位で厚さ三センチ程度を目安に数件毎に分冊するため、対応関係はつかめなくなっています。中には一件で数冊または十数冊に及ぶ大事件もあります。そして若干の製本時の束ね間違いと目録上の順序の乱れがありました。しかし、この目録上の通し番号を暫定的に図書請求記号として用いることにより、例えば前述の瀬長亀次郎らの発電機事件を含む冊子は目録上の一一二番目ですが、これを「戦後資料室 320/UN/112」の図書として特定することができるようになりました。伊江島の事件（C-165-55）は「同 402」の図書に収録されています。

現在も、全件目録作りの詰めの作業中ですが、この裁判記録について以下のような幾つかのことが判明しました。これは基本的には単年（calendar year）毎の受理事件に連番を付した沖縄の軍裁判所の刑事確定訴訟記録です。占領地の住民に対して刑事裁判権を行使し、一方的に発布する占領法令を遵守させるために設置された沖縄の軍裁判所には、他方の民裁判所にはない運用実態があるはずです。制度改変が頻繁にあり、全体像の把握は簡単ではありませんが、他のＵＳＣＡＲ文書を参照して紐解けば、武力による支配者の統治政策と刑事法の動態的な関係を解明することのできる、おそらくこれは稀有な史料です。その手引きを兼ねる全件目録は、事件番号順に被告人氏名や起訴罪状、判決の内容、弁護人の有無等を整理し、その収録図書番号を指示するものとしました。

一九四七年と一九四八年は高等軍事法廷の記録だけがあります。一九四九年は、若干の前年末の受理事件が取り込まれていますが、即決軍事法廷（または簡易軍事裁判所）と高等軍事法廷（または上級軍事裁判所）の記録となり、分量的に最も多く、複写製本された裁判記録全体の一割強を占めます。ただし何れにせよ同年分までは、多くの事件番号の記録が抜き取られており、存在しません。例えば一九四八年の高等軍事法廷の係属事件となるPSD Case No. 01141 は「YAMASHIRO Zenko et al. - Unauthorized Publication of a Newspaper」という題名ですが、

「See AICA-CL Lock File #2」と記されているだけです。単純に事件数だけで計算すると一九四七、四八年は約十三%、一九四九年は約四十七%の事件が残っています。[10] これに対して一九五〇年以降はほぼ全件記録です。その事件数を一応整理したのが次頁の表です。Sum は軽罪事件を管轄した即決軍事法廷（Summary Provost Court）等を指し（一九五八年以降は Sessions Court と改称）、Supe は基本的に重罪事件（死刑又は十年以上の懲役刑を除く他の総ての犯罪）を管轄した高等軍事法廷（Superior Provost Court）等を指します。[11]

一九五八年以降に事件数が急速に減少し、一九六五、六六年に〇件となり、一九六七年に再開されます。再開後の七十五件のうち、沖縄の住民が被告人であるのは一九六八年の二件（沖縄の二少年による米海兵隊員の傷害致死事件）です。その他は米軍人の家族、軍属及びその家族が被告人です（二件の殺人事件がありますが、多くは飲酒運転等の交通事犯です）。明らかに沖縄の軍裁判所の性格が変化しています。[12] しかし実際の事件数の推移は、この見た目よりも急激です。一九四九、五〇年の即決軍事法廷（簡易軍事裁判所）の一件というのは、当該管轄区で一定期間内に受理された複数の事件を指しました（例えば PSD Case No. C-33-49 は一九四八年十二月中に逮捕され、胡差即決軍事法廷で同月三日―二十日の間に、延べ三十七個の罪について、それぞれの裁判を受けた三十二名に関する記録です）。これが一九五一年以降は当該管轄区でその開廷期日に裁判を受けた複数の事件を意味するようになり、その開廷日数と事件数が一九五八年から顕著に減少し、そして一九六〇年代に入ると文字通り一期日一件となります。[13]

これは、アメリカの沖縄支配が対日平和条約三条に基づくことを明記した一九五七年六月の大統領行政命令一〇七一三号「琉球列島の管理に関する行政命令」の効果でした。それによれば「高等弁務官は、合衆国の安全、財産又は利害に影響を及ぼす事件で、自己の指定する事件については、琉球政府の裁判所から刑事裁判権を撤回することができる」（Sec.10, a,（2））とされ、また、民政府裁判所は「高等弁務官が、合衆国の安全、財産又は利害に影響を及ぼすと認める特に重大な事件に対する刑事裁判権」を有しました（Sec.10, b,（4））。そして「特に重

	47-8	49	50	51	52	53	54	55	56	57	58	59
Supe											57	110
Sum											202	59
計	1547	912	213	436	435	301	392	378	279	327		
60	61	62	63	64	65	66	67	68	69	70	71	72
90	54	42	15	14			1	2	3	4	3	1
55	29	56	50	16			12	22	11	5	7	4
					0	0						

沖縄の軍裁判所の刑事確定訴訟記録のCase数

大な事件」として、琉球政府行政主席宛一九五八年九月八日付民政官書簡「USCAR裁判所と琉球政府裁判所の裁判権」は、布令一四四号第二部第二章の「安全に対する罪」の大半（三十五個の罪）をリストアップしました。しかし他方で、「その添付リストに含まれない布令一四四号の罪、他の布令の罪、及び琉球の刑法の罪については琉球政府裁判所に第一次裁判権がある」と明記されました。(14) 従来は沖縄の軍裁判所が軍法会議の審判対象者を除く「すべての人」に対する裁判権を有し、また、沖縄の民裁判所も軍人、軍属、及びこれらの家族を除く「すべての人」に対する裁判権を有しました。つまり、沖縄の住民に対する刑事裁判権は競合していました。それゆえ従来は、沖縄の軍裁判所から裁量的に譲られた事件については、沖縄の民裁判所が裁くという制度設計でした。しかし同行政命令は、沖縄の軍裁判所の人に対する刑事裁判権を基本的に米軍人の家族、軍属及びその家族に限定しました（Sec.10, b.(3)）。これを受けて翌五八年七月、布令一四四号改正七号により、同布令第一部第二章の民政府裁判所の構成及び裁判権が全面改正されました。この結果、「琉球政府裁判所の裁判管轄が非常に拡がった」のでした。(15) その後数年をかけて刑事裁判の運用実態が法令の文面に追いついていったといえます。

　こうして沖縄の軍裁判所の二十七年間の歴史は、一九五〇年代末を境に前半と後半に二分されることが理解できました。つまり、一方で一九五七年の大統領行政命令は、沖縄の住民に対する刑事裁判権の回復という方向性において施政権返還を先取りしています。そして警察統計を見れば一目瞭然ですが、これ以降、米軍法令違反の罪の検挙件数が全体として急速に減少しました[16]。沖縄の軍裁判所が裁判権を放棄するのであれば、沖縄の民裁判所で事件が受理されない限り、沖縄の住民に対して一方的に発布された米軍法令の効力は、司法的に削がれます。司法統計を見ると布令一四四号違反の罪（車輌及び交通規則違反を除く）の公判請求件数は概ね年間五十件以下で推移しました[17]。

しかし、それにもかかわらず米軍人等に対する刑事裁判権がないという残りの半面で、この転換点は日米地位協定の時代の沖縄、つまりその裁判権の制約を、それでも取り払えない現在への起点でもあります。それは日本の一九五二年四月に相当します。日本では、翌年九月の行政協定一七条改定で戦後日本の刑罰権力のあり方が定まりました。それは日本国憲法の下にあるだけではなく、日米安保条約の下にもあって、しかもこの両者は矛盾含みの関係にあるとされます。沖縄がこの法体系下に入ったのが一九七二年です。その意味するところは、日米安保条約の観点に引きずられて、刑罰権が対人的に不当に消極的に行使されることもあれば、反対に不当に積極的に行使されることもあるということです。琉球政府の検察統計によれば一九五九年から一九七一年の「布令犯」（ただし車輌及び交通規則違反を除く）の起訴率は、平均四十二・二％ですから低いとはいえません（刑法犯は五十・一％）[18]。したがって仮に沖縄の軍裁判所の機能の中で、沖縄の民裁判所に引き継がれた積極的な刑事司法の機能があって、そして日本の裁判所にも同様な機能を認めうるのであれば、一九五〇年代末までの沖縄の軍裁判所の刑法の運用実態を知ることは、日本国憲法と刑法の矛盾という問題を考える上で有意義でしょう。刑罰権は契約論的に内側からではなく、暴力的に外側から基礎づけられたのが沖縄の現実です。その不正を正せるか否かが刑法学に問われる課題です。この意味で沖縄の転換点は見逃せません[19]。

しかし、沖縄の軍裁判所の運用実態は「ヴェールに覆われた領域」にあって知りえませんでした。それは被告人自身にとっても起訴状や召喚状の書面の他は、おそらく苦く痛い経験として残るだけです。瀬長・又吉裁判の第一回期日の終盤で、瀬長が畠や上原らの公判記録を見せてほしいと要求しましたが、裁判官に却下されました。

沖縄の軍裁判所の刑事確定訴訟記録は公開の対象であるとは考えられておらず、被告人の裁判書謄本請求権や公判調書閲覧権は保障されていませんでした。その記録もなく英語による裁判の誤りを主張することは難しいです。沖縄の軍裁判所では書面審査の再審権が民政副長官（高等弁務官）にあり、有罪判決を受けた者は再審嘆願をすることができました。人民党事件でも一名は再審で有罪判決が破棄されました。しかし、一九六一年民政府裁判所刑事訴訟規則二四条の「新たな証拠の発見を理由とする再公判（new trial）の申立」[20]や日本復帰後の再審請求があったことは確認できていません。[21]そして人民党事件の裁判は、日米両政府がその誤りを認めることなく、日本の刑事訴訟法上の再審の対象からも除外されました。

三　日本国憲法と沖縄裁判の効力

一九七二年五月に沖縄は日本に返還されました。沖縄返還協定五条三項によれば、「日本国は被告人又は被疑者の実質的な権利をいかなる意味においても害することなく」、沖縄の裁判所に係属中の、または手続開始をまって係属しえたところの刑事事件について裁判権を引き継ぎました。一般的に外国の刑事裁判権は無条件に承継されるものではなく、この場合は、憲法九八条の趣旨（憲法の条規に反しない法令その他の行為は有効である）に鑑み、いわば沖縄への憲法再施行にあたり、「沖縄の刑事裁判は、その内容が実質的に憲法に反しない限り、これを承継することとしても、なんら憲法上疑義はない」と考えられました。[22]こうして例えば布令刑法違反の行為者が、返還後に逮捕された場合でも、行為時法の原則を採用し、日本刑罰法令としての沖縄刑罰法令違反の刑事事件として、返還後に那覇地裁で裁判できるようになりました。[23]ちなみに奄美返還時は、服役中または係属中の者に対して裁判のやり直しの方法をとりました（奄美群島返還協定六条）。裁判権を承継しないのであれば返還前の刑事事件については、刑法の国外犯規定を準用することになります。しかし、同規定の対象犯罪は限定されていますから、この方法では、例えば返還前の無許可の基地立入行為について、返還後に米軍法令の罪も、日米地位協定刑事特別法二条も、適用することができなくなるので法的安定性が失われる、と考えられたのです。返還後も米軍基地の刑法的要保護性は否定されないという日米安保条約の前提がありました。では、沖縄の「法的安定性」と刑事人権保障の両立は、裁判権承継の方法で達成できたのかを問い返さねばなりません。

沖縄復帰措置法二五条一項は、沖縄刑罰法令の規定は「政令で定めるものを除き、この法律の施行前の行為について、なおその効力を有する」と定めます。除外対象の罪を明らかにしたのは一九七二年五月十三日公布の政令一八〇号でした。「復帰前の早い時期に公布することとすれば、当該沖縄の刑罰規定にふれる行為が復帰後処罰されないことを公表する結果となり治安上好ましくない事態を将来するおそれもある」と考えられたからです。このような意味が、沖縄の「法的安定性」の概念に含まれます。その罪とは、例えば布令一四四号一、三、五条（法廷侮辱）、二、二、一四条（公の騒乱惹起）、及び二、二、一八条（煽動文書等印刷等）等の罪です。これらは「犯罪構成要件又は法定刑が必ずしも明確とはいい難い」（つまり日本国憲法三一条違反の疑いがある）とされました。また、「わが国にそのような刑種の定めのない強制送還刑」の規定も無効とされました（同布令一、三、五、五条及び布令一二五号「琉球列島出入管理令」四〇条）[24]。同布令二、二、一四条と二、二、一八条は、それぞれ一九四九年布令一号二、二、一五条と二、二、二一条に相当し、まさしく人民党事件で、これらの規定が適用されました。それらは憲法上の疑義があって返還時に失効させるほかありませんでした[25]。

しかし、まず、憲法上疑義のあることが文面上明白であるなら、返還交渉においてこれらの規定を事前に削除させることはできなかったのでしょうか。次に、憲法上疑義のある沖縄刑罰法令の規定は、他にもたくさんあったのではないでしょうか。政令による除外措置について、「沖縄に適用されていた不当な法令を国民の代表機関である国会が一瞥することもなく暗から暗へと葬り去ることは許されない」とする指摘のあったことを考えねば

なりません。(26)

それは裁判権承継の目的を問い質しています。係属中の事件の裁判権を承継するのであれば、確定裁判について一事不再理の効力を承継しない理由はありません。しかし沖縄の軍裁判所は「一般に一九四九年の合衆国陸軍軍法会議提要に示された訴訟手続法に従う」が、必ずしも（「被告人に公正なる審理と自らの防御を提示せる適当なる機会が与えられる限り」）、「軍法会議に於いて要求せられる処の証拠容疑の制限（restriction on admission of evidence）其の他の手続上の保護は履行せられる必要がない」とされていました（一九四九年布令一号一、三、一条、布令一四四号一、三、一条も同旨）。言葉の通じない外国で軍人に現行犯逮捕されて弁護人もなく裁判を受けることを想像してみます。個人の力で刑事人権を守り抜くことは難しいです。それゆえ、その裁判の効力を承継するのであれば、実体的にも手続的にも人権上の疑義を差し挟みうる有罪判決が、そこに含まれていたとみるべきです。つまり実体規定の文面審査では見えてこないけれども、顕在化したと考えられる憲法上の疑義について、憲法再施行にあたり放置するのではなく、その救済措置の方法を明確にする必要がありました。日本政府が対米請求権を包括的に放棄するのであればなおさらです（沖縄返還協定四条一項）。そこを素通りしては沖縄の「法的安定性」は日米関係の安定性の意味に入れ替わり、被疑者・被告人の実質的な権利をいかなる意味おいても害することのない裁判権承継という基本方針に反することになるでしょう。

たしかに沖縄復帰特別措置法は、一方で刑については沖縄刑を日本刑に読み替えるという方法で、双方の刑体系の併存を事実上認めながらも両者を峻別し、沖縄刑は（日本刑として）執行できるが、前科にはならないとしました。他方で手続法については、沖縄のそれを完全に日本のものに置き換えました。つまり、沖縄の裁判所の有罪判決については、日本の刑事訴訟法に基づく再審請求を可能にしました。「米国民政府の裁判所がした刑事に関する最終の裁判は、復帰後設立される那覇地方裁判所がした確定裁判とみなすこととし、復帰後本土の刑事関係法令を適用して、その裁判の執行や本土の刑事訴訟法に定める再審その他の救済措置を講じうるようにした」と。これが裁判権承継の目玉であると解説されました。[27]

この再審の点について、「沖縄復帰対策に関する日弁連要望書」（自由と正義二十二巻六号、一九七一年）は、同様に裁判の効力を承継した上で、「刑事確定判決に対して、復帰後六ヵ月以内に被告人から申立があったときは再裁判する」と提案しました。では、仮に人民党事件を「再裁判」すれば、その結論はどうなるでしょうか。犯罪後の刑の廃止による免訴判決でしょうか（免訴は実体審理を遮断する形式裁判ですから、再審免訴で犯罪事実の認定が翻されたことにはなりません）。人民党事件で党員らが大量検挙されたのは、前述のとおり、返還時に無効とされた公の騒乱惹起罪等によります。しかし「再裁判」で憲法上疑義のある罪やその共謀罪の適用はありえません。治安維持法違反の横浜事件の第三次、第四次再審は免訴であり、そして第四次再審は刑事補償手続での被害補償と名誉回復への道を開きました。また、一九四六年のプラカード不敬罪事件の被告人は、翌四七年の刑法改正で皇室に対する罪が削除されましたので同様に免訴でした。ただし、その最高裁判決の反対意見（庄野理一）は、新憲法の公布前であっても「不敬罪が実質的に廃止されていた」ことを理由として無罪であると説いていました。被告人のしたことは、もはや犯罪に当たるような行為ではなかったという趣旨です。もちろん憲法なき沖縄では、この反対意見のいう理由（憲法的に法益侵害がなかったこと）により無罪である、とまではいえません。しかし、大逆事件のような旧憲法下の異なる時代の事件を再審判しようとしているのでもありません。米国民政府民政副長官の意思（出域命令）を無条件に追認する「再裁判」は、憲法上疑義があるから、認められません。この意味で「不法在留」やその教唆・幇助容疑の「再裁判」は、憲法的価値に拘束されます。裁判権承継の行為自体が憲法九八条に拘束されますから、少なくとも民政副長官命令の正当性は憲法的審査の対象です。そして、その審査基準は、被疑者・被告人の権利を実質的に保障できるか否かです。

しかし日弁連の「再裁判」の提案は見送られ、沖縄復帰特別措置法は日本の刑訴法に基づく再審請求権を保障しました。これは請求期限を設けない点では日弁連提案よりも優れています。それゆえ、例えば一九五八年六月二十三日に米国民政府コザ簡易裁判所で、布令刑法一四四号二、五、一、一条違反（ハンセン病療養所立入罪）の有罪判決が出ていますが、(28) これに対しては今からでも再審請求できます。その裁判手続の記録には、被告人（入園者の子）の犯罪歴として、前年に沖縄の民裁判所（名護治安裁判所）で同罪の有罪判決を受けた旨の記載もあります。日本では同年三月二十八日に熊本簡易裁判所が無断外出罪（らい予防法二八条一号）により入園者に科料の刑を科したことが知られています。そして二〇〇一年五月十一日熊本地裁判決は、らい予防法の隔離規定が一九五三年の制定当時から既に違憲であり（「ハンセン病予防上の必要を超えて過度な人権の制限を課すものであり、公共の福祉による合理的な制限を逸脱していた」）、遅くとも一九六〇年には明白に違憲であったと述べました。仮に無断外出事件について再審請求をするならば、新証拠は、この熊本地裁判決の違憲判断です。憲法違反の刑罰法令を適用してはならないことはいうまでもありませんが、当時は見過ごされました。入園者の外出は何ら犯罪に当たるような行為ではなかったので無罪です。沖縄の場合は、家族による立入罪ですが、ハンセン病隔離政策を前提にした犯罪類型が適用された点では同じです。それゆえ同様に熊本地裁判決を新証拠して、行政命令一〇七一三号一二節及び民政府布令六八号「琉球政府章典」五条二項の規定に違反する公訴提起と有罪判決であったとして再審開始が決定されるでしょう。(29) もはや日本国内で、この沖縄裁判の効力を維持しえないことがようやく認識され、こうして日本国憲法が実質的に返還前の沖縄の事件に遡及適用されることになります。これは、日本でハンセン病隔離政策の違憲性が認められているから可能になる再審請求です。

しかし現在まで日本の裁判所は、民政副長官命令の実質的違憲性または弁護人選任権の侵害といった手続上の違憲性を新証拠とする、いわゆる憲法的再審請求を認めていません。最高裁は、砂川事件大法廷判決で米軍駐留の違憲審査を保留し、一応の合憲判断を示しています（最高裁一九五九年十二月十六日判決）。沖縄の軍裁判所の裁判が、米軍の利益保護を優先目的として刑事人権を軽視し、または侵害していたとしても、その再審請求を可能にするような新証拠としての司法判断は、まだ日本に存在しません。

対日平和条約三条に基づくとされた沖縄の軍裁判所の裁判の誤りは、こうして闇に埋もれます。アメリカの沖縄支配の正当性が、このように遡及的に刑法的に追認されます。沖縄返還協定によって「米国の対日講和は完結した」と評される所以です。[30] 憲法体系と日米安保法体系の矛盾、むしろ正確には、日本国憲法の平和主義の矛盾(平和国家日本と軍事要塞沖縄の表裏の関係)[31] が刑法的に棚上げされたといえます。沖縄返還協定は、一方で刑事人権保障の目的を高く掲げます。しかし他方で「再審事由を拡大したり、再裁判の道を開くことは、沖縄の裁判の法的安定性と権威をそこなうおそれがあり適当ではない」と考えられたのでした。[32]

しかも沖縄復帰特別措置法三〇条は、「沖縄に設立されていた裁判所が刑事に関してした裁判で昭和二十七年四月二十八日前に確定したもの」と「民政府の裁判所が昭和三十年四月十日前にした刑事に関する裁判」については、その効力を承継しませんでした。布令一四四号が施行されたのが一九五五年四月十日です。その理由(承継する裁判権の始期)が次のように説明されました。「協定一条一項で米国が放棄するのは、平和条約三条で米国が行使してきた司法権である。したがって、引き継ぐ裁判権も同条約発効日たる一九五二年四月二十八日以降に確定した裁判にかかるものに限られる。ただし、民政府裁判所については、同日以降の分であっても五五年四月九日以前の分は、実質的に軍政府裁判所的性格が残存していたので引き継がない」と。そして引継対象外の裁判は「わが国法上なんらの効力はなく、単なる事実としてあるだけで司法上の問題の枠外である」とされました。[33]

沖縄の軍裁判所の「軍政府裁判所的性格」について充分な説明は見当たりませんが、「軍士官らをもって構成する軍事委員会、上級軍事裁判所、簡易軍事裁判所からなっている」ことが指摘されています。[34] また、裁判権承継の基本原則は日本国憲法に反しないことですから、沖縄の軍裁判所も「近代法の諸原則にのっとっている」限りで、その裁判の効力を認めるという考え方にも、一見すると、一貫性があります。実際に、一九四九年布令一号の各裁判所は、「軍政長官に依り又は之が為に召集された処のアメリカ合衆国軍隊の士官又は軍政府に附置された処のアメリカ合衆国市民」が三名以上(軍事委員会)、一名以上(上級軍事裁判所)、または一名(簡易軍事裁判所)

で構成されるのに対し（一、二、一条、一、二、二条、一、二、三条）、布令一四四号の各裁判所は、「合衆国の雇傭する者で、民政副長官の権限をもって」招集または任命する一名以上（上級裁判所）、または一名（簡易裁判所）の「合衆国市民」で構成されます（一、二、二条、一、二、三条）。

しかし、まず、前述のとおり、沖縄の軍裁判所の性格に変化が現れるのは一九五八年頃です。一九五五年の裁判を主宰した裁判官は、上級裁判所がシリル・E・モリソン（Cyril E. Morrison）です。彼は一九五三年九月頃に着任しており、瀬長・又吉裁判を担当しました。簡易裁判所がレイモンド・ピーク（Raymond M. Peak）の後任となるフォレスト・A・トーマス（Forrest A. Thomas）と一九五四年二月頃に着任したエリオット・O・ショードイン（Eliot O. Chaudoin）です。彼らは何れも陸軍少佐です。つまり裁判所の構成は、布令一四四号の施行をもって変化していません。

次に、日本政府が対米請求権を放棄したのは次の理由からです。「もし、放棄しないでほっておくと、請求権者つまり沖縄県民が一々米国の裁判所に提訴しなければならない。これは提訴するということが観念的に考えられるだけであって、実際上米国に行って訴訟費用を使って訴訟を行なうことは、不可能なことではあるまいか」。したがって米国が補償する特定のものを除き、「もし、米国に請求したならば、これが妥当な請求であるとして認められるようなものがあれば、わが国の手で十分に精査して適正な措置を執る。その方法としては、予算措置で足りるものもあれば、立法措置を必要とするものもあろう」[35]。また、引継対象外の沖縄の裁判を受けた者についての救済方法として、「民政府裁判所で違法に損害を受けた者については、沖縄県民の各種対米請求問題の一環としての措置が検討されることとなろう」[36]と。しかしながら、沖縄返還協定放棄請求権等補償推進協議会の補償請求対象第十二項目「復帰前の米軍賠償委員会による却下等事案補償請求」（いわゆる人身被害事案であり、申請五五八件、支給五一四件中死亡一四六件、傷害三六八件）において、刑事補償の申請が取り扱われたことは確認できていません[37]。何れにせよ「違法に損害を受けた」ことを証明する資料を用意することは、沖縄の軍裁判所の刑事司法による被害者にとって容易ではありませんでした。こうして人民党事件は「単なる事実」になりました。

最後に、そもそも沖縄の軍裁判所が「近代法の諸原則にのっとっている」と評価することは適正なのでしょうか。近代刑法の大原則として罪刑法定主義があります。これは罪刑法律主義とその他の派生原則からなりますが、罪刑法律主義の「法律」とは国会の制定法を指します。条例による罰則も「法律の範囲内」（憲法九四条）において、地方議会の議決を経て制定されるので違憲ではないとされます。しかし、布令一四四号は、このような意味の法令ではありません。したがって、沖縄の軍裁判所の裁判は、基本的に手続的にいって、また、多くの場合に実体的にも、「法律」によらなければ刑罰を科せられないとする憲法三一条の認めうるものではありませんでした。[38]それは根本的に前近代法的であり、あるいは「軍政府裁判所的性格」を帯びるというべきです。いかにしてこれが公正な裁判でありえたでしょうか。

この点について琉球政府は一貫して沖縄の軍裁判所の裁判の効力承継に反対し、最終的には沖縄の民裁判所についても承継すべできはないと結論づけました（一九七一年十一月の「復帰措置に関する建議書」）。沖縄の民裁判所の裁判の効力については、日本国の主権の問題として、国際法上違法というべき対日平和条約三条に基づくアメリカの行政府によって、それが設置された裁判所である限りにおいて、沖縄の軍裁判所のそれと同様に、原則として引き継ぐことはできないとする見解がありました。[39]これに対し、「琉球政府裁判所における刑事裁判の大多数は、日本の領土である沖縄において日本国民である沖縄の住民が、日本国憲法の下でも認められる刑事に関する法令に従ってなされたものである」、あるいは、それは「基本的には住民自治の原則を貫き」「全般的には県民の信頼を得てきた」とする承継賛成論があり、[40]見解の対立がありました。沖縄の軍と民の裁判所の違いを認識すべきであるとする後者の見解を、日本国の主権の名の下に、否定することはできません。しかし、前述のとおり、沖縄の民裁判所に引き継がれた沖縄の軍裁判所の機能があると認めるならば、その裁判の効力を原則として承継するとしても、それは他方の軍裁判所の裁判の効力の非承継を前提としなければ、再審による個別的な救済の扉は、実質的に開かれないでしょう。実際に開かれていません。この意味で、沖縄の軍裁判所の裁判の効力を承継しえない理由こそが決定的に重要でした。[41]

いかなる意味においても刑事人権を害さないという原則から、沖縄の軍裁判所の裁判の効力を原則として承継し、ただし人民党事件の裁判については再審を認めない、という結論は出てこないはずです。沖縄の軍裁判所は、一九五五年四月十日以降も、沖縄の住民（people）のために裁判をしたのではありませんでした。しかし沖縄返還にあたり、それでもそれは原則として日本国憲法に反しないと判断されました。日本国民の憲法とはそのようなものなのか（軍事要塞沖縄の被占領住民に対する憲法なき刑事裁判の効力を認めて、平和主義の違反も刑事人権の侵害も見過ごす）、いいかえれば、沖縄のために刑事裁判権があって憲法がある、すなわち軍事力による支配を糊塗するためではなく沖縄のために法があるとは、どういうことなのかという問題があるでしょう。しかしその前に、沖縄の軍裁判所で、どのように沖縄の住民が取り扱われたかを知る必要があります。そのために本書は編集されました。

(1) 一九五五年一月二十一日付PSD連絡文書「畠、瀬長及び又吉の裁判に関する情報」(C-238-54所収)によれば、被逮捕者数は四十四名です。そのうち二十五名の公訴が取り下げられ、十九名が有罪判決を受け、後者のうち畠義基、瀬長亀次郎、又吉一郎、真栄田義晃、瀬名波栄、大嶺経達、石原昌進及び新垣重剛の八名が「現在も拘禁中である」とされています。本書では第三章の一名(C-255-54, D-1280)と第六章の二名(C-203-54, D-1024、真喜屋武)を加えて四十七名と数えました。なお、森宣雄『地のなかの革命』(現代企画社、二〇一〇年)二四五頁以下によれば、「奄美―沖縄統一戦線運動」(奄美共産党と沖縄人民党の「沖縄非合法共産党」としての協力関係)が崩壊させられたのが人民党事件です。

(2) 森宣雄、国場幸太郎編『戦後初期沖縄解放運動資料集』第三巻(不二出版、二〇〇五年)(26)頁。

(3) 岡本恵徳『現代文学にみる沖縄の自画像』(高文研、一九九六年)一三六頁以下。

(4) 山田勉「戦後資料収集調査委員会活動概要報告」琉球大学附属図書館報『びぶりお』八巻四号(一九七五年)五頁以下、豊里朝美「琉球大学附属図書館のあゆみ④」『同』三十一巻四号(一九九八年)六頁以下。これらの収集資料を『米民政府資料集』全十八巻として出版する計画があったようです(日本政治学会編『沖縄返還交渉の政治過程』(有斐閣、一九七二年)一二六頁)。

(5) Disposition Plan for the Records of the United States Civil Administration of the Ryukyu Islands 1945-1972, p.70(沖縄県公文書館USCAR文書・資料の来歴に関する文書、資料コードU81600013B)。処分計画の概要については金子彩里香「戦後沖縄におけるUSCARの記録の管理と「処分」」国文学研究資料館紀要アーカイブズ研究篇一三号(二〇一七年)一二六頁以下。

(6) 山田・前掲「戦後資料収集調査委員会活動概要報告」六頁、日本弁護士連合会編『沖縄の陪審裁判』(高千穂書房、一九九二年)一六五頁。

(7) 九百三十五冊の内訳は『USCAR SUPERIOR COURT …』七百八十六冊、『横田事件 …』八十三冊、『CIVIL COURT …』三十五冊、『USCAR SESSIONS COURT Traffic Case』十八冊、『USCAR APPELLATE COURT …』九冊、その他四冊です。なお、製本時に図書の受け入れ番号が割り振られていますが、その番号と各表題の一覧表は引き継がれていないようです。

(8)大城光代『世の光 地の塩』(琉球新報社、二〇一四年)一五二頁以下。
(9)科学研究費助成事業基盤研究(C)研究課題17K03434戦後沖縄の米軍刑事裁判記録の研究(二〇一七―二〇二一年)。
(10)死刑又は十年以上の拘禁刑を科すことのできる軍事委員会の記録は、一九五〇年以降は確認できませんでしたが、PSD Case No. 01272は、一九四八年の港川事件です。米軍人を殺害した被告人二名がそれぞれ死刑と終身刑に処されました(死刑判決は後に恩赦があり、執行されていません)。その表紙に「See Lock File RCCA-GL #2」とあります。しかし終身刑を受けた被告人の仮釈放推薦の文書(一九五五年六月十六日付)が一枚だけあり、この裁判が知念のMilitary Commission(軍事委員会)で開かれたことが記載されています。
(11)一九五八年民政府布告九号「米国民政府民事裁判所」により、米国民政府が民事裁判権を行使するようになったことから、裁判記録全体の数%は民事事件です。その民事陪審裁判に関する近年の研究成果として陪審裁判を考える会編『民事陪審裁判が日本を変える』(日本評論社、二〇二〇年)があります。また、一九五八年民政府布告六号「米国民政府上訴審裁判所」により、上訴審裁判所が設置されましたので、その裁判記録が十数冊あります。なお、一九五〇年以降の記録から抜けているのは、米国人(米軍法に服さない者)を被告人とする裁判と考えられます。これについては県公文書館のUSCAR文書(法務局のシリーズ「Foreign Jurisdiction Case, 1957-1974」等)の中に幾つかの記録があり、一部閲覧できます。他に裁判記録との関係ではシリーズ「1604-11 Clerk of Court Master Docket Files, 1951-1972」「1604-12 Defendant Index Card Files」がありますが、ほぼすべて八十年間非公開です。
(12)一九六三年三月に沖縄の軍裁判所に刑事陪審制度が導入され、また、二年の休止の間にサンマ事件・友利事件の裁判移送問題が起こります。これらとの関連性の有無については未調査ですが、陪審制については、導入後も大半の被告人が有罪答弁をし、陪審裁判を受ける権利を放棄したことになります。無罪答弁をして陪審裁判を選択しない者もおり、その数は選択した者の約二倍でした。しかし、選択された陪審裁判は、記録上は全部で五件とはいえ(六三年三件、六四年一件、七一年一件)、何れも難事件でした。沖縄の住民を被告人とする一件目は、コザ派と那覇派の第一次抗争事件でした。後者の首領が撃たれ、前者の首領ら二名がそれぞれ殺人未遂と証人威迫二件、並びに殺人未遂と傷害二件の疑いで起訴され、一名の傷害一件のみが有罪認定されました(SUP C-13-63)。この抗争事件が沖縄の軍裁判所に持ち込まれたのは、布令一四四号二、二、五条の武器弾薬爆発物所持罪の疑いで、両派併せて九十名程度が検挙されていたからです（SUP C-1-63, C-2-63, C-6-63, SES C-14-63, C-15-63, C-16-63, C-19-63, C-20-63, C-21-63, C-22-63, C-29-63, C-35-63, C-38-63）。二件目が「逆転」事件です（SUP, C-13-64）。また、エイコ・ウエハラ・ローズも所得税法違反等被疑事件で米国人として陪審裁判を受けました（SUP C-11-63、上原栄子『辻の華・戦後篇〈下〉』（時事通信社、一九八九年）二九三頁以下）。陪審裁判は、軍事上の利益保全を優先目的とする沖縄の軍裁判所にとっては、負担感が大きいという印象を受けます。

（13）ＵＳＣＡＲ報告書（Civil Affairs Activities in the Ryukyu Islands, vol. 1-8, 1952-60 & Civil Administration of the Ryukyu Islands, vol. 9-18, 1960-70）によれば、沖縄の軍裁判所の受理件数は、五十代中期が毎月二百三十～二百四十件、五十年代末期が毎月百－百四十件、一九六〇年四月－九月が百五十名（公判取下げ十五名を含む）、同年十月－一九六一年三月が百一名（同十六名）、一九六三会計年度（六二年七月－六三年六月）が二百九名（同十七名）、一九六四会計年度が百九名（同五名）、そして一九六五会計年度が五名です（「六五会計年度「第二、四半期（六四年十月）から刑事裁判なし」と記されていますが、正確には、六四年十月二十三日付で起訴されたSUP C-14-64の判決言渡しが同年十二月十四日です）。再開後は一九六八会計年度二十七名、一九六九会計年度十九名、一九七〇会計年度十三名です。なお、我部政明監修の琉球大学島嶼地域科学研究所・沖縄関係外交史料館史料データベースに「復帰準備6／民政府裁判所の裁判記録」があり（http://ir.lib.u-ryukyu.ac.jp/handle/20.500.12000/43402）、その中に琉球高等検察庁検務課作成の「米国民政府裁判所言渡刑年度別・罪名別調査表」があります。これによれば布令一四四号施行後の有罪判決件数（外国人を除く）は五千七百七十九件です。

（14）Jurisdiction of USCAR and GRI Courts（沖縄県公文書館ＵＳＣＡＲ文書・法務局 00103-002 所収）。沖縄の軍裁判所の刑事裁判権の対象である「特に重大な事件」は、一九六三年七月二十三日付書簡で、刑事陪審導入に伴い新設された証人威迫罪等の六罪が追加され、また、一九六四年十一月十二日書簡で煽動文書罪（二、二、一八条）等の四罪が除外されました。

（15）「琉球タスクフォース勧告に対する法制法務部の一般的所見（一九六一年）」から引用（一九六三年八月一日付の法

制法務部書簡 Implementing the Policies of the Task Force Recommendations on the Ryukyu Islands の添付文書として六一年所見があります)。一九六一年六月の池田・ケネディ会談後の共同声明に基づき設置された「琉球に関するタスクフォース」最終報告(同年十二月)の中で、琉球政府の刑事裁判権の拡大が勧告されました(宮里政玄『日米関係と沖縄』(岩波書店、二〇〇〇年)二二四頁)。一九六五年の高等弁務官第四次報告書に「勧告は一九六五会計年度中に達成された」とあります(Fourth Progress Report on Task Force Recommendations for the Ryukyu Islands, p.8)。英文資料については沖縄県公文書館USCAR文書・法務局 00109–010 所収。なお、一九五四年四月の「民事指令」(琉球列島米国民政府に関する指令)のD項6においても「米国民政府裁判所は、非琉球人に対して民事、刑事裁判権を行使するために開かれる」とありました(宮里・前掲書九七頁)。同指令については吉本秀子『米国の沖縄占領と情報政策』(春風社、二〇一五年)一六〇頁以下。

(16)琉球政府警察局編『琉球警察統計書』(一九五七年から一九七一年の各年版)、琉球警察本部警務課編『琉球警察史料第一集』(一九六二年)。

(17)琉球上訴裁判所事務局編『司法統計』(一九五八年一巻一～四号)、同編『司法統計年報』(一九五九～七一年版)。

(18)琉球上訴検察庁事務局編『検察統計年報』(一九六三年から一九七一年の各年版)。検察統計は一九五七年からありますが、一九六二年版までは車輛及び交通規則に反する罪を含めて「布令犯」の起訴率が算出されており、翌六三年版からはそれを除外した上で、一九五九年以降の起訴率を掲載しています。

(19)吉本・前掲『米国の沖縄占領と情報政策』によれば、米国の沖縄占領の二十七年間は、一九五七年の大統領行政命令により、「軍法による支配」の前半期とこれを終わらせ、その機能を「日本政府に移譲する」までの後半期に分けられます。軍政府が「民政府」に衣替えされた一九五〇年以降は「民政府」によりカモフラージされた「軍事占領」でした(特に同書四章、五章、及び終章)。

(20)民政府裁判所の刑事訴訟規則(The Rule of Criminal Procedure)は琉球上訴裁判所事務局編集発行の裁判所報二六号(一九六一年)に訳出の上掲載されました。

(21)安田道夫「復帰前後の思い出」法の支配三十一号(一九七七年)六八頁。

(22)沖縄復帰対策研究会「沖縄復帰の法制」ジュリスト五〇四号（一九七二年）二〇頁、安田道夫「沖縄の裁判権引継ぎをめぐる五十問」法律のひろば二十五巻二号（一九七二年）二七頁。

(23)裁判権承継反対論は、沖縄刑罰法令を日本刑罰法令として適用するのは事後法による遡及処罰にあたると反論しました。賛成論は、行為時に有効であった行為規範を適用するのだから、遡及処罰にはあたらないと考えました。なお、一九六七年の「教公二法」事件裁判では公務執行妨害罪の「公務」の要保護性を返還後に認めうるかが問われました（教公二法闘争史編集委員会『教公二法闘争史』（沖縄県教職員組合、一九九八年）四一六頁以下、森川金寿「戦後は終ったか」日本弁護士連合会編『復帰10年の沖縄白書』（法律時報増刊、一九八三年）一三頁）。この点で興味深いのは一九七〇年十二月のコザ暴動です。統計上は「布令犯」の検挙件数に目立った影響を及ぼしていません。布令一四四号の基地立入罪も適用されませんでした。

(24)吉田淳一「刑事関係」法律のひろば二十五巻七号（一九七二年）一九頁。

(25)那覇地コザ支判一九七〇（昭和四十五）・三・十一刑集二十七巻八号一三八六頁で布令一四四条二、二、一四条の法益等について言及があります。

(26)垣花豊順「裁判の効力の承継等の問題点」法律時報四十四巻六号（一九七二年）三一頁。垣花は除外対象ではないが問題のある規定として布令一四四号二、二、二八条（幇助犯を正犯と同じように処罰している）と二、二、三五条（極端に表現の自由を制限している）をあげています。これらに相当する一九四九年布令一号二、二、三一条と二、二、四一条は人民党事件でも適用されました。布令一四四号二、四、二、一条は米軍人等を相手方とする売春の禁止規定ですが、これは特定の売春者の差別的な取り扱いとして憲法一四条一項違反です。

(27)吉田淳一「沖縄の刑事裁判とその承継」刑政八十三巻六号（一九七二年）一七頁以下、同「沖縄の復帰に伴う刑事に関する措置について」法律のひろば二十五巻二号（一九七二年）三九頁。

(28)沖縄愛楽園自治会『うむいちなじ』（同自治会・国立療養所沖縄愛楽園、二〇二〇年）三二〇頁以下。

(29)高等弁務官は「琉球列島にある人々に対し、民主主義国家の人民が享受している言論、集会、請願、宗教並びに報道の自由、法の定める手続によらない不当な捜索並びに押収及び生命、自由又は財産の剥奪からの保障を含む基本的自由を保障しなければならない」（行政命令一〇七一三号一三節）。また、民政府布令六八号五条二項は「総て住民は、個人として尊重され、法の下に平等である。生命、自由、及び幸福追求の対する住民の権利については、公共の福祉に反しない限り、立法その他の政務の上で、最大の尊重を必要とする」旨を規定しました。「住民」の原語は people です。

（30）日本弁護士連合会編『復帰後の沖縄白書』法律時報増刊（一九七五年）二〇頁。

（31）新崎盛暉『日本にとって沖縄とは何か』（岩波新書、二〇一六年）八頁以下。

（32）安田・前掲「沖縄の裁判権引継ぎをめぐる五十問」二九頁。ただし、沖縄の軍裁判所の事件については「書証等が少なく、アレインメントによる記録しかないものもある関係から、刑事訴訟法四三五条六号の新規性の要件にあたる場合が、本土裁判所や琉球政府裁判の事件にくらべて、事実上多いだろう」と付記されています（同二九頁）。

（33）安田・前掲「沖縄の裁判権引継ぎをめぐる五十問」二四頁、二九頁。

（34）吉田・前掲「沖縄の復帰に伴う刑事に関する措置について」四一頁。

（35）棚町祥吉「沖縄返還協定の概要」法律のひろば二十五巻二号（一九七二年）九頁。

（36）安田・前掲「沖縄の裁判権引継ぎをめぐる五十問」二九頁。

（37）対米請求権記録誌編集委員会編『沖縄対米請求権問題の記録』（那覇出版社、一九九四年）一二五頁以下。講和前補償における人身被害にも含まれていません。

（38）生田勝義「沖縄協定と刑事裁判権」立命館法学一〇七号（一九七三年）三二頁。

（39）金城睦「沖縄住民の人権は守られているか」世界三〇七号（一九七一年）七二頁以下、田中輝和「刑事裁判の効力」法律時報四十三巻十三号（一九七一年）一〇五頁以下、生田・前注論文二六頁以下。金城は「いずれにしても」「特別の救済制度（一般の再審と異なる請求だけで認められる再審制度）」が最低限必要な措置であると述べていました（七四頁）。

（40）垣花・前掲「裁判の効力の承継等の問題点」三〇頁、神山俊雄「裁判の効力」法律時報四十三巻十三号（一九七一年）二五六頁。出口雄一「『戦後体制』のなかの沖縄」桐蔭法学二十六巻一号（二〇一九年）一〇九頁以下は、日本の判例上、沖縄は刑法一条の「日本国内」ではないとされていたので、理論的には沖縄裁判は同五条の外国裁判とみなすべきだが、他方で沖縄の住民は「日本国民」であるから、琉球政府裁判所の刑事裁判の効力を認めたのは是認できると説くものと思われます。なお、同論文によれば、返還前の奄美は、判例上、外国とみなされていたからではなく、「軍事占領裁判所」の裁判が外国裁判とみなされていたから、裁判のやり直しの方法が是認されたのでした（一一五頁以下）。

（41）沖縄県祖国復帰協議会は、対日平和条約三条に基づく「不当支配の歴史的犯罪性」に対する賠償を要求するという基本的な考え方から、「裁判権については民事、刑事を問わず大きな問題が伏在し、判決についても明らかに無効なものや、再審理の必要な事件が数多くある」という認識のもと、特に「布令弾圧や不当な裁判による事件については、直ちにその裁判を無効にし、損害賠償を支払うよう」要求していました（沖縄県祖国復帰闘争史編集委員会編『沖縄県祖国復帰闘争史 資料編』（沖縄時事出版、一九八二年）五七七頁以下）。

資料

資料１　畠に対する在留取消通告書

UNITED STATES CIVIL ADMINISTRATION OF THE RYUKYU ISLANDS
Office of The Deputy Governor
APO 719

RCCA-PSD 014.331　　　　　　　　　　　　　　　　　　　　　　15 July 1954

SUBJECT: Termination of Residence

TO　　: HATAKE Yoshimoto, Japanese National
[redacted]-[redacted], Sobe-Ku, NAHA-Shi
Okinawa Gunto, Ryukyu Islands

1. This is to notify you that your authority to remain in the Ryukyu Islands is terminated. Your Residence Certificate, Number 05530, will become invalid at 1900 hours on 17 July 1954.

2. You are hereby ordered to depart from the Ryukyu Islands on or before 17 July 1954. Failure to comply with this order will result in your arrest, detention and subsequent deportation.

BY DIRECTION OF THE DEPUTY GOVERNOR:

/s/ W. E. Lessard Jr
/t/ W. E. LESSARD JR
Lt Col,　Arty
Chief of Admin

A True Copy:

W. E. LESSARD JR
Lt Col,　Arty
Chief of Admin

2KO

資料2　畠義基に対する告発状（１通目）

GOVERNMENT OF THE RYUKYU ISLANDS
DEPARTMENT OF POLICE

CHARGE SHEET

C-238-54

(犯人取調報告) (起訴状) DATE: 23 Aug 54 HOUR ______
(日) (時)

1. NAME OF PERSON ARRESTED HATAKE Yoshimoto, (M-37)
(被逮捕者氏名) (年令) age (性) sex

2. ADDRESS OF PERSON ARRESTED PA: [redacted], Sobe-Ku, Naha-Shi
RD: Amami Oshima ______ Ku, ______ Han,
(被逮捕者住所) (区) (班)

3. PLACE CRIME COMMITTED Okinawa Gunto
(犯罪場所)

4. DATE CRIME COMMITTED 17 July 1954 TIME CRIME COMMITTED 1900 Hours
(犯罪日時) (犯罪時刻)

5. SPECIFIC CHARGE Violation of Section 7, CA Ordinance No. 125, dated 11 February 1954.
(罪名)

6. WITNESSES James K. Namizato, Chief, Immigration Section, Government of the Ryukyu Islands.
(目撃者)

7. DETAILS OF OFFENSE: (Describe how Crime was Committed. Description and value of property stolen, etc.)
(犯罪内容)

In that HATAKE Yoshimoto did on 17 July 1954 fail to depart from the Ryukyu Islands by the date specified in the Deputy Governor's termination notice, dated 15 July 1954. The Deputy Governor terminated the accused's authorized period of stay in the Ryukyu Islands effective 1900 Hours 17 July 1954.

8. EVIDENCE AND PROPERTY TURNED OVER TO CIVILIAN POLICE Letter, Office of The Deputy Governor, file RODA-PSD 014.331, dated 15 July 1954, Subject: Termination of Residence, re: HATAKE Yoshimoto

9. 此ノ起訴状一通ヲ受取リ且ツ内容ノ説明ヲ受ケシ事ヲ認ム

______
SIGNATURE OF PRISONER
(犯人ノ署名)

10. MOROMI Chooi, Asst Insp
SIGNATURE OF PERSON TURNING OVER PRISONER
(犯人引渡者ノ署名)

Naha District Station
UNIT OF PERSON TURNING OVER PRISONER
(犯人引渡者ノ所属部隊)

11. NAME OF CIVILIAN POLICEMAN ACCEPTING PRISONER ______
(犯人ヲ受取リタル警察官ノ氏名)

RANK ______ POLICE STATION ______
(警察署)

資料3　上原康行に対する勾留状

CASE NO. 579

UNITED STATES CIVIL ADMINISTRATION OF THE RYUKYU ISLANDS
(SUMMARY) (SUPERIOR) PROVOST COURT
米国琉球民政府
(即決)(高等)軍事裁判所
in session at Naha
(地区名)

WARRANT OF DETENTION
拘留状

TO: Officer-in-Charge of Naha Police Station
宛　　　　　　　　　　(検察官 庁名)

This matter having come on to be heard upon the application of
検察官(庁名)に依る下記被告人に関する拘留状請求

(Prosecuting Officer and Station)　(検察官名及び庁名)

for a Warrant of Detention of the within named Accused, and it appearing
に対し本件予審の証拠書並びに証拠物件に表示せる被告
from the testimony and evidence that further detention of the Accused on
事件に被告人の拘留を許可する。自今貴官は下記被告人を
the charge(s) of Harboring JPC #103
(罪名称)
is justified, you are hereby authorized to detain the following named
年 月 日より　　　の期間拘留することを許可
Accused:
する。併して裁判所に依る早急なる釈放命令なき限り

Uehara Koko (Yasuyuki)
(被告人氏名) Hold for Superior Court
and hold the said Accused in custody for a period of ______ days,
本拘留状は十分なる令状である　　　　(期間)
commencing 28 Aug. 54, unless sooner released by order of

Court, and for so doing this shall be sufficient warrant.

Signed at Naha this 28th day of August 1954
署名(年月日)

Raymond M. Peak
JUDGE
判事氏名

資料4　上原康行に対するPSD起訴状

CASE NO. ______

UNITED STATES CIVIL ADMINISTRATION OF THE RYUKYU ISLANDS
Office of The Deputy Governor
(SUMMARY) ([illegible]) CIVIL ADMINISTRATION COURT

______ CIVIO ______ JUDICIAL DISTRICT

CHARGE SHEET

Place NAHA ______

Date 2 September 1954

UEHARA, Koko ______ Male 50 PA: [redacted] Tagumi-Aza, Tomigusuku-Son
(Name of Accused) (Sex) (Age) (Address)

is hereby charged with the following offenses:

First Charge: Violation of Special Proclamation #32, Section 2.2.31

Specification: In that UEHARA, Koko did on or about 10 August 1954 aid and assist one, HATAKE Yoshimoto in violating the provisions of paragraph 30, Section VII, CA Ord 125, by concealing the said HATAKE, Yoshimoto and furnishing him room and board, thereby enabling him to continue to remain unlawfully in the Ryukyu Islands.

Second Charge: Violation of the Criminal Code of Japan, Article 103

Specification: In that UEHARA, Koko did on or about 10 August 1954 harbor one, HATAKE Yoshimoto by furnishing him room and board, knowing that he was about to be arrested, thereby enabling the said HATAKE Yoshimoto to avoid detection and apprehension.

DANIEL J. NEVILLE - Prosecutor
(Signature of Person Preferring Charges)

CERTIFICATE

The above charges and specifications have been read to the accused through an interpreter and the nature of the charges and his rights explained to him.

DANIEL J. NEVILLE - Prosecutor
Signature

ORDER

The above charges are referred for trial to the (Summary - [illegible] Administration Court [illegible]) ([illegible]) at NAHA at the date and hour to be fixed by the Court.

F. H. SKUSE
Director, Public Safety Department

This Charge Sheet received by me this 2nd day of September 1954

上原康行
Signature of Accused

資料5　又吉一郎に対する予備審理手続の記録の１枚目（表面）

CASE NO. P-11

PRELIMINARY HEARING
UNITED STATES CIVIL ADMINISTRATION OF THE RYUKYU ISLANDS
(SUMMARY) (XXXXXXXX) PROVOST COURT FOR CIVIL AFFAIRS

CHUO JUDICIAL DISTRICT

RECORD OF PROCEEDINGS OF XXXX

Held at Naha, on 16 September, 1954

Before ELIOT O. CHAUDOIN, Major, Judge, Summary Provost Court, USCAR
(Name and rank of Presiding Officer)

Charges (briefly) Aiding and abetting a criminal, Hatake, Yoshimoto, by concealing and aiding him. Section 2.2.31

Accused: MATAYOSHI, Ichiro (Name) 36 (Age) M (Sex) #38 - 5 han, Sakae-machi, Nawashi Shi (Address)

Interpreter MIYASHIRO, Prosecutor SFC Daniel J. Neville

Advocate for accused None

PLEAS: (Show plea of "guilty" or "not guilty" to each charge)

Not Guilty

EVIDENCE FOR PROSECUTION: (Use additional sheets if necessary; give names and addresses of witnesses and identification of exhibits)

HIGA, Ryosei, Policeman, Naha Police Station, was sworn and testified:

Q: Do you know the defendant?

A: Yes, his name is Matayoshi, Ichiro.

Q: Did you arrest him? A: Yes, at 0730 at Sakae-machi, Nawashi.

XXXXXXXXXXXXXXXXXX Q: What led up to the arrest?

A: Executing an arrest warrant.

Q: What was the nature of the offense?

A: Aiding and concealing a criminal.

(See reverse side)

FINDINGS: (Show finding of "guilty" or "not guilty" to each charge)

SENTENCE: (Indicate whether confinement shall be at hard labor, and date sentence is to commence)

Eliot O. Chaudoin
ELIOT O. CHAUDOIN
Maj Judge Inf

183

資料6　瀬長・又吉の裁判手続の記録の表紙

United States

vs

SENAGA, Kamejiro
MATAYOSHI, Ichiro

INDEX

	Page
Arraignment	2
Pleas	2
Opening Statements	
Prosecution	2
SENAGA	9
Representative	9
Unsworn Statements	
MATAYOSHI	38
SENAGA	39
Closing Statements	
Representative	61
SENAGA	61
Prosecution	62
Findings	64
Sentences	65

TESTIMONY

Prosecution

UEHARA, Koko	3
UEHARA, [redacted]	4
HATAKE, Yoshimoto	6
UEHARA, Seitoku	6
UNTEN, Yoshio	7
[redacted]	7
PEAK, Raymond M.	7

Defense

PEAK, Raymond M.	10
UEHARA, Koko	12
UEHARA, [redacted]	23
HATAKE, Yoshimoto	28
UEHARA, Seitoku	30
UNTEN, Yoshio	32
[redacted]	33
YOSHIYAMA, Sotoku	46
ISHIHARA, Shoshin	48
MIYAGI, Bunshin	56

資料７　瀬長亀次郎の恩赦嘆願却下決定通知書

6-27-36

UNITED STATES CIVIL ADMINISTRATION OF THE RYUKYU ISLANDS
Office of The Deputy Governor
APO 331

JUL 25 1955

RCCA-PSD 013

SUBJECT: Action Upon Petition for Clemency

TO: Chief Executive
Government of the Ryukyu Islands

1. The attached Action Upon Petition for Clemency, Action No. 2077(1) (A) dated the 7th day of July 1955, setting forth the Reviewing Authority's action on the Government of the Ryukyu Islands' letter No. GRI-LA-158, dated 27 June 1955, is forwarded for your information and necessary action.

2. You will note that the Reviewing Authority found insufficient material grounds for releasing SENAGA Kamejiro from prison to undergo medical treatment, as requested by his wife SENAGA Fumi.

3. You are reminded that it is the responsibility of the Government of the Ryukyu Islands to safeguard the health of prisoners committed to Ryukyuan prisons by providing necessary medical treatment and facilities.

FOR THE DEPUTY GOVERNOR:

1 Incl
Action No. 2077(1) (A)
dtd 7 Jul 55 (in dupe)

G. P. BURCHETT
Capt, AGC
Chief of Admin

CONCURRENCE: ____________
G & L

PUBLIC HEALTH & WELFARE

DISPATCH
25 JUL 1955
USCAR
APO 719

PSD (CLEMENCY FILES)

4

資料8　瀬長亀次郎の仮釈放推薦に関する処分結果票

B

DISPOSITION FORM

SECURITY CLASSIFICATION (If any)

FILE NO.	SUBJECT
RCCA-PSD 013	SENAGA Kamejiro

TO CA　　FROM Public Safety Dept.　　DATE 14 Dec 1955　　COMMENT NO. 1

LARSEN/dd/Ext 44

1. SENAGA Kamejiro (male, age 48), Secretary-General of the RPP and former GRI Legislator from the 18th Electoral District, was tried and convicted on charges of perjury and wrongfully advising a fugitive from justice and sentenced to imprisonment at hard labor for two (2) years. His sentence commenced on 6 October 1954.

2. SENAGA was transferred to the Koza Central Hospital for an operation for removal of an ulcer on 20 July 1955. He has been under physical confinement at that institution ever since. The cost of this operation and hospitalization to the GRI is reportedly already in excess of ¥70,000.00.

3. Attending physicians advise that SENAGA is scheduled for a second operation for a kidney disorder on 23 December 1955. It is expected that he will require a long period of convalescence following the operation. It is presumed this convalescence will be spent at the Koza Central Hospital at considerable additional expense to the GRI.

4. The case of SENAGA Kamejiro was considered at a regularly scheduled meeting of the Parole Board on 7 December 1955. The Board unanimously recommended SENAGA for parole effective 12 December 1955. The action of the Parole Board was in accordance with the provisions of CA Ordinance Number 143, dated 7 March 1955, subject: "Prisoner Release Procedures for Ryukyu Penal Institutions". The recommendation of the Board has been forwarded to this Department for final action.

5. In view of the excessive medical expenses and the fact that SENAGA is expected to be hospitalized for the greater portion of his remaining sentence, it is recommended that the undersigned be authorized to approve the action of the Parole Board.

Nordby C. Larsen
Acting Director
Public Safety Department

General Moore does not approve the parole

V.F.B.

DD FORM 1 FEB 50 96 REPLACES NME FORM 96, 1 OCT 48, WHICH MAY BE USED.

74

資料 9　嘉数清永に対する 2.2.15 条の告発状

3回

GOVERNMENT OF THE RYUKYU ISLANDS
DEPARTMENT OF POLICE

CHARGE SHEET

706

逮捕者 警察署 (犯人を検挙した職員) (起訴) DATE: (日) HOUR (時)

1. NAME OF PERSON ARRESTED 嘉数清永 26 男
(被逮捕者氏名) (年令) age (性) sex

2. ADDRESS OF PERSON ARRESTED 那覇市 3 Ku (区) [redacted] Han (班)
(被逮捕者住所)

3. PLACE CRIME COMMITTED 那覇高校前路上
(犯罪場所)

4. DATE CRIME COMMITTED 7. 10. 1954 TIME CRIME COMMITTED 00 20
(犯罪日時) (犯罪時刻)

5. SPECIFIC CHARGE 布令1号 2. 2. 15 の違反
(罪　名)

6. WITNESSES
(目撃者)

7. DETAILS OF OFFENSE: (Describe how Crime was Committed. Description and value of property stolen, etc.)
(犯罪内容) (犯罪内容ヲ記入セヨ犯人、贓品ノ価格等)

人民党員
被疑者嘉数清永は瀬長亀次郎書記長が逮捕されるや「全県民に告ぐ。吾々の人民党瀬長書記長を取り返そう。アメリカ軍と警察は祖国復帰の大斗争の前で[illegible]テロマーーにでる（狼狽の様に違いない）吾々県民の団結の力ではねかへそう」7日朝那覇署前広場で警察の不法なる[illegible]ポスター7種類計8枚を所持し那覇高校近くの照屋米場のタンクに一枚を貼りつけ、もって公の騒乱を惹起すると思料せられる行為をなした。

8. EVIDENCE AND PROPERTY TURNED OVER TO CIVILIAN POLICE
(文民警察ニ引渡シタ証拠品及所持物)

嘉数清永

9. 此ノ起訴状ノ一通ヲ受取リタリ
内容ノ説明ヲ受ケタル事ヲ證ス

SIGNATURE OF PRISONER
(犯人ノ署名)

10. 巡査 照屋政仁
SIGNATURE OF PERSON TURNING OVER PRISONER
(犯人引渡者ノ署名)
那覇署
UNIT OF PERSON TURNING OVER PRISONER
(犯人引渡者ノ所属部隊)

11. NAME OF CIVILIAN POLICEMAN ACCEPTING PRISONER 諸見長英
(犯人ヲ受取リタル警察官ノ氏名)
RANK 警部補 POLICE STATION 那覇署
(階級) (警察署)

120

資料10　嘉数清永に対する2.2.21条の告発状

GOVERNMENT OF THE RYUKYU ISLANDS
DEPARTMENT OF POLICE

CHARGE SHEET

逮捕番号 706 （犯人検挙概要）　DATE: 1954 OCT. 8　HOUR
警察署 （起訴状） （日） （時）

1. NAME OF PERSON ARRESTED KAKAZU, Seiei　26
（被逮捕者氏名）　（年令） age　（性） sex

2. ADDRESS OF PERSON ARRESTED NAHASHI　Ku 3　Han [redacted] KUMI
（被逮捕者住所）　（区）　（班）

3. PLACE CRIME COMMITTED NAHASHI, SOBE
（犯罪場所）

4. DATE CRIME COMMITTED 1954, OCT 7　TIME CRIME COMMITTED 0.20
（犯罪日時）　（犯罪時刻）

5. SPECIFIC CHARGE # 1. 2.2.21
（罪名）

6. WITNESSES
（目撃者）

NISHIHIRA, MORIMASA

7. DETAILS OF OFFENSE: (Describe how Crime was Committed. Description and value of property stolen, etc.)
（犯罪内容）

上記の者は前記日時場所に於て米国政府に対する敵対的有害なるポスター等貼する際にポスター7枚を所持して居た。

8. EVIDENCE AND PROPERTY TURNED OVER TO CIVILIAN POLICE
（C.I.C.ニ引渡シタ証拠品及所持品）

ポスター7枚、のり缶1個

9. 此ノ起訴状ノ通ヲ受取リ且内容ノ説明ヲ受ケタ事ヲ認ム

SIGNATURE OF PRISONER
（犯人ノ署名）

10. 巡査部長 西平守正
SIGNATURE OF PERSON TURNING OVER PRISONER
（犯人引渡者ノ署名）

UNIT OF PERSON TURNING OVER PRISONER
（犯人引渡者ノ所属部隊）

11. NAME OF CIVILIAN POLICEMAN ACCEPTING PRISONER
（犯人ヲ受取リタル警察官ノ氏名）

RANK
（階級）　POLICE STATION
（警察署）

171

資料 11　大湾喜三郎に対する告発状

GOVERNMENT OF THE RYUKYU ISLANDS
DEPARTMENT OF POLICE

CHARGE SHEET

逮捕番号 714 { 犯人検挙報告 起訴状 } DATE (日) 1954 OCT.7 HOUR (時) 8

1. NAME OF PERSON ARRESTED (被逮捕者氏名) OWAN. KISABURO 47 (年令) age (性) sex

2. ADDRESS OF PERSON ARRESTED (被逮捕者住所) [illegible] Ku (区) [illegible] Han (班)

3. PLACE CRIME COMMITTED (犯罪場所) [illegible]

4. DATE CRIME COMMITTED (犯罪日時) 7 OCT.1954 TIME CRIME COMMITTED (犯罪時刻) 09.40

5. SPECIFIC CHARGE (罪名) #1 2.2.21 #1 2 2 15

6. WITNESSES (目撃者)

TSUHAKO. KENWA KOMINA. SAKAE

7. DETAILS OF OFFENSE: (犯罪内容) (Describe how Crime was Committed. Description and value of property stolen, etc.) (犯罪内容ヲ記入セヨ盗難品ノ特徴及價格等)

被疑者大湾喜三郎は上記日時場所に於いて人民党書記長瀬長亀次郎に対する逮捕に際し一般大衆煽動の目的をもって（弾圧化せる琉球〇〇は平和運動指導者瀬長亀次郎を不当逮捕した全県民よ七日朝那覇署に集まろう）（アメリカ軍と警察は沖縄県民祖国復帰大勢の前で逮捕している団結の力で瀬長を取り返そう七日朝那覇署前に集結しよう）等の文書（ポスター）を屋嘉比義栄等に作成せしめ以て米国民又は政府に対する排斥的意思を表する文書（ポスター）を発行し公衆をして那覇署前において騒乱を惹起すること思料せしむる行為をなしたるものである

8. EVIDENCE AND PROPERTY TURNED OVER TO CIVILIAN POLICE (C.P.ニ引渡シタ証拠品及所持物)

9. 此ノ告訴状ノ通リ受取リタリ 内容ノ説明ヲ受ケタ事ヲ認ム

SIGNATURE OF PRISONER (犯人ノ署名)

10. 捜査部長 伊佐大憲 私
SIGNATURE OF PERSON TURNING OVER PRISONER (犯人引渡者ノ署名)

UNIT OF PERSON TURNING OVER PRISONER (犯人引渡者ノ所属部隊)

11. NAME OF CIVILIAN POLICEMAN ACCEPTING PRISONER (犯人ヲ受取リタル警察官ノ氏名)

RANK (階級) POLICE STATION (警察署)

206

資料 12　大湾喜三郎の裁判手続の記録

CASE NO. C-238-54
SD-280

UNITED STATES CIVIL ADMINISTRATION OF THE RYUKYU ISLANDS
(SUMMARY) (XXXXXXXX) PROVOST COURT

CHUO JUDICIAL DISTRICT

RECORD OF PROCEEDINGS OF TRIAL

Held at Naha, on 22 November, 1954

Before RAYMOND M. PEAK, Major, Judge, Summary Provost Court, USCAR
(Name and rank of Presiding Officer)

Charges (briefly) Conspiracy - Section 2.2.31

Accused: OWAN, Kisaburo (Name) 47 (Age) M (Sex) [redacted], Tsubogawa, Naha Shi (Address)

Interpreter Ralph Harada, Prosecutor Ronald Ota

Advocate for accused

PLEAS: (Show plea of "guilty" or "not guilty" to each charge)

EVIDENCE FOR PROSECUTION: (Use additional sheets if necessary; give names and addresses of witnesses and identification of exhibits)

EVIDENCE FOR DEFENSE:

FINDINGS: (Show finding of "guilty" or "not guilty" to each charge)
Nolle Prossed - request of prosecution.

SENTENCE: (Indicate whether confinement shall be at hard labor, and date sentence is to commence)

RAYMOND M. PEAK
MAJ Judge INF

［著者紹介］

森川恭剛 もりかわやすたか

1966年愛知県生まれ。1995年九州大学博士（法学）。同年10月から琉球大学教員（現在は人文社会学部教授）。専門は刑法とハンセン病差別問題。『沖縄県ハンセン病証言集』全3巻（2006-07年）の編集や沖縄愛楽園交流会館（ハンセン病歴史資料館）の設立・展示作業に携わり、2018年から同園と宮古南静園の人権擁護委員会外部委員を務める。担当授業科目は刑法総論・各論、刑事人権論、沖縄戦後刑法史、憲法概論など。

著　書

『ハンセン病差別被害の法的研究』（法律文化社、2005年）
『ハンセン病と平等の法論』（法律文化社、2012年）
『性暴力の罪の行為と類型』（法律文化社、2017年）

主要論文

「日本のハンセン病隔離政策と沖縄」解放社会学研究34号2021年
「性暴力と刑法」『女性・戦争・人権』18号2020年
「正当な理由が「ある」のに：日米地位協定刑特法2条の適用違憲論」神戸学院法学47（4）2019年
「米軍北部訓練場の刑事特別法2条違反事件に関する意見書」琉大法学98号2018年
「客観事実の犯罪論の問題」森尾亮ほか編『刑事法の歴史的価値とその交錯』法律文化社2016年
「法の理論の暴力：児童虐待の責任を問うこと」喜納育江ほか編『沖縄ジェンダー学』2巻大月書店2015年
「無らい県運動と障害者差別解消法」無らい県運動研究会編『ハンセン病絶対隔離政策と日本社会』六花出版2014年
「親密圏の刑罰」石塚伸一ほか編『近代刑法の現代的論点』社会評論社2014年
「致死傷の偶然と因果関係」琉大法学89号2013年
「不作為犯の離接的因果関係」琉大法学88号2012年

沖縄人民党事件—米国民政府軍事法廷に立つ瀬長亀次郎—

2021年6月30日　第1版1刷発行

著　者　森川恭剛
装　幀　宗利淳一
発行人　深田　卓
発　行　株式会社インパクト出版会
東京都文京区本郷2-5-11服部ビル2階
Tel 03-3818-7576 Fax 03-3818-8676
impact@jca.apc.org http://impact-shuppankai.com
郵便振替　0010-9-83148

印刷・製本　モリモト印刷